KLAUS LUMMA

DIE TEAM FIBEL

Oder
Das Einmaleins der
Team- & Gruppenqualifizierung
im sozialen und betrieblichen Bereich
Ein Lehrbuch
zum Lebendigen Lernen

Mit Beiträgen von
Prof. Dr. Fred Massarik, UCLA Graduate School of Management Los Angeles, USA
Dipl.-Paed. Fritz Gairing, MERCEDES-BENZ Stuttgart, Deutschland
Peter Kriechhammer, EXTERNA Informationstechnik & Unternehmensberatung Salzburg, Österreich
Dr. Margit Bergmair-Ambach, PORSCHE Holding Salzburg, Österreich
Sr. Ludgera Brinckmann, HAUS SERAFINE, Alten- und Pflegeheim Würselen, Deutschland
Dipl.-Theol. Martin Oster, KAS e.V. Bonn, Deutschland
Pfr. Franz-Heiner Schwirten, Dipl.-Theol., PFARRGEMEINDEN Köln-Ehrenfeld, Deutschland
Dipl.-Ing. Johannes & Stefan Böhmer, HARD- und SOFTWARE Ing.-GbR Aachen, Deutschland
Fanita English, M.A., M.S.W., San Francisco, USA

WINDMÜHLE GMBH · VERLAG UND VERTRIEB VON MEDIEN

Die Deutsche Bibliothek - CIP-Einheitsaufnahme

Lumma, Klaus:
Die Team-Fibel : das Einmaleins der Team- &
Gruppenqualifizierung im sozialen und betrieblichen Bereich ;
ein Lehrbuch zum lebendigen Lernen / Klaus Lumma. Mit
Beitr. von Fred Massarik ... - Hamburg, Windmühle, Verl.
und Vertrieb von Medien, 1994
    ISBN 3-922789-54-4

Die Teamfibel ist ein bebildertes Team- und Gruppenlehrbuch zum Lebendigen Lernen, prozeßorientiert entwickelt für: Führungskräfte und Ausbildungsmeister; Personal- und Organisations-Fachleute; Betriebssozialarbeiter und Betriebspsychologen; Teams, Teamcoaches, Teamberater; Trainer und Projekt-Gruppenleiter; Erwachsenenbildner und Lehrer; Therapeuten und Supervisoren.

Die Teamfibel beinhaltet Leitinformationen und Leitskizzen zur Team- und Gruppen-qualifizierung im Sinne einer Prozeßbegleitung. 13 Abbildungen, 43 Tafeln, 8 Übungen sowie Checklisten und Arbeitsblätter verdeutlichen die Inhalte und helfen bei der Umsetzung.

Zur Philosophie des Buchtitels: Jede Gruppensituation ist für den Erwachsenen so neu wie das Lesen- bzw. das Rechnen lernen für das Kind. Im Laufe der Zeit haben die Pädagogen einige methodisch-didaktische Besonderheiten entwickelt, die den Kindern das Erlernen des Lesens und Rechnens leichter gemacht haben. Diese Besonderheiten sind in den entsprechenden Lehrbüchern veröffentlicht worden.

Die Teamfibel ist ein solches Lehrbuch. Sie beinhaltet einige Besonderheiten des Leittext-Systems für Gruppenpädagogen, die das Lesen und Rechnen prozeßorientierter Personal- und Persönlichkeitsentwicklung "unterrichten" wollen.

1.Auflage 1994
Grafik: Regina Isterling, Hamburg
Titelentwurf: CoDesign, Hamburg
Druck: Gulde Druck, Tübingen
Printed in Germany
ISBN 3-922789-54-4

Inhalt

Präambel

„Ohne das Vehikel der Provokation kommen im Zeitalter der Reizüberflutung Informationen nicht mehr an. Wenn unser Boot ein Leck hat, dann kommt es nicht auf die Stimmlage des Alarms an, sondern darauf, daß etwas geschieht."

(Karl Steinbuch 1968, S.19)

Wir schrieben das Jahr 1991, als ich zum Schreiben der Teamfibel angeregt wurde, zum einen von Frau Bolte, der Verlegerin meines Buches 'Strategien der Konfliktlösung', zum anderen von meinem Hochschulbegleiter Professor Gerhard Glück. Ich machte Aufzeichnungen, Skizzen, fertigte zahlreiche Protokolle von Team- und Gruppensitzungen, schickte Verlegerin wie Professor ein Design und kam schließlich zu dem stillen - nicht ausgesprochenen - Entschluß, das anvisierte Buch zum Leittext-System für Team- & Gruppenarbeit nicht zu schreiben. Statt dessen faßte ich das Wesentliche in einem Aufsatz „Zur orientierungsanalytischen Schlüsseldidaktik" zusammen, der in der Zeitschrift für Humanistische Psychologie veröffentlicht wurde (Jg. 14, 1991, S.78-81). Was sollte ich auch noch mehr zu diesem Leittext-System schreiben: es war doch so klar wie das Amen in der Kirche?! So blieb die bisherige Veröffentlichung auf oben genannten Aufsatz und die direkte Arbeit in meinen Gruppen- und Teamprojekten beschränkt.

Manche Gruppen verinnerlichten das System auf Anhieb innerhalb weniger Tage. Andere Gruppen brauchten Trainingszeiten von fünf und mehr Tagen, um erstmals selbständige und effektive Arbeitssitzungen mit Unterstützung dieses Systems konstruktivistischer Erkenntnistheorie gestalten zu können. Es gab auch einzelne TeilnehmerInnen, die sich in den 'Lumma-Seminaren' heftig dagegen wehrten, von denen ich jedoch später über Dritte erfuhr, daß sie es nunmehr entgegen des anfänglichen Widerstandes in ihren eigenen Gruppen bzw. Teams anwandten. Sie kamen offenbar erst später auf den Geschmack des Angebotes. Ich habe ihre Stimmen noch deutlich im Ohr: „Das ist viel zu einfach für unsere schwierige Gruppe; so einfach kann es nicht sein!"

Die Methodik ist so einfach, daß sie bei jedem binnen kurzer Zeit in Fleisch und Blut übergeht, so daß er das Gefühl hat, schon immer damit gearbeitet zu haben. Das System scheint sich auf tiefere Schichten des menschlichen Bewußtseins zu beziehen. Dieses Phänomen macht sich natürlich als Methodik sogleich auch suspekt: Es darf nicht sein, daß gemeinsames Lernen im Rahmen einer Gruppe so einfach und effektiv ist! Und manche schließen dann daraus: Was nicht sein darf, kann auch nicht sein. Doch die Erfüllung dieser Prophezeiung tritt nicht ein, denn die Praxis mit dem

Leittext-System nimmt täglich zu. Dies bedeutet in meinen Augen eine der größten Ehrungen für Alfred Adlers Entdeckung des Gemeinschaftsgefühls und Ruth C. Cohns Entdeckung vom Nutzen Themenzentrierter Interaktion (s. Tafel 1 und 2).

So wie ich bisher schreibe, mögen meine Gedanken als reine Schlußfolgerungen aus intellekt-logischen Denkketten erscheinen. Dem ist nur zum Teil so. Geprägt durch das Paradigma, daß die Beziehungsebene die Sachebene stärker bestimmt als die Sachebene die Beziehungsebene, komme ich natürlich erst durch eine entsprechende Beziehungsentwicklung zum erneuten Schreiben über die Themen Team, Gruppe und Leittext-System: Die wiederholte Anfrage von Frau Bolte und Professor Glück ließ mir die Themen allmählich wieder literarisch bearbeitenswert erscheinen. Mir persönlich allein hätte das Weitergeben in Form konkreter Trainings gereicht. Erst das Intensivieren unserer Beziehung öffnete mir die Augen für die Sachebene - mir wurde dadurch deutlich, daß es meinerseits an der Zeit ist, zur Team- und Gruppenqualifizierung überhaupt etwas zu schreiben.

Meine bisherige Skizze des Leittext-Systems, der Aufsatz zur orientierungsanalytischen Schlüsseldidaktik, birgt natürlich mehr als nur eine Skizze in sich, sonst könnte sie nicht so effektiv wirken. Sie ist als 'Spitze des Eisbergs' Ausdruck von Erfahrung und Haltung aus dem Berufsfeld eines Trainingsdidaktikers und seiner ca. 40 KollegInnen, mit denen er nunmehr zwanzig Jahre zusammenarbeitet. Das Leittext-System ist gewissermaßen die Schnittmenge aus den Erfahrungen und der Haltung jener KollegInnen und TeilnehmerInnen, mit denen ich in den vergangenen Jahren zusammengearbeitet habe, mit denen verschiedene erwachsenenbildnerische und berufsspezifische Trainingskonzepte in dialogischer Weise entwickelt wurden. Demnach könnte das Leittext-System als eine Art Ausdruck unseres kollektiven Unbewußten verstanden werden. Ja, ich gehe geradezu davon aus, daß es sich so verhält und nutze diese These als Motor dafür, die Hintergründe des Leittext-Systems, die mir am wichtigsten erscheinenden Hintergründe für die verschiedenartigen Arbeitszusammenhänge von Teams, Arbeits- und Projektgruppen in diesem Buch pragmatisch zusammenzustellen.

Team- und Gruppenentwicklung halte ich für die wichtigste pädagogische Aufgabe unserer Zeit. Wenn auch die Grundlagen der Konzeption des Leittext-Systems im beruflichen Ausbildungskontext entstanden sind, so gehe ich davon aus, daß die didaktische Anleitung zur Gruppen- und Teamfähigkeit bereits in der Schule beginnen darf. Wir können gemeinsam eine geschäftlich und gesellschaftspolitisch konstruktive Zukunftssicherung betreiben, wenn wir uns im kooperativen Lernprozeß darauf besinnen, daß jeder einzelne von uns über geistige und psychische Reserven verfügt, die zum Großteil brach liegen. Es gilt, diese Reserven durch Stärkung des kollegialen Verantwortungsgefühls zu wecken. Nur so können gegenseitig Verständnis und Akzeptanz erreicht werden. Im Zeitalter der Vernetzung ist dies eine Voraussetzung für den langfristigen Erfolg einer Unternehmung und der Gesellschaft im Sinne einer Gesunderhaltung des einzelnen und seiner Organisationsformen.

„Gesundheit", so schreibt Haldan Mahler, der ehemalige Generaldirektor der WHO (World Health Organisation), „wird von den Menschen in ihrer alltäglichen Umwelt geschaffen und gelebt, dort, wo sie spielen, lernen, arbeiten und lieben. Gesundheit entsteht dadurch, daß man sich um sich selbst und für andere sorgt, daß man in der Lage ist, selber Entscheidungen zu fällen und Kontrolle über die eigenen Lebensumstände auszuüben, sowie dadurch, daß die Gesellschaft, in der man lebt, Bedingungen herstellt, die ihren Bürgerinnen und Bürgern Gesundheit ermöglichen." (BMG 1993, S.103/104)

Gesundheit „entsteht", so heißt es bei Mahler. Wir haben es also in der Hand, etwas zum Entstehen dieses Phänomens Gesundheit beitragen zu können. Diese Erkenntnis ist im Feld der individuellen Persönlichkeitsentwicklung nicht neu. Die Sichtweise, daß auch die Organisationsentwicklung mit ihrem Bezug auf die Art des Zusammenarbeitens von Menschen zum „Entstehen" von Gesundheit beitragen kann, haben wir, wie mir scheint, der konstruktivistischen Erkenntnislehre (z.B. Maturana, von Foerster) zu verdanken. Offenbar hat sie bereits Einzug genommen in das Feld der Gesundheitswissenschaften, denn die „Ottawa-Charta zur Gesundheitsförderung" fordert z.B. bereits 1986:

- das aktive Eintreten für Gesundheit und deren Interessendurchsetzung in allen Politikbereichen;
- die Stärkung und Befähigung von Gemeinschaften und Individuen, ihre vorhandenen Gesundheitspotentiale voll zu verwirklichen sowie
- die Vermittlung und Vernetzung zwischen den unterschiedlichen gesellschaftlichen Bereichen und Interessen zur Förderung der Gesundheit (BMG 1993, S.104).

In der „Sundsvall Konferenz" zur Schaffung unterstützender Umwelten für Gesundheit wurden vier Dimensionen und Potentiale von unterstützenden Umwelten für mehr Gesundheit besonders herausgestellt:

- die Traditionen, sozialen Normen und Prozesse (soziale Dimension),
- die breitere Mitbestimmung und Dezentralisierung von Verantwortlichkeiten und Ressourcen (politische Dimension),
- die Umschichtung von Ressourcen für das Ziel 'Gesundheit für alle' (ökonomische Dimension) und
- die Erreichung einer dauerhaften, sich selbst erhaltenden wirtschaftlichen und sozialen Entwicklung (ökologische Dimension) (BMG 1993, S.105).

Wie mir scheint, stecken in diesen Aufträgen viele Anregungen, die ganz konkret im Kontext einer Team- und Gruppenqualifizierung auf fruchtbaren Boden fallen können, wenn wir uns den darin enthaltenen Entwicklungsaufgaben stellen.

Lesehinweise

Die Teamfibel ist so aufgebaut, daß sich ausführliche theoretische Erörterungen und Erfahrungsberichte abwechseln mit Minilektionen, Tafeln und Abbildungen. Diese verschiedenen Informationsformen in Verbindung mit der Anwendung des Regelkreises „Orientierung - Rahmenvertrag - Arbeitsphase - Reflexionsphase" (s. Tafel 5) bilden das Leittext-System: Wir geben Impulse, Sie arbeiten mit, indem Sie ergänzen und dazu erfinden, mit Kollegen und Teilnehmern darüber diskutieren und sich für einen prozeßorientierten Leitungsstil (event orientated) unter besonderer Berücksichtigung des Prinzips der Selbstverantwortung erwärmen.

Tafeln haben wir an vielen Stellen im Buch eingearbeitet. Sie beinhalten sogenannte Leitinformationen, die stichpunktartig mit Kurztexten versehen sind und den Leser reizen sollen, sie mit eigenen Worten zu erklären bzw. Fragen zu stellen. Häufig finden Sie auch im Text Querverweise, die ein sprunghaftes Durcharbeiten des Buches möglich machen. Tafeln können Sie auch als Merkzettel an die Teilnehmer Ihrer Seminare weiterleiten. Es ist ausdrücklich erlaubt, aus dem Buch heraus zu kopieren, zu vergrößern und die Unterlagen als Handreichungen für die Gruppenarbeit zu benutzen. Quellenangaben wurden möglichst genau sowohl im Text, auf den Tafeln und auch im Literaturverzeichnis angegeben, so daß zu fast allen Themen Anregungen zum vertiefenden Beschäftigen mit der weiterführenden Literatur eingeholt werden können. Darüber hinaus haben wir die Quellen im Literaturverzeichnis den verschiedenen Kapiteln zugeordnet.

Dem Benutzer eines Personal Computers steht die Möglichkeit offen, die Tafeln, Checklisten, Abbildungen und Literaturhinweise selbst zu bearbeiten und sie für den jeweiligen Bedarf zuzuschneiden. Wir haben zu diesem Zweck eine Diskette angelegt, die Sie als Buchergänzung erwerben und nutzen können. So können die Vorlagen mühelos in Größe und Format spielerisch abgewandelt oder auf Folie übertragen werden Das Literaturverzeichnis kann um die jeweils neu erscheinende Literatur eigenständig ergänzt werden. Fragen Sie im Verlag nach Einzelheiten.

Zum Inhalt

Die ersten Kapitel der Teamfibel beschäftigen sich mit dem Prinzip des Lebendigen Lernens im Rahmen der Gruppen- und Teamqualifizierung. Wir erläutern den philosophischen Hintergrund und nehmen zur Frage der Teamleitung Anleihe im Feld der Musik.

Kapitel 3 und 4 gelten dem Leittext-System, einem Modell der prozeßorientierten Gruppenarbeit, das in konsequenter Form alle an einem Lernprozeß Beteiligten zu mehr Verantwortung aufruft. Kapitel 3 beschreibt die theoretischen Hintergründe. Kapitel 4 dient der Praxis: Hier sind die für dieses Lernsystem typischen Leitfragen erörtert, und es gibt methodisch-didaktische Hinweise für die Begleiter Leittextorientierter Lernprozesse.

Im fünften Kapitel sind jene Ziele erörtert, die wir im Rahmen der Teamentwicklung für beachtenswert halten. Wir sprechen hier über die Dreierbeziehung Unternehmen - Gruppe - Individuum und bieten das Modell des ganzheitlichen Denkens an, um sich im gemeinsamen Lernprozeß neue Spielregeln anzueignen, um das Konfliktpotential dieser Dreierkonstellation konstruktiv im Sinne des Ganzen nutzbar zu machen.

Das sechste Kapitel beinhaltet die seit ca. 1979 von uns eingesetzten Leittexte zur Teamentwicklung. Dieses Kapitel enthält Basismodule und Aufbaumodule. Den Begriff Modul haben wir der PC-Sprache entliehen. Wir fanden ihn hilfreich, weil er impliziert, daß sich an jenen Stellen, an denen die so benannten Teile eines Ganzen

(Module) installiert sind, Schnittstellen für neue Wege befinden. Die Basismodule beinhalten hier Leittexte, die nach bisheriger Erfahrung besonders für den Einstieg in die Teamentwicklung geeignet sind. Aufbaumodule beinhalten hier Leittexte, die dem vertiefenden Einstieg in die Bereiche „Funktionstüchtigkeit, Gruppendynamik, psychodynamisch Individuelles und ganzheitliches Denken" dienen.

Die Teamfibel enthält außerdem einige Fallbeispiele aus dem sozialen und betrieblichen Bereich und erstmals den Entwurf zu einer strukturierten, berufsbegleitenden Teamcoach-Ausbildung.

Es folgen biographische Notizen und das Interwriting einzelner Co-Autoren zu einem weiteren Zitat von Karl Steinbuch aus seinem Buch „Falsch programmiert". Den Abschluß bilden ausführliche Literaturhinweise, die den thematischen Schwerpunkten der einzelnen Kapitel zugeordnet sind, jedoch innerhalb der einzelnen Kapitel alphabetisch geordnet wurden.

1. Zur Philosophie der Team- und Gruppenqualifizierung

„Ich hatte alles in allem eine wundervolle Kindheit, an die ich gerne zurückdenke. Wir wohnten in unmittelbarer Nähe des Werkes von Austro-Daimler, und es verging kein Tag, an dem ich nicht im Werk herumspazierte."
(Ferry Porsche 1989, S. 26)

Gruppe und Team gewinnen immer mehr an Bedeutung, nicht etwa, weil ein neuer Boom im Vormarsch wäre, sondern, weil der Mensch in dieser sich schnell entwickelnden Zeit mehr und mehr spürt, daß er analog zum intimen, privaten Zuhause, von Partnerschaft und Freundschaft, Ähnliches im Berufsleben braucht.

Ich gehe davon aus, daß Arbeits-, Projektgruppen und Teamkonstellationen im beruflichen Leben so etwas sein müssen wie Familien oder Clubs im privaten Bereich, wenn sie dem menschlichen Bedürfnis nach Zugehörigkeit, wenn sie seinem Gemeinschaftsgefühl Rechnung tragen, wenn sie dem einzelnen Menschen existentiellen Halt geben wollen.

In Zeiten der Verunsicherung sind das Zugehörigkeitsgefühl und der klar definierte Platz in einer Gruppe eine Art Überlebens-Notwendigkeit für den einzelnen wie auch für das Ganze. Der Mensch, der nicht weiß, wo er hingehört, der keine klare Orientierung hat im Hinblick auf Ort und Personenkreis seiner Zugehörigkeit, ist gefährdet, seelisch und körperlich zu erkranken. Er entwickelt Symptome, die seiner Arbeits- und Schaffenskraft im Wege stehen. Von daher gesehen hat jede gut funktionierende Gruppe neben gesteigerter Arbeitsleistung für das Ganze vor allen Dingen auch gesundheitsprophylaktische Wirkung auf den einzelnen.

Mit dem Attribut 'gut funktionierend' verbinde ich Qualitäten, die den individuellen, sozialen und beruflichen Bedürfnissen und Notwendigkeiten entsprechen: Der individuelle Mensch kann sich in einer gut funktionierenden Gruppe kreativ schöpferisch entfalten. Die gut funktionierende Gruppe gibt sozialen Halt, eine nicht zu unterschätzende Qualität bei steigenden Sucht- und Gewalttendenzen in unserer Gesellschaft. Eine gut funktionierende Gruppe ist oft der Garant für qualitative Höchstleistungen im jeweiligen Aufgabenfeld.

Eine Form der Qualitätsgruppe ist das Team. Das Team bietet von der Anlage her optimale Möglichkeiten zur Qualitätssicherung im individuellen, sozialen und beruflichen Kontext. Gut strukturierte und personell gut zusammengesetzte Teams sind für Unternehmen der Garant für gesunde und effektive Entwicklung im personenbezogenen wie im strukturbezogenen Sinne.

Nun können wir nicht davon ausgehen, daß einem Unternehmen die gute Teamstruktur und die dazu gehörende personelle Besetzung 'in den Schoß' fällt. Wir können jedoch spätestens seit Beginn der Kleingruppenforschung Kurt Lewins und seiner Kollegengruppe erkennen, daß jede menschliche Konstellation bis zu ihrer Auflösung eine Lernfähigkeit besitzt, deren Ausmaß und Effektivität hauptsächlich davon abhängt, in welchem Grade sich die einzelnen Mitglieder den Erfordernissen der beruflichen Lage des Unternehmens als Ganzem und der persönlichen Lage einzelner Teammitglieder stellen.

Jede Arbeits- oder Projektgruppe, die Teamcharakter haben soll, tut gut daran, dieses Vorwissen in ihrem Entwicklungsprozeß zu berücksichtigen, wenn als Ziel die Konsolidierung und Zukunftssicherung des ganzen Unternehmens gelten soll.

An dieser Stelle möchte ich plakativ einige Bedingungen benennen, welche mir dafür als unabdingbar erscheinen:

1. Akzeptanz partnerschaftlicher Kollegialität:
   Abwendung von Gewalt und Machtstreben

2. Akzeptanz von Leitung und Rollenzuschreibungen:
   Abwendung von Abwertungen

3. Akzeptanz von Konfrontation und Feedback:
   Abwendung von Konfliktvermeidung

4. Akzeptanz von Verbindlichkeit und Verabredungen:
   Abwendung von heimlichen Manipulationsstrategien

5. Akzeptanz des Paradigmas lebenslangen Lernens:
   Abwendung von dem Irrglauben, jemals ausgelernt zu haben

Unter dem Begriff Teamwork bietet das Knaur Universal Lexikon eine Definition, welche die genannten Phänomene zusammenzufassen scheint. Teamwork ist „Gemeinschaftsarbeit, bei der die einzelnen Tätigkeiten gut aufeinander abgestimmt sind" (Knaur, Bd. 15, S.5063).

Aus der Begrifflichkeit Gemeinschaftsarbeit wird manchmal abgeleitet, daß alle Mitglieder eines Teams gleichrangig sein müssen, daß es keine Teamhierarchie geben dürfe. Diese Sichtweise halte ich für nicht realisierbar, weder im menschlichen noch im strukturellen Sinne. Sie mißachtet auf der psychodynamischen Seite das Faktum, daß wir uns als Menschen in unserem gesamten Prägungsprozeß bereits von klein auf an elterlichen Leitfiguren orientieren, und daß eine Organisation ohne klare Leitungsstruktur zumindest die Gefahr in sich birgt, im Chaos individueller Bedürfnisse und nicht aufeinander abgestimmter Tätigkeiten einzelner Mitglieder des Unternehmens zu enden.

Sind die einzelnen Tätigkeiten von Team Mitgliedern gut aufeinander abgestimmt, so liegt die Konstruktivität und Effizienz des Gesamtteams weit über der Summe individueller Abstimmungsqualitäten. Sind die einzelnen Tätigkeiten von Team-Mitgliedern nicht gut aufeinander abgestimmt, so liegt die Destruktivität und Ineffektivität des Gesamtteams weit über der Summe individueller Abstimmungsmißstände. Diese Hypothese entstammt der Gestalttheorie und hat im Kontext der Teamentwicklung gewissen Wahrheitscharakter: Das Ganze ist mehr als die Summe seiner Teile.

Nun hängt die Fähigkeit zum Abstimmen von Tätigkeiten wesentlich davon ab, inwieweit (a) die einzelnen Mitglieder eines Teams dies in ihrem persönlichen Entwicklungsprozeß von den frühen Bezugspersonen gelernt haben und (b) die einzelnen Mitglieder eines Teams in ihren frühen Bezugsgruppen (Familie, Kindergarten, Schule, Verein etc.) den Nutzen von Interessenabstimmungen bereits am eigenen Leibe erfahren haben, ob sie konstruktives Schreiben bzw. Verhandeln gelernt haben. Das Aufeinander-Abstimmen ist nichts anderes als das, was im neueren Fachjargon mit Vernetzen gemeint ist.

Das Team kann bei sorgfältiger Installierung der Ort in unserer Gesellschaft sein, an dem die Menschen effektiv voneinander - nicht gegeneinander - lernen, an dem auch persönliche und gruppenbezogene Lernerfahrungen nachgeholt werden, die in den frühen Bezugsgruppen aus welchen Gründen auch immer nicht gemacht wurden. Ein Team, das im gemeinsamen Entwicklungsprozeß lernt, sich an den unabdingbaren Phänomenen menschlicher Orientierung entlang zu bewegen, kann als Ankerplatz für eine „Neubeelterung" des einzelnen innerhalb seiner Unternehmensorganisation verstanden werden. Konkret heißt das:

Das Team kann ein Ort sein, an dem Spaß bei der Arbeit erlebt wird. (Elterliche Erlaubnis, das freie Kind-Ich zu nutzen, s. Tafel 24-26).

Das Team kann ein Ort sein, an dem 'chaotisch' gedacht werden darf. (Elterliche Erlaubnis, das Erwachsenen-Ich spielerisch aus dem freien Kind-Ich neu zu entwickeln).

Das Team kann ein Ort sein, bei dem Unverbindlichkeiten und Gewalt konfrontiert werden. (Elterlich-kritische Rahmensetzung).

Das Team kann ein Ort sein, an dem neue Verhaltensmuster ausprobiert werden. (Elterliche Erlaubnis, im geschützten Raum Fehler machen zu dürfen, bevor Neues im Außenfeld angewandt wird).

Zusammenfassend räume ich dem Team optimale Möglichkeiten dafür ein, in gemeinsam entwickelten Arbeitsprozessen zu lernen, wie der einzelne Mensch in Koexistenz mit den anderen und in Koexistenz mit der Umwelt das Leben ohne Gewalt meistern kann.

Das Team hat in diesem Sinne für den Erwachsenen eine ähnliche Funktion, wie sie die Familie für das Kind hat. Bei guter Funktionstüchtigkeit ist das Team das berufliche Zuhause des Erwachsenen.

2. Das Team: Mit oder ohne Leiter

Stellen wir uns vor, wir besuchen ein Rockkonzert. Es spielt die Beatles Revival Band mit vier Musikern: Schlagzeug, Solo-, Rhythmus- und Baßgitarre. Als Beatles Fans erwarten wir, daß der Sound möglichst nahe an das herankommt, was die Original Beatles produziert haben, als sie noch gemeinsam auf der Bühne standen. Wir erwarten mit unseren Ohren solide, instrumental musikalische Kollegialität und sorgfältig aufeinander bezogene Stimmen, manchmal im Dreiklang, manchmal eine Stimme solistisch mit den anderen Stimmen im Hintergrund. Wir erwarten mit unseren Augen eine Männergruppe mit 'Pilzköpfen', das Schlagzeug hinten in der Mitte, davor die drei Gitarristen ganz nah am Mikrofonständer. Wenn wir ganz große Beatles Fans sind, dann erwarten unsere Augen und Ohren Kopien der Originalinstrumente und Verstärkeranlagen einer ganz bestimmten Herstellermarke. Und wir erwarten, daß keiner der vier sich als Leiter der Gruppe zu erkennen gibt.

Stellen wir uns vor, wir besuchen ein Jazzkonzert. Es spielt die Sun Lane LTD New Orleans Jazzband mit sieben Musikern: Schlagzeug, Banjo und Kontrabaß, Klavier, Trompete, Klarinette und Posaune. Als Sun Lane-Fan erwarten wir, daß die Band Stücke spielt, die wir von vorangehenden Konzerten oder Tonträgern her kennen. Und wir erwarten eine ganz bestimmte Personenkonstellation, möglichst die Originalbesetzung. Für unsere Ohren erwarten wir die klare Melodieführung der Trompete, eine lyrisch umrankende Klarinette und eine heftige Posaune, die gelegentlich mit der Trompete konkurriert, zu anderen Gelegenheiten jedoch ganz leise hinter den anderen verschwindet und den Rhythmus unterstützt. Unsere Ohren erwarten die Rhythmusgruppe mehr im Hintergrund, allerdings erwarten sie gelegentliche Soli von Banjo oder Kontrabaß, manchmal gar vom Schlagzeug. Das Klavier als Bindeglied zwischen Bläser- und Rhythmusgruppe wird von unseren Ohren in jedem Stück sowohl begleitend als auch solistisch erwartet. Außerdem rechnen sie mit vier Gesangstimmen, solistisch als auch kollektiv mehrstimmig.

Unsere Augen erwarten eine bestimmte Anordnung der Konzertformation. Das Schlagzeug hinten in der Mitte, links und rechts davon Banjo und Kontrabaß, neben dem Kontrabaß schräg nach vorn versetzt das Klavier. Vor dem Klavier sitzt die Posaune, die Trompete in der Mitte etwas schräg vor dem Schlagzeug, damit das Logo auf der großen Trommel erkennbar ist, daneben die Klarinette. Unsere Augen erwarten natürlich auch Bewegung in der Gruppe: Der Trompeter steht auf und macht die Ansagen, der Posaunist schwenkt energisch mit seinem großen Instrument wie das Ganze bestimmend über die Bühne. Er stampft hin und wieder heftig mit den Füßen auf. Der Klarinettist erscheint zumeist eher ruhig und tritt überraschenderweise stehend in Erscheinung, wenn der Gesamtsound sich ganz leise oder besonders stampfend präsentiert. Ruhiger sind auch Banjospieler und Baßmann: unsere Augen erwarten von ihnen nicht, daß sie besonders in Erscheinung treten würden. Auch beim Schlagzeuger erwarten unsere Augen nichts Spektakuläres, obwohl sie sich manchmal wünschen, die Trommelstöcke fliegen zu sehen. Anders beim Pianisten: Hier begleitet unser Auge immer wieder die jetzt perlenden, dann karatigen Hände auf der Tastatur, beobachtet den großen Spannungsbogen zwischen Füßen, Wirbelsäule, Kopf und Händen. Und wir erwarten mit Auge und Ohr bei der Vorstellung der Band, daß ihr Leiter kenntlich gemacht wird, denn mal erscheint der, mal jener wie solcher.

Stellen wir uns vor, wir besuchen ein klassisches Konzert mit großem Orchester und einem Solisten. Es spielt das National Philharmonic Orchestra unter der Leitung von Raymond Leppard mit Wynton Marsalis als Solist an der Trompete. Auf dem Programm stehen zwei klassische Trompetenkonzerte: das Joseph Haydn Konzert in Es-Dur und das Leopold Mozart Konzert in D-Dur.

Wir erwarten mit unseren Ohren vom Orchester möglichst hohe Partiturtreue, das gemeinsame Summen der Streicher, gelegentlich feine Holztöne - und Tempi, die gut zu den Melodien passen. Von der Trompete erwarten unsere Ohren einen klaren, brillanten Ton, besonders in der Höhe, gepaart mit perlenden Läufen und einigen improvisatorischen Schlenkern bei der Solokadenz. Die Melodien selber werden von unseren Ohren allerdings in Reinform erwartet, auch wenn unser Gedächtnis weiß, daß Marsalis ansonsten im Jazz die hohe Klangvielfalt seines Instrumentes zu voller Geltung bringt. Vom Dirigenten erwarten unsere Ohren äußerste Verschwiegenheit.

Unsere Augen erwarten ein großes Orchester, das aus vielen einzelnen Teilen zu bestehen scheint. Sie erwarten mehrere sitzende Streichergruppen: vorn links die ersten und zweiten Geigen, rechts die Celli und Kontrabässe, in der Mitte die Bratschen; das Ganze halbkreisförmig angeordnet. Sie erwarten dahinter verschiedene sitzende Bläsergruppen, links die Holzbläser, rechts die Blechbläser und ganz dahinter die Schlagwerkgruppe. Ganz vorn in der Mitte erwarten unsere Augen den Dirigenten deutlich sichtbar stehend, manchmal im Rhythmus tanzend auf einem Podest, dem Publikum meist mit dem Rücken zugewandt, außer bei Verbeugungen, oder, wenn bei leisen Passagen jemand im Publikum Geräusche von sich gibt. Dann gibt es da noch den Solisten. Er steht links vom Dirigenten vor dem Orchester, zwischen Violinen und Publikum, jedoch in direktem Augenkontakt zum Dirigenten. Wir wissen vom Programmtext, wer Dirigent und wer der Solist ist. Manchmal, jedoch ganz selten erfahren wir auch, wer die einzelnen Musiker sind. Allenfalls wird der Konzertmeister noch vorgestellt. Doch glauben wir zu wissen, daß der Dirigent auch der Leiter des Ganzen ist, wobei wir uns manchmal fragen, ob nicht der Solist der Leiter ist, weil sich Dirigent wie Orchester an seiner Stimmführung und an seinen Tempi orientieren.

An diesen drei musikalischen Metaphern kann ich am leichtesten verdeutlichen, wann es mir wichtig erscheint, daß Teams in irgendeiner Form ausgesprochene Leiter haben, deren Rolle möglichst klar umrissen ist.

Meines Wissens gab es bei den Beatles keinen ausgesprochenen musikalischen Leiter, obwohl mir persönlich Paul Mc Cartney lange Zeit als solcher erschien. Der Beatles Sound wurde auf jeden Fall nicht von jemandem 'angeordnet', sondern er war vielmehr das Ergebnis des Beatles-Kollektivs, das Ergebnis hautnaher Reibung, intensiver Kooperation mit direktem Feedback der Musiker zueinander. Die Gruppe als

Ganzes ordnete sich jedoch auf alle Fälle einer externen Managementleitung zu, die alle Verträge machte, deren Hauptaufgabe also der 'Verkauf' der Gruppe und ihres Sounds darstellte. Wie die Beatles Revival Band die Leitungsfrage gelöst hat, ist mir nicht bekannt, ich könnte mir vorstellen, daß sie ähnlich strukturiert ist wie das Vorbild selbst. Andererseits erfordert das Reproduzieren des Beatles Images nicht dieselbe schöpferische Kraft wie das Kreieren der Ursprungsklangbilder. Es kommt also bei der Revival Gruppe nicht so wie bei den Beatles auf die eigentlich musikalische Leitungsdynamik des gesamten Gruppenpotentials an, so daß auch einer der Musiker die Leitung im klassischen Sinne haben könnte, gewissermaßen als 'Wächter' dessen, von dem er denkt, daß es dem Orignalsound am nächsten kommt.

Die Sun Lane LTD New Orleans Jazz 'Gesellschaft' mit sieben Mitgliedern hat einen klar definierten Chef, musikalisch wie organisatorisch gesehen, nämlich den Gründer und Schlagzeuger der Gruppe. Er bestimmt letztlich, was, wann, wo gespielt wird - allerdings sinnvollerweise in Abstimmung mit allen Musikern. Betrachten wir zunächst einige Ausschnitte der musikalischen Ebene. Diese Gesellschaft gepflegten Jazzes besteht musikalisch gesehen aus zwei Teams, der Bläsergruppe, der Rhythmusgruppe und einem Pianisten, der situativ bezogen mal dem einen, mal dem anderen Team zugeordnet werden kann. Jedes Team wiederum hat einen Teamleiter, der in der Musik auch Registerführer genannt wird. Bei den Rhythmikern ist es offiziell der Bandleader, der Chef des Ganzen, bei den Bläsern ist es der Trompeter. Der Leiter des Bläser Registers bestimmt die Art der Melodieführung, der Leiter des Rhythmusregisters bestimmt die Art der Begleitung. Da der Leiter des Rythmusregisters zugleich der Chef des Ganzen ist, hat er allein durch die Besetzung beider Rollen den mächtigsten Einfluß auf das Ganze. Dieses Ganze wiederum funktioniert optimal, wenn die beiden Teamleiter sich auf der Beziehungsebene gut verstehen.

Ich möchte einige Aspekte dieser Ebene ganz konkret benennen: Der Trompeter in der Rolle des Registerführers muß sich dem Schlagzeuger als Chef des Ganzen letztlich unterordnen (positiv angepaßtes Kind-Ich zeigen, s. Tafel 29). Der Leader als Chef des Ganzen muß dem Trompeter Spielraum für die Melodienwahl und seine Stimmführung gewähren (Platz für das positiv geladene freie Kind-Ich lassen). Die gesamte Band ordnet sich klar angepaßt ihren Registerführern zu (zeigt positiv angepaßtes Kind-Ich). Die Registerführer geben optimalen Spielraum für die Fähigkeiten der einzelnen Mitglieder ihres Teams (erlauben das positiv geladene freie Kind-Ich).

Beim klassischen Orchester ist die Leitungsfrage noch 'hierarchischer' beantwortet. Betrachten wir beispielhaft die rein musikalische Seite. Der Chef des Ganzen, der Dirigent, hat in seinem Orchester zahlreiche Teams (Register), die es zu koordinieren gilt, damit eine optimale Präsentation gewährleistet werden kann. Der Dirigent kann ohne gut qualifizierte Teams sein Orchester nicht zu Höchstleistungen der Präsentation bringen. Die Teammitglieder sind individuell gegebenenfalls auch solistisch qualifiziert, doch müssen sie innerhalb der jeweiligen Instrumentengruppe (Register), außerdem über die Qualität der 'Orchesterdienlichkeit' verfügen. Das heißt schlichtweg, sie müssen sich unterordnen können, dem Sound des Teams und dem jeweiligen Registerführer als Teamchef, dessen Hauptaufgabe das Training der einzelnen Registermitglieder ist, so daß sie ihre 'Stimme', das zur Verfügung stehende Notenmaterial, im Dienste des Ganzen zu Gehör bringen können. Bindeglied aller Registerführer zum Dirigenten ist der Konzertmeister. In der Regel ist dies der erste Geiger. Auch er hat genau beschriebene Leitungsaufgaben, die der Qualifizierung des Ganzen dienen. Er sorgt für die 'Stimmung' im wahrsten Sinne des Wortes, also dafür, daß alle Instrumente in der Tonhöhe genau aufeinander eingestimmt sind und dafür, daß jeder seine 'Stimme' kennt, d.h., daß er fähig ist, seine Notenblätter in Klang umzusetzen. Auf der sozialen Ebene sorgt er darüber hinaus für die Konzentration und eine konstruktive Einstellung beim ganzen Orchester, damit die Performance nicht durch 'Beziehungskisten' und 'Machtrangelei' einzelner Musiker oder ganzer Register gestört wird.

Ich benutze diese drei Beispiele gerne in den ersten Arbeitsrunden mit einem Team, weil in der Musik, wie ansonsten in keinem Arbeitsfeld, sofort deutlich hörbar & hörbar deutlich wird, wenn 'eh ´´was nicht stimmt'. Wenn ein Musiker seine 'Stimme' (Noten) nicht spielen kann, so wirkt sich das sofort auf das Ganze aus. Ist er nicht selbstverantwortlich genug, erkennt er nicht aus eigenem Antrieb das Erfordernis der Lage, so braucht es jemanden, der ihn darauf aufmerksam macht und gegebenenfalls mit ihm gemeinsam die 'Stimme' (Noten) übt, bis sich der dem Ganzen dienende Erfolg einstellt. Dieser Jemand ist im klassischen Orchester der Registerführer. In einem Industrieunternehmen hieße er wahrscheinlich Teamleiter bzw. Teamcoach.

Oft begegne ich der Frage, ob denn ein Teamleiter/Teamcoach überhaupt sein müsse. Wenn ich bei der Musikanalogie verbleibe, so ist die Frage leicht zu beantworten: Je kleiner die Formation, desto mehr Chancen hat sie, auch ohne Leiter gut zu funktionieren. Je größer die Formation bzw. je mehr Teilformationen sich zu einem Ganzen organisieren müssen, desto mehr tut sie bzw. die gesamte Organisation gut daran, Leiter für die einzelnen Formationen/Teams festzulegen.

Betrachten wir diese Analogie bezogen auf das menschliche Individuum, so gibt es inzwischen genügend begründete psychologische Theorien darüber, daß der Mensch auch zur Koordination seiner eigenen Teilpersönlichkeiten einer bestimmten Fähigkeit bedarf. Diese Fähigkeit wird in unserem kommunikationstheoretischen Sprachgebrauch mit dem Begriff Erwachsenen-Ich belegt. Dieses Erwachsenen-Ich des Individuums hat keine andere Aufgabe, als der Dirigent im Orchester bzw. der Bandleader in einer Jazzband. Es soll die Teilpersönlichkeiten des Menschen gemäß den Aufgaben und Erfordernissen des täglichen Lebens einsetzen.

Betrachten wir diese Analogie auf das Team bezogen, so hat der Teamleiter/Teamcoach die Aufgabe, die individuellen Fähigkeiten seiner Teammitglieder so zu koordinieren, daß sie der betrieblichen Aufgabenstellung gerecht werden. Dabei kann ihm das Leittext-System eine wertvolle Unterstützung bedeuten.

Beispiel: Interne Mitteilung

Vor einiger Zeit verabredete das Institut mit dem amerikanischen Partner, daß jedes Jahr ein Wettrudern auf dem Mississippi ausgetragen werden sollte. Die Strecke war auf 1.000 Meilen festgelegt, das Wettkampfgerät war ein Achter mit Steuermann.

Beide Mannschaften trainierten hart und lang, um die größtmögliche Leistungsfähigkeit zu erreichen. Am Tage des ersten Wettkampfs waren beide Mannschaften topfit und hochmotiviert. Der amerikanische Partner gewann klar, mit einer halben Meile Vorsprung.

Nach dieser Niederlage war das Institutsteam sehr niedergeschlagen, die Moral auf dem Tiefpunkt, die Motivation im Eimer. Das obere Management entschied sofort, daß der Grund für dieses Desaster unbedingt herausgefunden werden müßte. Unverzüglich wurde ein zehnköpfiges Projektteam eingesetzt, um das Problem zu untersuchen und geeignete Maßnahmen zu empfehlen.

Bereits nach einer Woche wurde übereinstimmend als Problem erkannt, daß beim amerikanischen Partner 8 Leute ruderten und 1 Person steuerte, während im Institutsteam 1 Person ruderte und 8 Leute steuerten. Das Management des Instituts engagierte daraufhin die renommierte Lean Consulting Gruppe *Zwei statt einem*, um eine Studie über die Struktur des Institutsteams anfertigen zu lassen. Nach einigen Monaten, verbunden mit Kosten in Millionenhöhe, kamen die Berater zu dem Schluß, daß zu viele steuerten, aber zu wenige ruderten.

Um einer Niederlage gegen den amerikanischen Partner im Folgejahr vorzubeugen, wurde die Teamstruktur des Instituts tiefgreifend geändert. Es gab jetzt 4 Steuerleute, 3 Ober-Steuerleute und einen Steuerdirektor. Das Leistungsbewertungs-System (LBS) wurde eingeführt, um jener Person, die das Boot rudern sollte, mehr Ansporn und Motivation zu geben. Sie sollte sich noch mehr anstrengen und ein Leistungsträger werden: „Wir müssen den Aufgabenbereich dieser Person erweitern und ihr mehr Verantwortung geben. Damit wird es gelingen.

Im darauffolgenden Jahr gewannen die Amerikaner mit ¾ Meile Vorsprung.

Das Institut entließ den Ruderer wegen schlechter Leistung, verkaufte die Ruder, stoppte die Investitionen in neues Gerät und die Entwicklung eines neuen Bootes. Der Lean Consulting Gruppe wurde ein lobende Anerkennung für ihre vorzügliche Arbeit ausgesprochen. Das eingesparte Geld wurde an das obere Management ausgeschüttet.

Themenzentrierte Interaktion (TZI)

nach Ruth C. Cohn

TZI wird charakterisiert durch die Balance
der drei Strukturelemente
ICH (das einzelne Gruppenmitglied),
WIR (die Gruppe),
ES (das Thema der Gruppe), eingebettet
in die Umwelt.

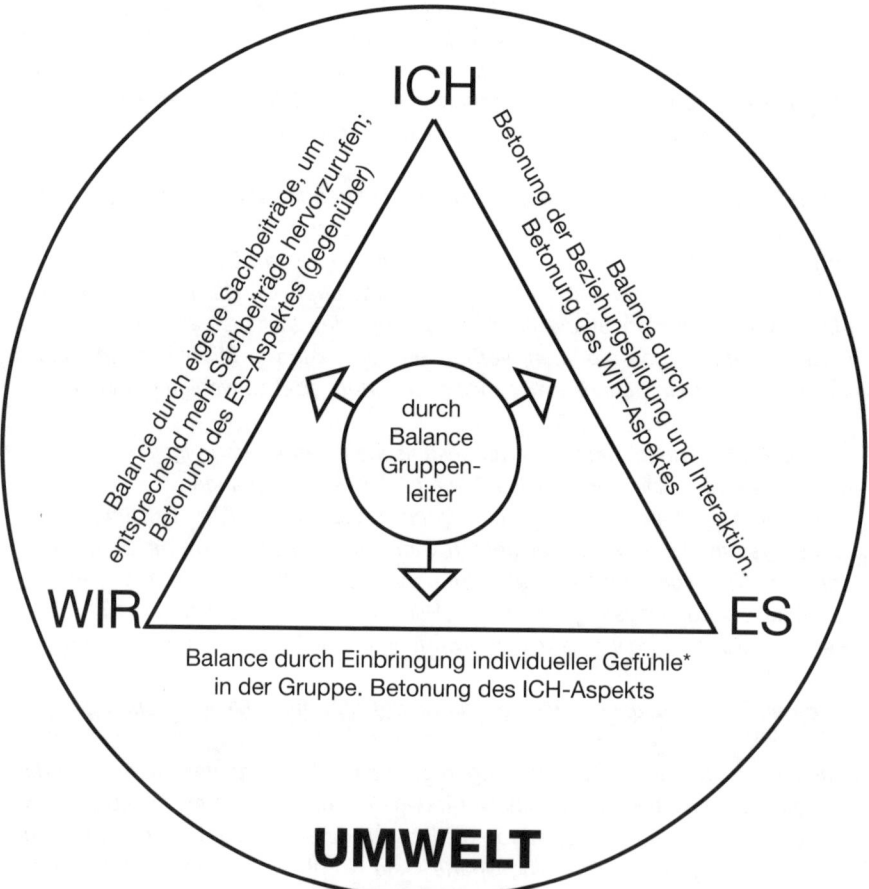

ICH

Balance durch eigene Sachbeiträge, um
entsprechend mehr Sachbeiträge hervorzurufen;
Betonung des ES-Aspektes (gegenüber)

Betonung der Beziehungsbildung und Interaktion.
Balance durch
Betonung des WIR-Aspektes

durch
Balance
Gruppen-
leiter

WIR

ES

Balance durch Einbringung individueller Gefühle*
in der Gruppe. Betonung des ICH-Aspekts

UMWELT

*Anmerkung:
Wenn z.B. die "WIR – ES"-Achse so stark
betont wird, daß Individuen verloren gehen
könnten, wird der ICH–Aspekt,
der individuelle Aspekt, verstärkt.

Themenzentrierte Interaktion (TZI)

nach Ruth C. Cohn

Spielregeln:

1. Sprich per **ich** und nicht per **man**!

2. Mach persönliche Aussagen, statt anderen Fragen zu stellen!
   (Wenn dir einmal eine Frage nötig scheint, so sag, welche Aussage oder Motivation dahinter steht!)

3. Vermeide es, andere zu interpretieren, oder ihnen Ratschläge zu geben!
   (Teile statt dessen mit, was du fühlst, wo du bist, was es dir bedeutet, daß ein Gruppenmitglied so ist, wie du es siehst!)

4. Sende Ich-Botschaften und nicht Du-Botschaften (z.B. "Peter, ich merke, daß du böse auf mich bist")!
   Zu vermeiden sind Sätze, die den Partner für immer festlegen (z.B. "du bist aggressiv")!

5. Sätze in der dritten Person sind zu vermeiden. Sprich direkt zu einem anwesenden Gruppenmitglied!

6. Seitengespräche haben Vorrang und sind oft wichtig.

7. Es soll nur einer auf einmal sprechen.

8. Beachte Signale des Körpers bei dir und bei anderen!

9. Sei selektiv authentisch! (D.h. du brauchst nicht alles zu sagen, was dir einfällt, aber das, was du sagst, soll echt sein.)

Lit.: Ruth Cohn: Von der Psychoanalyse zur Themenzentrierten Interaktion, Stuttgart, Klett-Cotta, 1975.

Lumma, Teamfibel / Windmühle GmbH Hamburg

Situative "Reifegrad"–Theorie

nach Hersey / Blanchard

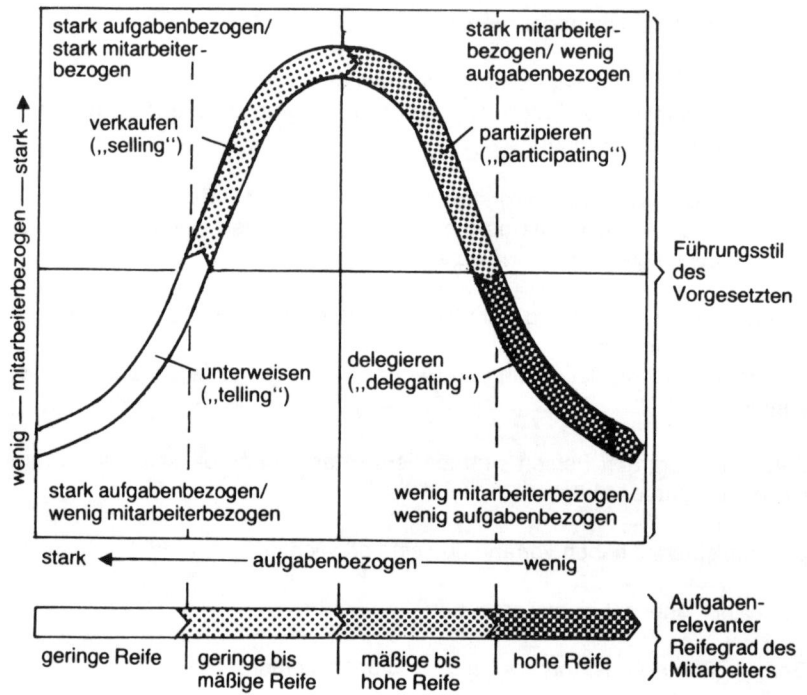

Grafik aus: Wunderer, Grundwald: Führungslehre. Band 1, S. 233, Berlin, de Gruyter, 1980
Lit.: Hersey, P./Blanchard, K.H.: Management of Organizational Behavior, Eaglewood Cliffs, Prentice Hall, 1969

3–D–Theorie
nach Reddin

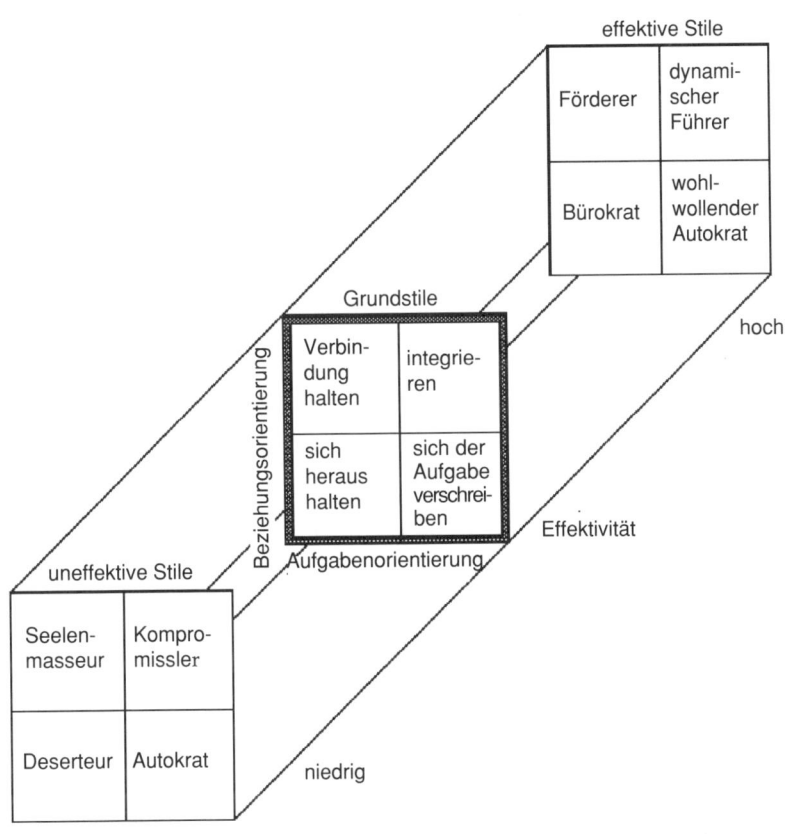

Grafik aus: Wunderer, Grunwald: Führungslehre. Bd. 1 u. 2., Berlin, de Gruyter, 1989.
Lit.: Reddin, E.J., Effective Management by Objectives The 3-D Method of MbO, New York, 1970.

Lumma, Teamfibel / Windmühle GmbH Hamburg

3. Das Leittext-System - Selbstgesteuertes Lernen und Arbeiten in Gruppen

Das Leittext-System bietet eine Form organisierten Lernens und Arbeitens, die Wissensstand und Lerngeschwindigkeiten verschiedener Menschen berücksichtigt. Gruppendynamische Aspekte und inhaltliche Notwendigkeiten werden miteinander für optimale Kooperations- und Konfliktfähigkeit koordiniert.

Zur Entstehungsgeschichte des Leittext-Systems

Das Leittext-System wurde erstmals in der betrieblichen Ausbildung metallverarbeitender Berufsgruppen angewendet. Aufgrund veränderter Ausbildungsanforderungen hatte sich die Arbeitswelt des Ausbildungsmeisters grundlegend verändert. (Siehe Kapitel 7.1.): Der Ausbildungsmeister muß heute in wesentlich höherem Maße Lernprozesse steuern, disponieren und überwachen, als im herkömmlichen Stil dem Auszubildenden seinen Ausbildungsschritt „vormachen" können. Außerdem wird an ihn immer häufiger die Forderung gestellt, Ausbildung in Teams zu organisieren, die von ihren Mitgliedern eine hohe Fähigkeit und Bereitschaft zur kollegial unterstützenden Kooperation verlangen. Die daraus resultierende Übertragung von mehr Verantwortung auf den Auszubildenden, dem späterem Facharbeiter, verlangt ein höheres Qualitätsbewußtsein und ein Denken in Sinnzusammenhängen, sowohl auf der Seite der Lernenden als auch auf der Seite der Lehrenden.

Bisher verlangte der Aufbau einer Arbeitsorganisation von einem zukünftigen Facharbeiter anschaulich-nachvollziehendes Denken: Der Meister macht's vor, der Auszubildende macht's nach. In der heutigen Arbeitswelt soll der Auszubildende bereits lernen, Aufgabenstellungen weitgehend ohne fremde Hilfe zu analysieren und aufgrund dieser Analyse sein Arbeitshandeln vorausschauend zu planen. Die meisten der bisherigen Ausbildungsmethoden entsprachen dem anschaulich-nachvollziehenden Denken (Motivieren, Vormachen, Nachmachen lassen, Aufgabe beenden). Mit dem Leittext-System wird dagegen ein Lernen zum aktiv-analytisch-vorausschauenden Denken (orientierungsanalytisches Denken) in kollegialer Kooperation angestrebt.

Ein weiterer Hintergrund für die Entwicklung des Leittext-Systems liegt darin, den unterschiedlichen Lernvoraussetzungen bei Auszubildenden besser Rechnung zu tragen. Das Leittext-System ist methodisch didaktisch darauf ausgerichtet, in prozeßorientierter Form auf individuelle Lernvoraussetzungen und unterschiedliche Lerngeschwindigkeiten von Auszubildenden einzugehen, indem eine Lerngruppe ihren Lernprozeß überwiegend selbständig gestalten lernt.

Einer der ersten Erprobungsorte war die Daimler-Benz AG von in Kooperation mit dem zentralen Fortbildungswerk Mercedes-Benz von Stuttgart. Dort versuchte man, anhand von konkreten und überschaubaren Ausbildungsprojekten, den verschiedenen Lerngeschwindigkeiten der Auszubildenden gerecht zu werden, indem man bislang standardisierte Unterweisungen so individualisierte, daß sie nicht mehr generell im herkömmlichen Ausbildungsstil „frontal" weitergegeben wurden, sondern von den Auszubildenden entsprechend ihren individuellen situativen Notwendigkeiten eingefordert werden konnten. Die Aufgabe des Ausbildungsmeisters bestand jetzt darin, vor dem Eingehen auf diese Forderung zu prüfen, ob der Auszubildende die gestellten Aufgaben nicht auch allein bzw. durch kollegiale Unterstützung anderer Auszubildenden lösen konnte. Erst, wenn eindeutig klar war, daß diese Leistung nicht aus eigener Kraft erbracht werden konnte, wurde der Forderung nach Unterweisung stattgegeben. Um dieser neuen Form der prozeß-orientierten Weiterbildung Rechnung zu tragen, entwickelte ein Fachteam didaktische Methoden, die eine Qualifizierung der Ausbildungsmeister gewährleisteten. Allmählich entstand der Begriff des Leittext-Systems. Da ich als externer Experte an der Gestaltung dieser Leittext-orientierten Weiterbildungen beteiligt war, hatte ich Gelegenheit, das System und seine Anwendung mit den direkt Betroffenen zu reflektieren. Interdisziplinär entwickelte sich das Leittext-System, das heute in der Teamentwicklung angewendet wird und Grundlage der Qualifizierung von Beratern ist.

Zur Methodik des Leittext-Systems

Beim Leittext-System geht es methodisch-didaktisch darum, die Steuerung von Lernprozessen weitgehend in die Hände der Lernenden zurückzugeben. Dies qualifiziert sie zu einer Form des prozeßorientierten Lernens, bei der die Verantwortlichkeit des einzelnen Lernenden sowie der Lerngruppe gestärkt wird. Die Lernenden stehen dabei ständig als Individuen im Mittelpunkt des Lernprozesses, und auch der Gruppenprozeß wird ständig reflektiert.

Das Leittext-System hat einen klar strukturierten Aufbau von Lernsequenzen. Im Mittelpunkt der einzelnen Lernsequenzen steht ein gemeinsam verabredeter Inhalt, gewachsen aus individuellen Interessen in Verbindung mit fachlichen Notwendigkeiten, wie sie von Lehrenden und Lernenden formuliert werden. Das Leittext-System zielt außerdem darauf ab, herauszufinden, wie eine Gruppe von Menschen gemeinsam lernt, wie die einzelnen Mitglieder sich untereinander optimal unterstützen können, wie das Zusammenspiel zwischen Sach- und Beziehungsebene sinnvoll gestaltet wird.

Das Leittext-System ist nicht durch Lesen von Fachliteratur allein erlernbar. Es wird im Sinne des Lebendigen Lernens durch Ausprobieren erfahrbar gemacht, wobei ein erfahrener Lehrer/Trainer in einer situativ ausbalancierten Form als Wissensvermittler und Lernprozeßbeobachter mitwirkt. Für die Wissensvermittlung haben sich knapp gehaltene Minilektionen und Tafeln mit Skizzencharakter bewährt. Sie bilden das Grundgerüst und sollen dazu beitragen, daß

- Fragen geweckt werden,
- Lernhunger zum individuellen Vertiefen des Gelernten entsteht,
- genügend Platz zum Einbringen persönlicher Beispiele bleibt,
- bildhaftes Wissen entsteht, das in konkreten Arbeitssituationen leicht erinnerbar und transferierbar ist.

Die Einführung eines klar strukturierten Grundrasters bildet die didaktische Basis des Leittext-Systems. Gemeinsam geübt wird,

- wie individuelle Orientierungen, Bedürfnisse und Lernerwartungen, jeweils in Form eines Rahmenvertrages für klar umrissene Arbeitsphasen, miteinander abgestimmt werden können,
- wie die Reflexion eines gemeinsam erlebten Lernprozesses sinnvoll angelegt werden kann,
- wie Lernprozesse gesteuert werden können,
- daß aus vorangegangenen „Fehlern" gelernt wird,
- bewährte Lernmethoden weiter zu vertiefen,
- die Präsentation von Arbeitsergebnissen, die regelmäßige Transferüberlegung, die ein Höchstmaß an Übertragbarkeit auf spätere, aktuelle, berufsspezifische Arbeitssituationen gewährleistet.

Die Reflexionsphase zu einem Lern- bzw. Arbeitsprozeß nimmt dabei eine entscheidende Stelle ein. Im Prinzip ist die Reflexionsphase des Leittext-Systems die Institutionalisierung eines „Distanzschaffens" zwischen sich, dem Lerninhalt und dem Gruppenprozeß, mit dem der Lerninhalt erschlossen wird. In der Reflexionsphase wird das Gelernte und vor allem das „Wie" des Lernens reflektiert. In diesem Sinne ist Reflexion als Meta-Interaktion der gemeinsamen Lernenden zu verstehen. Hier wird der Versuch unternommen, über die Ebene der Lernhandlung hinauszugehen, um von dort aus zurückschauen und das „Wie" des Lernens erkennen und kritisch beleuchten zu können. So wird zum Beispiel der Rahmenvertrag im Kontext des direkt erarbeiteten Lernergebnisses reflektiert, um ihn ggf. bei ähnlichen Themen gewinnbringend variieren zu können. Eine Reflexionsphase, die als Meta-Interaktion aufgebaut ist, bietet außerdem die Möglichkeit zur Ansprache von Konflikten, wie sie zum Beispiel bei Kleingruppenarbeiten auftreten können. Die gesamte Lerngruppe entscheidet dann über das weitere Vorgehen zur Klärung eines solchen Konfliktes durch die nächste Orientierungsphase bzw. den darauffolgenden Rahmenvertrag.

Die Komponenten des Leittext-Systems

Leitfragen

Leitfragen bezüglich der einzelnen Lernsequenzen befähigen die Lernenden zur selbständigen Vorstrukturierung eines Lern- bzw. Arbeitsprozesses. Sie fragen nach inhaltlichen, beziehungsorientierten Aspekten und nach der Struktur, die für eine Lernsequenz gewählt wird. Die Lernenden werden innerhalb der Strukturierung durch Leitfragen dazu aufgefordert, das Einholen von Informationen zu einem Lernprozeß überwiegend selbst in die Hand zu nehmen und ihre diesbezügliche Handlungsstrategie mental vorzuplanen. Die individuellen Lernergebnisse werden nach einer jeden Lern-/Arbeitssequenz schrittweise, d.h. strukturiert durch Leitfragen reflektiert. Die regelmäßige Beantwortung der Leitfragen sichert in hohem Maße eine Integration des Selbststeuerungs-Prinzips und des Verantwortungsbewußtseins im Lernprozeß.

Leittexte

Leittexte sind als Minilektionen, Tafeln und Abbildungen abgefaßt. Sie können durch den Leiter des Lernprozesses vorgegeben oder Ergebnis der Auseinandersetzung von Lernenden mit den Leitfragen bezüglich eines konkreten Themas sein. Je mehr Bereitschaft eine Gruppe für prozeßorientiertes Lernen aufbringt, desto sicherer ist, daß persönliche Lernerfahrungen in Verbindung mit theoretischer Reflexion so integriert werden, daß ein ganzheitliches Lernen über beide Hirnhemisphären erfolgen kann.

Fachgespräche

Fachgespräche zwischen Leiter und Lerngruppe finden auf Anfrage der Lernenden und in vorher vereinbarten Sequenzen statt. Sie dienen in der Hauptsache der Reflexion von konkretem Handeln nach einem Theoriemodell. Sie können Grundlage für die Orientierung bezüglich der kommenden Lernschritte sein. Grundsätzlich soll der Leiter im Fachgespräch keine Anweisungen für das weitere Vorgehen geben, sondern Hilfestellung bei der Erarbeitung von Wissen zur Gestaltung weiterer Lernschritte. Als Grundlage eines Fachgespräches können auch einzelne Leitinformationen dienen. Gelegentlich kann das Fachgespräch die Orientierungsphase ersetzen.

Zusammenfassung

Das Leittext-System ist im Feld des selbstgesteuerten Lernens angesiedelt. Bei Lehr-/Lerneinheiten, die nach dem Prinzip des selbstgesteuerten Lernens aufgebaut sind,

- steht die Eigenkreativität des Lernenden (Schüler, Trainer, Azubi, Student) im Mittelpunkt,
- ist der Trainer, Lehrer, Begleiter eher passiv und greift nur auf ausdrückliche Anforderung der Lernenden oder in speziell dafür vorgesehenen, vorher vereinbarten Sequenzen in den Lehr-/Lernprozeß aktiv ein,
- werden möglichst viele Aspekte des Lerninhaltes skizzenartig berücksichtigt und der Lernaufbau gemeinsam nach dem Prinzip der Ganzheitlichkeit gestaltet,
- werden die Feinstrukturen eines Themas, die für das Lernen von Bedeutung sind, von den Lernenden selbst herausgearbeitet,
- wird der konkrete Lernverlauf in seinen einzelnen Phasen (Orientierung-Rahmenvertrag-Arbeit-Reflexion) möglichst selbst gestaltet,
- stehen die Lernenden in intensiver Beziehung untereinander,
- soll die Motivation zum Lernen aus positiv erfahrener Kommunikation und im Kontext des jeweiligen Lerninhaltes oder aus den Wünschen der Lernenden heraus erfolgen,
- werden Lernfortschritte möglich, die neben der Vermittlung von Fachwissen vor allem auf der Beziehungsebene durch die Berücksichtigung individueller Lerntempi zu gegenseitigem Verständnis und zu gegenseitiger Unterstützung beitragen.

4. Leitfragen als Leitfaden

Das Leittext-System trägt dazu bei, Schlüsselqualifikationen der Kooperations- und Konfliktfähigkeit zu erlangen und diese Schlüsselqualifikationen mit vorhandenem bzw. neu gelerntem Fachwissen in Zusammenarbeit von Teams und anderen Gruppen anzuwenden. Die Leittext-Didaktik baut auf drei Prinzipien auf:

Prinzip 1: Verbindung von Training und selbständigem Lernen
Prinzip 2: Zielorientiert denken und planen
Prinzip 3: Aus Fehlern lernen.

Verbindung von Training und selbständigem Lernen

Grundsätzlich sollte ein Lern- oder Beratungsprozeß so aufgebaut sein, daß der Lernende in hohem Maße selbst tätig wird. Der Lernende soll jedoch nicht unvorbereitet herumprobieren. Deshalb gibt der Anleiter didaktische Hilfestellungen in Form von Leitfragen, die wie Regieanweisungen verstanden werden können. Erst wenn sich die Lernenden selbst um eine Beantwortung der Leitfragen bzw. um die Lösung von Problemstellungen bemüht haben, gibt der Anleiter aufbauend auf dem bisher Gelernten fachbezogene Informationen bzw. Trainingsanleitungen.

Schematisch dargestellt, sieht das folgendermaßen aus:

| Leitfragen, Regieanweisung | $\Rightarrow$ | selbständig lernen, üben | $\Rightarrow$ | Reflexion |

Zielorientiert denken und planen

Vor dem Einstieg in einen Lern- bzw. Beratungsprozeß ist es notwendig, sich über das Ziel und den Weg dorthin klar zu werden. Durch Leitfragen wird der Lernende dazu angeleitet, sich vor Beginn des Lernprozesses ein Bild vom anzustrebenden Ergebnis zu machen und die Methodik des Weges dorthin zu planen. Meistens haben Fehler im Lern- bzw. Beratungsverlauf ihre Ursache in Denkfehlern und in starren Denkstrukturen. Damit solche Denkfehler bereits im Ansatz deutlich werden können, kann es sinnvoll sein, bereits die Planungsphase mit zu visualisieren.

Schematisch dargestellt, sieht das folgendermaßen aus:

| Information, Leitfragen | $\Rightarrow$ | Methodische Planung | $\Rightarrow$ | Durchführen |

Aus Fehlern lernen

Während des Lern- und Beratungsprozesses kommt es darauf an, Fehler und Lücken zu erkennen, um sie in Zukunft zu vermeiden. Es ist sinnlos, sich über Fehler zu grämen, sondern man sollte daraus Schlüsse für die Zukunft ziehen.

Aus Fehlern läßt sich jedoch nur lernen, wenn sie sorgfältig reflektiert werden und wenn ihre Phänomenologie erkennbar ist, d.h., wenn deutlich wird, wann, wo und wie sie auftreten und was ihre Ursachen sein können. Auch hier unterstützen Leitfragen wieder den Reflexionsprozeß.

In der Reflexion ist es die Aufgabe des Anleiters, seine eigene Wahrnehmung einfließen zu lassen, gemeinsam mit dem/den Lernenden die Fehlerphänomenologie zu erarbeiten und Lücken zu schließen. Hier kann also der Zeitpunkt für Anleitung, Information und Leittexte liegen. Es kann auch der Zeitpunkt sein, gemeinsam nach einem brauchbaren Weg zu suchen, der in Zukunft Fehler verhindert.

Schematisch dargestellt, sieht es dann folgendermaßen aus:

selbständig lernen, üben	$\Rightarrow$	Reflexion	$\Rightarrow$	Lücke schließen

Für die Durchführung eines solchen Lern- bzw. Beratungsprozesses läßt sich keine allgemeingültige Regel angeben. Sie ist dynamisch der gegebenen Lernsituation, dem Erfordernis der Lage anzupassen. Von daher ist ein detailliert formulierter Ablaufplan nicht gefordert. Beobachtbar ist bei gelungenen Beispielen allerdings ein rhythmisch aufgebauter Lern- und Arbeitszyklus (s. Tafel 5), der folgende Schritte in der genannten Reihenfolge enthält:

* Orientierungsphase
* Rahmenvertrag
* Arbeitsphase
* Zulassen von Randphänomenen (= sonstige Einflüsse, wie Pausengespräche, Telefonate von außen etc.)
* Reflexionsphase (Metakommunikation und Transferüberlegungen)

Die Aufgabe des Begleiters eines solchen Lern- und Beratungskonzeptes besteht darin:

* den orientierungsanalytischen Lernzyklus transparent zu machen (evtl. zu visualisieren).
* Leitfragen für die einzelnen Zyklusteile zu stellen,
* mit Sachkompetenz den Lernprozeß zu begleiten, d.h. balancierend die Kunst des Eingreifens bzw. Nichteingreifens auszuüben,
* bei der Lösung aufsteigender persönlicher Konflikte dem/den Lernenden Unterstützung zu geben, auch durch Einbeziehung anderer Gruppenmitglieder,
* Trainings- und Informationsphasen sinnvoll als „sonstige Einflüsse" in den Lernprozeß einzubauen,

- die im Lernenden bzw. in der Lerngruppe vorhandene Sachkompetenz zu ergänzen, soweit es erforderlich ist,
- aus einer Rollendistanz auf Punkte hinweisen, die der Lernende bzw. die Gruppe selbst nicht (mehr) erkennen kann.

Orientierungsphase

Diese Phase ist als freie Assoziationseinheit zu verstehen, in der die Selbstexploration der Gruppe bzw. des einzelnen Lernenden im Vordergrund steht. Formulierte Erwartungen sind sinnvollerweise auf Pinwänden zu notieren.

Rahmenvertrag

Nach unserer Erfahrung ist es hilfreich:
- nicht nur Verträge über längere Lernzyklen zu machen, sondern besonders in der Einübungsphase auch für kurze Lerneinheiten (1/2 bis ¾ Stunde)
- Rahmenverträge zu schließen, die zugleich die Reflexionsphase mit einplanen. Auch die Frage nach der Methodik der Vorgehensweise sollte nicht vom Anleiter, sondern vom Lernenden bzw. der Gruppe beantwortet werden.

Arbeitsphase

In der Arbeitsphase bleibt der Anleiter überwiegend in der Prozeßbeobachtungs-Funktion; ggf. gibt er Hinweise auf die zeitliche Begrenzung, wie sie im Rahmenvertrag festgelegt wurde.

Sonstige Einflüsse

Als sonstige Einflüsse sind Pausengespräche bzw. gemeinsam verabredete Unternehmungen wie Ausflüge, Feiern, Referate, sonstige organisatorische Belange etc. zu verstehen.

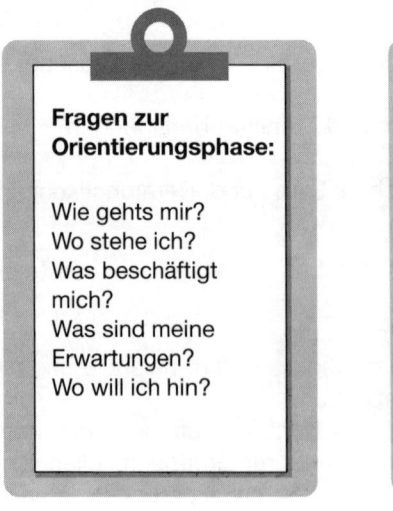

Fragen zur Orientierungsphase:

Wie gehts mir?
Wo stehe ich?
Was beschäftigt mich?
Was sind meine Erwartungen?
Wo will ich hin?

Abb. 1

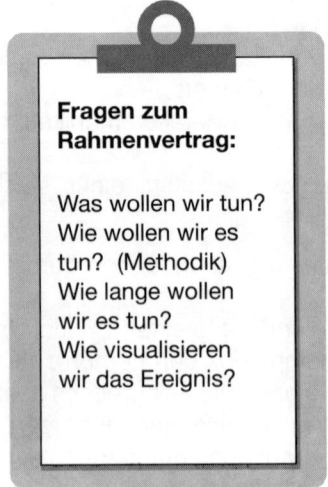

Fragen zum Rahmenvertrag:

Was wollen wir tun?
Wie wollen wir es tun? (Methodik)
Wie lange wollen wir es tun?
Wie visualisieren wir das Ereignis?

Abb. 2

Reflexionsphase

Es erscheint als immer bedeutsamer, Verabredungen für eine ausführliche Reflexion zu treffen. In diese Phase fließen auch die Prozeßbeobachtungen des Begleiters mit ein, bzw. hier kann der Zeitpunkt für Ergänzungen und das Schließen von Lücken sein.

Die in der weiteren Folge beschriebenen Leitfragen sind als Anregung für die Lernprozeßbegleitung zu verstehen. Sie sind situationsbezogen neu zu formulieren bzw. zu ergänzen. Es ist sinnvoll, nur klar verständliche, einfache Fragestellungen zu geben, die auch tatsächlich beantwortet werden können und den Lernenden bzw. die Lernenden nicht überfordern.

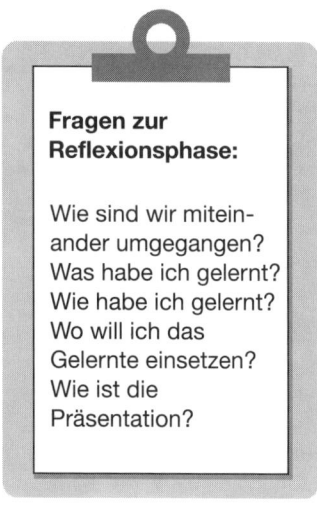

Fragen zur Reflexionsphase:

Wie sind wir miteinander umgegangen?
Was habe ich gelernt?
Wie habe ich gelernt?
Wo will ich das Gelernte einsetzen?
Wie ist die Präsentation?

Abb. 3

Fazit

Abschließend sei angemerkt, daß es in den einzelnen Phasen für den Begleiter keine allgemeingültigen Verhaltensregeln dafür gibt, ob er nun z.B. auf die Beantwortung aller Leitfragen bestehen solle oder nicht. Oft ist der Lernerfolg schon gesichert, wenn der Lernende bzw. die Gruppe über „Fehler machen" selbst dazu kommt, alle Leitfragen im Lernprozeß zu berücksichtigen bzw. durch neue Leitfragen zu ergänzen.

Der Begleiter eines derartig didaktisch aufgebauten Lernprozesses muß neben „Biß" auch Balance- und Zurückhaltevermögen aufweisen. Auf jeden Fall sollte er mit den gängigen menschlichen Abwertungsmechanismen vertraut sein und Übung darin haben, Einstiege ins Drama-Dreieck (s. Tafel 29) zu verhindern.

Leitsystem für prozeßorientiertes Lernen
Methoden–Grundraster

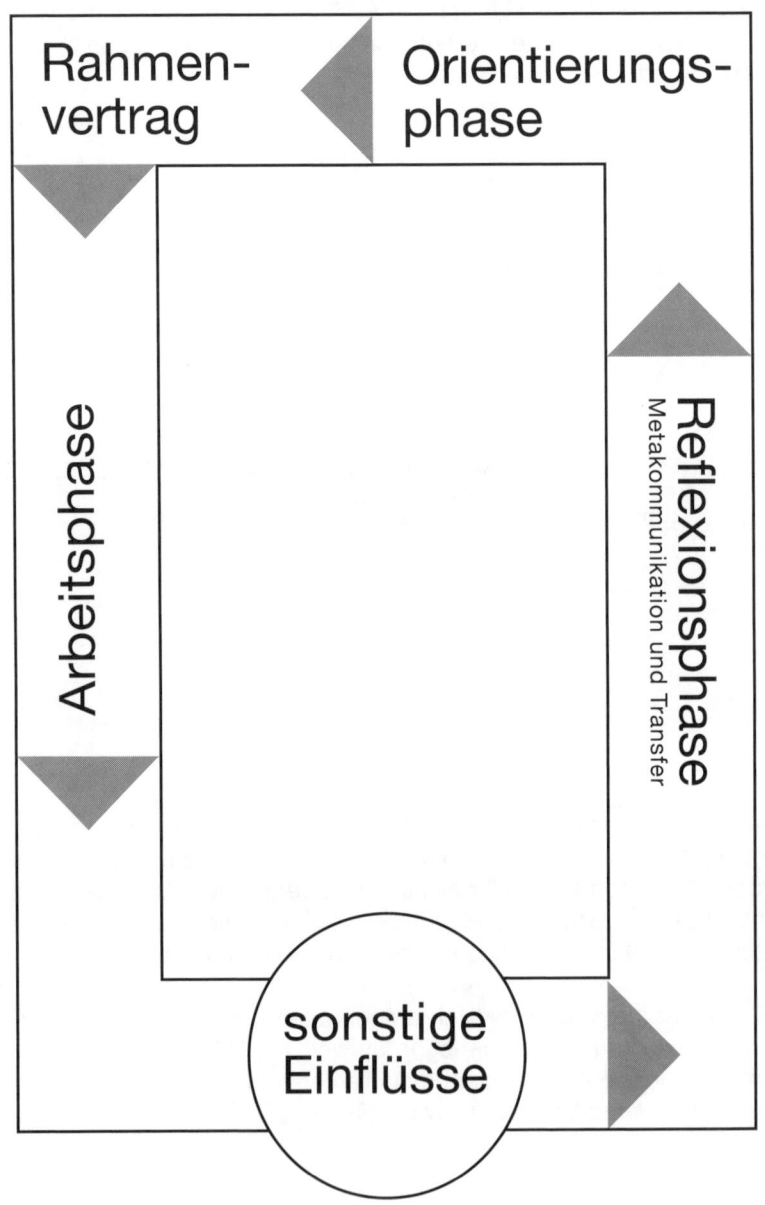

Rahmen-
vertrag

Orientierungs-
phase

Arbeitsphase

Reflexionsphase
Metakommunikation und Transfer

sonstige
Einflüsse

5. Teamziele

Teamarbeit steht für ein Wertesystem, das positive Verhaltensweisen fördert,
wie Zuhören und konstruktiv auf Meinungsäußerungen anderer reagieren,
anderen im Zweifel Recht geben,
die unterstützen, die Hilfe benötigen,
die Interessen und Leistungen anderer anerkennen.

(Katzenbach/Smith 1993, S.40)

Ich gehe davon aus, daß es dem Menschen leichter fällt, mit anderen zu kooperieren, wenn ihm die Ziele bewußt sind, wenn er z.B. weiß, wozu es gut ist, auf Teamkollegen persönlichkeitsbildend, manchmal auch konfrontierend einzuwirken, die zwar fachlich gut sind, sich aber im Team „wie Elefanten im Porzellanladen" bewegen. Aus meinem eigenen Engagement im Feld der Teambegleitung, in der Teamcoach-Aus-bildung und im Leitungsteam des Instituts für Humanistische Psychologie habe ich ei-nige Einsichten und Grundüberzeugungen gewonnen, die ich an dieser Stelle zur Diskussi-on stelle.

1. Wir sind auf der Erde überall mehr denn je darauf angewiesen, miteinander konstruktiv zu kooperieren, anstatt uns gegenseitig das Leben schwer zu machen.
2. Zum Leben des Menschen gehört Arbeit entscheidend dazu. Wenn wir die meiste Zeit unseres Lebens in Arbeitszusammenhängen verbringen, empfiehlt es sich, Arbeit lebendig-   dynamisch und nicht einschläfernd-langweilig zu gestalten.
3. Es ist sinnvoll, Arbeits- und Lebenszusammenhänge so zu arrangieren, daß wir uns gegenseitig unterstützen, statt uns, aus welchen Interessen auch immer, zu behindern.
4. Leiter von Organisationen sind ethisch dazu beauftragt, den Arbeitsrahmen so anzulegen, daß gerade in Krisenzeiten ein 'Durchhalten' der gesamten Organisation möglich ist und die Kreativität der MitarbeiterInnen für konstruktive Lösungen genutzt wird.
5. Leiter sind ethisch und geschäftlich dazu beauftragt, destruktive Tendenzen der Organisation im Einzelnen und im Ganzen einzugrenzen und gegebenenfalls auszugrenzen.
6. Gewalt fängt nicht erst im großen politischen Kontext an. Ihre Keime liegen in jedem einzelnen von uns. Es ist o.k., wenn Menschen gemeinsam lernen, sich gegenseitig auf solche Keime aufmerksam zu machen.

Aus diesen Einsichten und Grundüberzeugungen heraus habe ich z.B. vier Seminarformen entwickelt, die darauf angelegt sind, Mitarbeiter eines Unternehmens gemeinsam, betriebsintern in Form von 'hautnahem' Lernen und Arbeiten auf eine geschäftliche und zugleich gesellschaftspolitische Zukunftssicherung vorzubereiten. Qualitätssicherung der Serviceleistung (Kundenorientierung) und Manpower (personales Angebot) rücken dabei an die oberste Stelle. Dieses Seminarspektrum umfaßt folgende Themen:

Einführung in das kybernetisch-ganzheitliche Denken

Dieses Seminar befaßt sich mit den Grundlagen menschlicher Kommunikation in Organisationssystemen und hat zum Ziel, die Mitarbeiterschaft im Sinne einer Optimierung der Serviceleistungen des Unternehmens zu konstruktiv kooperativem Verhalten zu trainieren.

Konfliktmanagement

Bei diesem Seminartyp geht es in der Hauptsache darum, ein „Konflikt-Frühwarn-System" in den Köpfen und im Verhalten der MitarbeiterInnen zu installieren und anhand konkreter Arbeitssituationen verschiedene Methoden des Konfliktmanagements einzuüben.

Teamentwicklung

Es zeigt sich immer wieder, daß Teamentwicklung am besten funktioniert, wenn der Teamleiter (Coach) die Fähigkeit besitzt, das kreative Denk- und Handlungspotential seiner Mitarbeiterschaft zur vollen Entfaltung kommen zu lassen. Das für solche Aufgabenstellungen entwickelte Leittext-System wird anhand aktueller Aufgabenstellungen bzw. Projekte schrittweise gemeinsam eintrainiert.

Teamcoach-Ausbildung

Darüber hinaus ist es für einen nicht sozialwissenschaftlich ausgebildeten Teamcoach oftmals ganz wichtig, eine betriebsintern angelegte Teamcoach-Ausbildung zu absolvieren, die in Form von Seminaren und begleitender Supervision auf die speziellen Anforderungen der Teamentwicklung vorbereitet. Diese Anforderungen sind an vier Zielen orientiert:

1. Funktionstüchtigkeit im Sinne der Unternehmensphilosophie
2. Beachtung gruppendynamischer Notwendigkeiten
3. Respekt vor Individuellem
4. Anwendung des ganzheitlichen Denkens

5.1. Funktionstüchtigkeit im Sinne der Unternehmensphilosophie

In der Praxis von Personal- und Teamentwicklung begegne ich immer wieder verschiedenen Phänomenen, die deutlich werden lassen, wie wichtig es für ein Unternehmen ist, wenn die Führungsebene im Unternehmen im Dialog mit den Mitarbeitern eine klar erkennbare Unternehmensphilosophie entwirft, an der man sich „reiben" und orientieren kann. Gemeint ist kein verkopftes Gedankengebilde ohne direkt erkennbaren Bezug zur Arbeitspraxis, sondern eine intern und extern zu benutzende Erklärung mit Entwurfcharakter bezüglich der Ziele, und Struktur des Unternehmens.

Ein Team kann als Teil eines Unternehmens nur konstruktiv funktionstüchtig im Sinne der Unternehmensphilosophie handeln, wenn es integrierter Bestandteil eines solchen Philosophieentwurfes ist, wenn es erkennt, worauf es unternehmens-existenziell ankommt. Im Sinne konstruktivistischen Denkens benutze ich den Begriff der Unternehmensphilosophie „entwurf-artig"; das heißt, ich verstehe ihn als einen gemäß neuen Erfordernissen anzupassenden Entwurf, dem ich mich „artig" füge, bis ein erneuter Entwurf zwischen den Trägern der Verantwortung und den Mitarbeitern ausgehandelt ist.

Zur Veranschaulichung sei an dieser Stelle die Unternehmensphilosophie eines Weiterbildungsinstitutes zitiert.

Unternehmensphilosophie

1. *Die Basis aller Trainingsangebote liegt in der Humanistischen Psychologie als Modell konfliktorientierter Erwachsenenbildung.*
2. *Alle eingeladenen Gruppenleiter haben Weltniveau, bzw. werden dahingehend geschult, daß sie Weltniveau bekommen. Weltniveau-Training bedeutet die Verbindung von Üben mit Wissensvermittlung.*
3. *Kommunikationsfreudige Personalpolitik, Ausdauer und Loyalität (corporate identity) werden als Grundlage des Weiterbildungserfolges verstanden.*
4. *Wettbewerb der Mitarbeiter untereinander und des Weiterbildunginstitutes mit anderen Institutionen ist o.k.*
5. *Die Leitung denkt ganzheitlich: Konzeptentwicklung geht Hand in Hand mit ihrer Organisationsarbeit und Gestaltung des finanziellen Rahmens.*
6. *Es werden nur Angebote höchster Güteklasse gemacht.*
7. *Alle Mitarbeiter geben ihr Bestes, auch wenn das Stundenmindestmaß überschritten wird. Für Überstunden wird eine angemessene Honorierung im Rahmen des Budgets vorgenommen. Konzeptentwicklung, Organisation und Durchführung der Angebote des Weiterbildungsinstitutes sind als Chance, nicht als Last zu verstehen. Wer seinen Einsatz als Last versteht, gehört nicht zu uns.*
8. *Jedes Projekt ist in sich tragbar und finanziert. Die Lohn- und Honorarpolitik ist projektbezogen zu regeln. Doppelbesetzungen in der Durchführung von Kursprojekten sind nur o.k., wenn sie finanziert sind.*
9. *Alle Mitarbeiter haben die Bereitschaft und Fähigkeit, langfristig zu planen.*

10. An erster Stelle steht nicht hoher Gewinn, sondern höchste Trainingsqualität.

11. Die Weiterbildungspreise dürfen niedriger sein als die anderer Institute. Es wird als Qualitätsmerkmal verstanden, wenn der einfache Bürger sich solche Weiterbildung leisten kann.

12. Unsere Grundregel: Nie einen Gesprächspartner, vor allen Dingen keine Weiterbildungsteilnehmer oder Behörden warten lassen.

13. Es ist o.k., in Ausnahmefällen freie Studienplätze zu gewähren.

14. Es ist o.k., auch Kleinstaufträge zu erfüllen. Dabei können wir lernen, wo neue Interessen der Teilnehmerschaft liegen.

15. Das Weiterbildungsangebot ist immer wieder zu überprüfen und dem Erfordernis der Lage anzupassen. Eingefrorene Konzepte bedeuten Stillstand.

16. Es gibt regelmäßige Mitarbeiterkonferenzen, bei denen Inhalte und Organisation besprochen werden. Die Mitarbeiterkonferenz hat für den Leiter Empfehlungscharakter.

17. Es sind immer wieder spezielle Modelle der Weiterbildung zu entwickeln, ohne dafür bewährte Konzepte aufzugeben.

18. Wir sagen der Teilnehmerschaft die Überprüfung alles Gewünschten zu und geben ihr darüber Rückmeldung. Mögliches sollte schnell möglich gemacht werden.

19. Oberstes Ziel ist die intensive Unterstützung der Erwachsenenbildung in allen ihren Ausprägungen.

20. Das Kapital des Weiterbildungsinstitutes liegt in seinen qualifizierten Kursen und in einer den Kurskonzepten und der Unternehmensphilosophie angepaßten Organisation.

21. Die Überprüfung neuer Konzepte obliegt dem wissenschaftlichen Leiter des Weiterbildungsinstitutes in Abstimmung mit Management und Vorstand.

22. Die Organisationsleitung ist Auftrags-Ausführer des Vorstandes.

23. Die Organisationsleitung ist für den jeweiligen Organisationsplan und die Durchführung verantwortlich, nicht für den Inhalt. Für den Inhalt ist der wissenschaftliche Leiter in Abstimmung mit allen Mitarbeitern verantwortlich.

24. Die gesamte Organisationsapparatur, alle Dokumentenoriginale und Terminunterlagen sind im Zentralbüro übersichtlich und jederzeit zugreifbar angeordnet.

25. Unterlagen, gleich welcher Art, dürfen nur mit Genehmigung und verabredetem, protokolliertem Zeitplan vom Zentralbüro entfernt werden.

26. Es darf unter keinen Umständen ein Termin versäumt werden.

27. Kursausfälle sind jeweils umgehend auszugleichen.

28. Die Verwaltung der Teilnehmerlisten und der Bildungspläne ist von dem Organisationsleiter in straffem Zeitrhythmus vorzunehmen, nicht erst kurz vor dem Abrechnungstermin.

29. Verträge mit anderen Einrichtungen sind vor Kontaktaufnahme mit dem Vorstand abzustimmen.

30. Die Organisationsleitung ist für eine kontinuierliche Budgetierung verantwortlich.

31. Jeder Mitarbeiter, jede MitarbeiterIn ist es wert, geschätzt zu werden. Abwertung ist nicht o.k. Abwerter gehören nicht ins Institut.

32. *Alle Mitarbeiter, fest angestellte wie freiberufliche, überprüfen immer wieder ihre Qualität und lassen sie von Kollegen und Institutsleitung überprüfen. Nur so kann Weltniveau gewährt bleiben.*

33. *Jeder Mitarbeiter versteht sich primär als „Saat" für das Unternehmen.*

34. *Alle Mitarbeiter denken stets um einiges voraus und fragen sich, was in den nächsten fünf, zehn Jahren umgesetzt werden kann.*

35. *Jeder Mitarbeiter arbeitet nach dem Verantwortungsprinzip. Zirkuläre Verteilung von Verantwortung muß mit dem Vorstand abgestimmt werden.*

36. *Jeder Mitarbeiter braucht den eigenen Augenschein vom anderen. Kontakt über Telefon oder Telefax reicht nicht aus. Die Komponente des „guten Gefühls zum Mitarbeiter" hat Höchstrang.*

Beispiele zur Operationalisierung der Unternehmensphilosophie

Für die Operationalisierung der Firmenphilosophie gibt es verschiedene Wege. Als besonders wichtig erscheint mir das regelmäßige Gespräch der Teammitglieder untereinander. Es geht dabei um die Qualitätssicherung von Rückkopplungsschleifen auf persönlicher und fachlicher Ebene. Als Grundlage des Gespräches können aktuelle Aufgabenstellungen dienen. Es kann jedoch gelegentlich auch um Gespräche mehr grundsätzlicher Art (mit konkretem Kontext) gehen. Diesbezüglich lege ich einen Fragebogen zur Selbstbeurteilung vor, den jede MitarbeiterIn still für sich schriftlich beantwortet und das Ergebnis der Reflexion zur Teamsitzung mitbringt (s. Tafel 6).

Ein weiteres Beispiel ist ein Fragebogen zur EDV-gestützten Informationslenkung: Dem Unternehmen ging es darum, das neue EDV-System schnell in die tägliche Ablauforganisation zu integrieren, Reibungsverluste zu vermeiden und den momentanen Kenntnisstand ihrer Mitarbeiter zu ermitteln, um diesen in ihren Entscheidungsprozeß mit einfließen zu lassen.

Hier wird deutlich, daß eine Unternehmensphilosophie gelebt wird. Der Fragebogen soll zu einer kritischen Auseinandersetzung mit den unternehmensinternen Organisationsstrukturen anregen, soll Datenfluß und die Dokumentenlenkung optimieren.

Die Mitarbeiter werden als Betroffene in den Mittelpunkt gestellt: Barrieren aus Unkenntnis wird so erfolgreich entgegengewirkt. Die Mitarbeiter wissen rechtzeitig, was auf sie zukommt, sie werden als Gleichberechtigte frühzeitig in den Entscheidungsprozeß integriert („Ich bin wer!") und gehen mit einem ganz anderen Engagement auf die Neuentwicklung zu (s. Tafel 7 und 7a).

Fragebogen zur Selbstbeurteilung der MitarbeiterInnen

1 Wie einfach ist der geschäftliche Umgang mit uns?   Ja   Nein

Sind wir leicht zu erreichen?

Geben wir schnell Auskunft?

Machen wir mehr Zusagen als Absagen?

2 Halten wir unser Versprechen?   Ja   Nein

Bei der Qualität des Angebotes?

Bei der Organisation der Abwicklung?

Bei der Zusammenarbeit untereinander?

Bei der Betreuung der Teilnehmerschaft?

3 Entsprechen wir unseren Standards?   Ja   Nein

In jedem konkreten Fall?

Im allgemeinen?

Sind wir uns überhaupt der Standards bewußt?

4 Sind wir gut ansprechbar?   Ja   Nein

Hören wir zu?

Sagen wir mehr "Warum auch nicht!"

oder fragen wir mehr "Warum auch das noch?"

Gehen wir mit unserer Teilnehmerschaft als

eigenständigen Menschen um oder behandeln

wir sie abwertend?

5 Arbeiten wir wirklich zusammen?   Ja   Nein

Tauschen wir genügend Informationen

untereinander aus?

Übernehmen wir die volle Verantwortung für unsere

Aufgabenstellung?

Akzeptieren wir die volle Richtlinienkompetenz des

Leiters bzw. des Fachbereichsleiters,

bzw. fügen wir uns den

organisatorischen Notwendigkeiten?

Sorgen wir untereinander für Zufriedenheit?

Frageraster zur EDV – gestützten Informationslenkung

nach
Johannes u. Stefan Böhmer

A Zum eigenen Kenntnisstand

1. Wie lange arbeiten Sie bereits mit DV-Anlagen? _____

2. Wie schätzen Sie Ihre Kenntnisse im Umgang mit einem PC ein?

sehr gut _____ gut _____ befriedigend _____ eher mäßig _____

3. Welche Software nutzen Sie hauptsächlich?

Textverarbeitung _____ Datenbank _____ Tabellenkalkulation _____

Grafik/DTP _____ Buchhaltung _____ Sonstiges _____

4. Geben Sie bitte Ihre Kenntnisse im Umgang mit den unter 3. aufgeführten Programmen an.

Bereich	sehr gut	gut	befriedigend	eher mäßig
Textverarbeitung				
Datenbank				
Tabellenkalkulation				
Grafik/DTP				
Buchhaltung				
Sonstiges				

5. Wie sehen Sie Ihren Schulungsbedarf für die unter 3. aufgeführten Programme an?

Bereich	Kein Schulungs-bedarf	Routine fehlt kein Schu-lungsbedarf	Auffrischung notwendig	Schulungs-bedarf
Textverarbeitung				
Datenbank				
Tabellenkalkulation				
Grafik/DTP				
Buchhaltung				
Sonstiges				

Frageraster zur EDV – gestützten Informationslenkung
nach Johannes u. Stefan Böhmer

B Zur Aufgabenbeschreibung

1. Welche Wünsche haben Sie bzgl. einer Nutzung der DV-Anlage?

2. Welche Tätigkeit fallen in Ihr Aufgabengebiet?

3. Wer bearbeitet die gleichen Tätigkeitsfelder wie Sie? (Ihre Vertretung?)

4. Möchten Sie eine schärfere Abgrenzung Ihrer Tätigkeitsfelder?

5. Halten Sie die Organisation des Büros für verbesserungsfähig?

6. Würden Sie eine andere Arbeitsorganisation bevorzugen?

7. Entspricht die Arbeitszeiteinteilung Ihren Vorstellungen?

8. Sonstige Anmerkungen

C Zur Organisation

1. Welche Daten werden von Ihnen erfaßt?

2. Welche Dokumente werden von Ihnen erstellt?

3. In welchem Format (Programm) werden die Dokumente abgelegt?

4. Liegen Ihre Dokumente im Zentralbüro vor?

5. Werden wichtige Daten oder Dokumente Ihrer Meinung nach nicht erfaßt?

6. Benötigen Sie Daten von anderen Mitarbeitern? Von wem? / Welche?

7. Wie erhalten Sie Daten?

8. Wünschen Sie eine höhere Transparenz der Daten?

9. Haben Sie Vorschläge zur Verbesserung des Datenflusses?

Bemerkungen:
Handlungsbedarf und Termine:

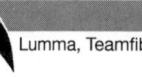

5.2. Beachtung gruppendynamischer Notwendigkeiten

Das Phänomen „Gruppendynamik" hat im Kontext erstrebenswerter Teamziele immer mehr an Bedeutung gewonnen. Die These „Die Beziehungsebene bestimmt die Sachebene mehr als die Sachebene die Beziehungsebene" ist zwar vielen Menschen aus der Literatur und der Teilnahme an Kommunikationstrainings schon bekannt, doch hapert es im Rahmen des eigenen Teams oft noch an der praktischen Umsetzung dieser Wahrnehmung, obwohl die stille - oder auch offen ausgesprochene - Sehnsucht vieler MitarbeiterInnen eines Teams dahin tendiert, eine „gute Beziehung" miteinander zu haben. Mit dem Attribut „gut" ist jedoch oft die Erwartung verbunden, die Beziehung möge „reibungslos" oder „harmonisch" bzw. konfliktfrei sein. Paradoxerweise schafft gerade diese Erwartung an sich manchmal die Situation, daß eine Beziehung mit „guter" Grundlage ob dieser Erwartung dann zu Krisen führt, die nur schwer auflösbar erscheinen.

Wenn Menschen zusammenarbeiten, so sind damit Unterschiedlichkeiten in der Auffassung, im Arbeitsstil etc. verbunden, die natürlicherweise im Konflikt zueinander stehen. Wir gehen jedoch davon aus, daß dieses Phänomen an sich kein „Problem im herkömmlichen Sinne" darstellen muß, aufgrund dessen man sich so streiten müßte, daß unangenehme Gefühle entstehen. Wie die gruppendynamische Forschung seit 1946 nachweist (s. Benne 1975), ist die Verschiedenheit individueller Menschen in Gruppen notwendigerweise mit dem Phänomen Konflikt verbunden, so daß die Zielvorstellung eines konfliktfreien, „harmonischen" Zusammenarbeitens in Teams/Gruppen in gewissem Sinne als Überforderung der Natur einer Gemeinschaft verstanden werden muß.

Oft wird vergessen bzw. ignoriert, daß auch die Mißachtung gewisser „normalarchaischer" gruppendynamischer Strukturen von Teams/Gruppen dazu führt, daß die Zusammenarbeit der einzelnen Mitglieder erschwert wird. Ich spreche von der Mißachtung dessen, was mit dem Alpha-Beta-Gamma-Omega Phänomen gemeint ist: Wenn Menschen in Gruppen arbeiten, so zeichnen sich in der Regel folgende vier funktionale Menschengruppen ab:

Alpha-Typ: Leitfiguren der ersten Reihe, die eine Institution nach innen und außen vertreten.

Beta-Typ: Funktionäre und Verwalter der Ressourcen, die dem Alpha-Typ zuarbeiten (Leitfiguren der zweiten Reihe)

Gamma-Typ: Mitarbeiter/Geleitete

Omega-Typ: Widersacher, meist aus der Gruppe des Beta-Typs, der den Alpha-Typ entthronen will (bewußt und unbewußt), um selbst die Rolle in der ersten Reihe zu übernehmen.

Wenn ein Team, eine Arbeitsgruppe, diese gruppendynamischen Phänomene nicht zu berücksichtigen lernt, entstehen oft äußerst destruktive Rang- und Führungskämpfe,

dies insbesondere dann, wenn in der ersten Reihe kein „geborener" Alpha-Typ, sondern ein geltungsstrebender Beta-Typ vertreten ist. Solche Rang- und Führungskämpfe können eine Organisation zum Ruin führen, selbst wenn die Ressourcen, die Kraft-
quellen an sich genügend zum Überleben bieten. Es scheint also so zu sein, daß bei
bestimmten Gruppen/Teamkonstellationen archaisch-irrationale Verhaltensmuster
auftauchen, die einer straffen Regelung bedürfen, wenn sie nicht zerstörerischen Charakter einnehmen sollen. Teamcoaches/Teamleiter des Alpha-Typs tun gut daran, sich
diese archaisch-gruppendynamischen Notwendigkeiten bewußt zu machen und sie in
der direkten Begegnung humorvoll oder manchmal auch konfrontativ transparent zu
machen, damit der zerstörerischen Kraft Einhalt geboten werden kann. Die jüngere
Hirnforschung scheint diese gruppendynamische Erfahrung mehr und mehr belegen
zu können (s. Kapitel 6.1.3. und 6.1.4.).

Sach– und Beziehungsebene im zwischenmenschlichen Kontakt

Jeder zwischenmenschliche Kontakt spielt sich gleichmäßig auf zwei Ebenen ab, die sich ständig wechselseitig beeinflussen:

Sachebene: Ebene verstandesmäßiger Leistungen und sachlich-inhaltlicher Probleme

emotionale Ebene: Ebene der Gefühle und Empfindungen, der Beziehungen und Stimmungen.

Sachebene

Kommunikations-
bzw.
Arbeitsprozeß

Gefühlsebene

1. Ist diese emotionale Ebene - sozusagen die "Gefühlswelt" - durch unausgesprochene Störungen, unausgetragene Konflikte, gegenseitigen Kampf um Anerkennung und Profilierung gekennzeichnet, so "klemmt" es auch auf der Sachebene: Mißverständnisse häufen sich, die Arbeitslust sinkt, es wird aneinander vorbeigeredet und vorbeigehört, Entscheidungen werden schwieriger und ähnliches.

2. Je geklärter die emotionale Ebene ist und je spontaner sie sich äußern kann, desto mehr rückt sie in den Hintergrund. Sie trägt dann als "gutes Betriebsklima", als "Vertrauensatmosphäre" zur Bearbeitung und Lösung von sachlichen Fragen und Problemen bei.

Gefühle bestimmen die Sachebene mehr als umgekehrt!

3. Störungen auf der Gefühlsebene werden gewöhnlich "nur" als Störungen auf der Sachebene wirksam und sichtbar; d.h. Störungen auf der Sachebene sind oft verlagerte Beziehungsstörungen. In einer Geschäftsbeziehung bewegt man sich gewöhnlich nur auf der Sachebene ("Bitte bleiben Sie doch sachlich...!"). Die Signale über Störungen auf der Gefühls- oder Beziehungsebene werden deshalb verschlüsselt und sachkodiert.
Einwände sind auf der Sachebene, **Vorwände** tun nur so, als seien sie auf der Sachebene, kommen aber eigentlich von der Beziehungsebene.

Gruppenphasen

Phase	Gruppenaufgabe (Inhalt)	Soziale Struktur (Interaktion)
1 Orientierung	• Ziele verstehen • Teilziele definieren • Information sammeln • Struktur entwickeln • Methoden entwickeln	• Suche nach der eigenen Rolle • Welches Verhalten wird akzeptiert? • Abhängigkeit von Gruppenleiter, Normen, Standards • Verschlossen im Zeigen von Gefühlen
2 Konfrontation und Konflikt	• Entweder-oder-Diskussion • Mehr Energie auf die Aufgabe • Diskrepanz: Aufgabe und persönliche Orientierung • Widerstand gegen Aufgabe und Methoden • Definition von Aufgabenrollen	• Individualität • Verteidigen von Territorien • Polarisation • Politik • Ungleichmäßige Interaktion • Kampf um Macht u. Status • Verhaltensexperimente
3 Konsensus, Kooperation, Kompromiß	• Spielregeln für die Arbeit • Offener Austausch von Daten, Ideen, Meinungen • Suche nach Alternativen • Kooperation • Zunehmende Sterilität und Schwerfälligkeit	• Wertschätzung und Akzeptanz • Entspannung • Zugehörigkeitsgefühl • Offene, authentische Kommunikation • Harmonie- und Konfliktvermeidungsstrategien
4 Integration von persönlichen Bedürfnissen und Aufgabenanforderungen	• Suche nach mehr Effizienz • Aktivität im Dienst der Gruppenaufgabe • Rationale Prozedur • Reflexion über die Zusammenarbeit • Arbeitsteilung verfeinern	• Verhaltensstandards • Reflexion über die Zusammenarbeit • Zyklische Betrachtung der Gruppenentwicklung • Feedback

Lit.: Klaus W. Vopel: Handbuch für Gruppenleiter, Isko Press, Hamburg. 1975.

Gruppen–Moderations–Regeln

- Gruppenprozeß beobachten und gruppendynamische Vorgänge erkennen.

- Situationsgerechter Einsatz von Spielregeln und Techniken (situationsgerechte Interventionen).

- Unabhängige (neutrale) Stellung gegenüber Gesprächsinhalt und Gesprächsteilnehmern.

- Aktivität aller Teilnehmer anregen, ohne selbst Mittelpunkt der Gruppe zu werden (Dienstleistung).

- Dauernd visualisieren bzw. Visualisierung sicherstellen (Thema/Überschrift dauernd sichtbar halten).

- Durch (Prozeß-)Fragen führen.

- Nicht das tun, was durch die Gruppe getan werden könnte (Achtung vor Rückdelegation).

- Teilnehmer stets dort abholen, wo sie bezüglich Stimmung, Aufgabenverständnis und Arbeitsorganisation stehen.

- Wenn sich der Moderator mit der Gruppe "verhakelt", unauffällig Moderatorenwechsel vornehmen (falls zu zweit - vorher Modus abstimmen!).

- Methodenwechsel (erhält Lebendigkeit, beugt Langeweile und Müdigkeit vor). Beispiel: Wechsel von Plenum und Gruppenarbeit.

- Als Moderator nicht den Ablauf aus der Hand nehmen lassen (Ablaufdiskussionen verhindern Problemlösung).

- Möglichst präzise Anweisung geben, was zu tun ist.

Lumma, Teamfibel / Windmühle GmbH Hamburg

Feedback

Feedback ist

▓ jede Mitteilung, die andere darüber informiert, wie ihr Verhalten von mir wahrgenommen, verstanden und erlebt wurde.

▓ jede Mitteilung, die andere darüber informiert, welche Absichten, Ziele, Wünsche und Gefühle ich in einer bestimmten Situation habe.

▓ jede Rückmeldung (verbal, nonverbal) über die Wirkung meines Verhaltens auf andere.

Funktion von Feedback

▓ Feedback verstärkt Verhaltensweisen, indem sie benannt und anerkannt werden.

▓ Feedback ermöglicht es, eigene Verhaltensweisen zu korrigieren, die die beabsichtigte Wirkung nicht erreichen.

▓ Feedback kann helfen, die Beziehungen zwischen Personen zu klären; Feedback ist insofern ein Regulator für Personen oder Personengruppen (Systeme), der dazu beitragen kann, Gleichgewicht herzustellen und zu erhalten.

Regeln

Für den Feedback-Geber

▓ Nicht moralisch bewerten
▓ Nicht verallgemeinern
▓ Nicht interpretieren
▓ Nur im eigenen Namen sprechen
▓ Nichts aufdrängen
▓ Nur beschreiben, was nach außen sichtbar war und die eigene (Gefühls-)Reaktion darauf benennen .

Für den Feedback-Empfänger

▓ Nicht verteidigen und rechtfertigen
▓ Nicht erklären
▓ Nicht zurückschießen
▓ Zuhören und aufnehmen
▓ Mit dem Feedback-Geber ins Gespräch kommen

Lumma, Teamfibel / Windmühle GmbH Hamburg

5.3. Respekt vor Individuellem

*„Ich interessiere mich sehr für die Zukunft,
ich werde nämlich dort den Rest meines Lebens verbringen."*

(Karl Steinbuch 1968, S.127)

Wir respektieren die Entwicklung des individuellen Menschen als lebenslangen Prozeß, der in immer wiederkehrenden Zyklen verläuft. Wir gehen davon aus, daß auch
die Erwachsenen immer wieder durch dieselben Entwicklungszyklen hindurchgehen,
sich ihren Entwicklungsaufgaben stellen oder sie ignorieren. Werden sie ignoriert, so
sprechen wir von Zyklussabotage (Pam Levin, 1980). Wir müssen uns allerdings auch
vergegenwärtigen, daß manche Lebens- bzw. Arbeitskonstellationen (Partnerschaft;
Projektgruppe; Team) denkbar ungünstige Voraussetzungen dafür bieten, sich den
individuellen, persönlichen Entwicklungsaufgaben immer wieder zu stellen. Solche
ungünstigen Voraussetzungen haben meist den Charakter negativ-kritischer bzw. all-
zu fürsorglicher Elternbotschaften: „Beeil Dich, werde endlich erwachsen!" oder „Bleib
ein Kind, ich paß' schon auf Dich auf!"

Ersteres ist im Bereich des psychologischen Verfolgerspielchens, letzteres im Bereich
des psychologischen Retterspielchens angesiedelt und verhindert eine gesunde,
kreative Entwicklung des einzelnen. Zudem münden solche ungünstigen Voraussetzungen zumeist im Drama-Dreieck, jenem destruktiven Beziehungsgeflecht mit Teu-
felskreis-Charakter: Es bleibt nicht aus, daß einzelne in die Opferposition geraten und
dann nicht vermögen, sich den internen Entwicklungsaufgaben zu stellen, geschweige
denn den äußeren. Nach mehrfacher Wiederholung, also nach einer ständigen Konfrontation mit den genannten ungünstigen Voraussetzungen „springen sie im Dreieck",
wie der Volksmund es treffend bezeichnet, und sie wirken wie Verlierer beim Würfel-
spiel „Mensch' ärgere Dich nicht". Dabei bieten gerade Projektgruppen, Teams und im
persönlichen Lebensfeld Partner- und Freundschaften gute Voraussetzungen, dafür
daß sich der einzelne immer wieder den internen, psycho-dynamischen Entwicklungsaufgaben stellen kann. Die Konsequenz daraus: Auch externe Entwicklungsaufgaben
werden mit voller Energie angepackt.

Erst die konstruktivistische Philosophie (von Foerster/Watzlawick) oder die empirische
Phänomenologie (Massarik) haben es uns mit Bezug auf die Naturwissenschaften ermöglicht, Respekt vor dem Individuellen haben zu dürfen, ohne ihn zum Narzißmus
entarten zu lassen. Gesund entwickeln, das hat bereits Piaget (1937) mit seinen sy-
stematischen Forschungen nachgewiesen, können wir uns nur im Kontext eines konstruktiven, nährenden Dialogs. Das gilt für Erwachsene und Jugendliche ebenso wie
für Kleinkinder. Während Deprivation im Kleinkindalter fast ausschließlich zu autoag-
gressivem Handeln (bis hin zum Tod) führt, kann sie beim Jugendlichen und Erwachsenen dazu führen, daß zerstörerisches Verhalten sich auch gegen andere richtet.
Pamela Levin (1980) hat verschiedene Entwicklungszyklen beobachtet und folgendermaßen klassifiziert.

Die Kraft zum Sein

Es geht darum, zu überleben, leben zu wollen und das Leben erfreulich zu finden. Diese Entwicklungsaufgabe tritt erstmals zwischen 0 und 6 Monaten auf. Ohne die Bereitschaft, Zuwendung und Unterstützung anderer Menschen anzunehmen, können wir nur ein begrenztes Potential unserer Kraft zum Dasein entwickeln.

Die Kraft zum Tun

Es geht darum, sich körperlich in Bewegung zu setzen, die Welt mit Hilfe aller Sinne zu erkunden, ohne darüber grüblerisch nachzudenken. Diese Entwicklungsaufgabe tritt erstmals zwischen 6 und 18 Monaten auf.

Die Kraft des Denkens

Hier ist das Ziel, Ursachen für Ereignisse des Lebens zu finden, analytische Schlüsse zu ziehen, den menschlichen Geist zu gebrauchen. Dieser Entwicklungsabschnitt tritt erstmals zwischen 18 Monaten und 3 Jahren auf. Um denken zu können, ist es notwendig, daß wir uns von anderen abgrenzen. Dazu gehören Verhaltensweisen des Widerstandes, der Rebellion und Kontrolle.

Die Kraft zur Entwicklung der Identität

Es geht um die Suche nach Antworten auf Fragen wie: Wer bin ich? Wer spricht mich an? Welche Pflichten habe ich, welche Wünsche? Bin ich Frau oder bin ich Mann? Welche Stellung habe ich unter Freunden (später Kollegen)?

Konflikte und Kämpfe werden initiiert, um eine Entscheidungsgrundlage dafür zu finden, wieviel Einfluß und Autorität wir uns in der Welt überhaupt zutrauen. Diese Phase der Entwicklung findet erstmals zwischen 3 und 6 Jahren statt. Erwachsene, die Entwicklungsaufgabe dieser Phase nicht erfüllen, kann man daran erkennen, daß sie für viel Durcheinander sorgen, indem sie ständig ihren Standpunkt wechseln.

Die Kraft der Geschicklichkeit

Sie tritt erstmals zwischen 6 und 12 Jahren als Entwicklungsaufgabe in Erscheinung. Wie strukturiere ich den Tag, wie die Woche, das Jahr, mein Leben? Was ist mir wichtig? Ist Dir dasselbe wichtig wie mir? Wir wollen wissen, wie andere es tun. Wir brauchen Modelle. Wir wollen Fehler machen dürfen, um unsere eigene Art und Weise des Vorgehens zu entdecken. Wir lernen, wie wir lernen. Es ist deutlich, daß die Entwicklung der Fähigkeit zur Geschicklichkeit durch die Erfahrungen binnen vorheriger Phasen beeinflußt wird. Z.B. hat die Identitätsschlußfolgerung, welchem Geschlecht wir uns zugehörig erkennen, entscheidenden Einfluß auf die Anerkennung eines weiblichen oder männlichen „Geschicklichkeitsmodells".

Die Kraft der Erneuerung

Hier werden wir damit konfrontiert, sexuelle Gefühle, Erfolg und einen Platz unter Erwachsenen zu haben. Diese Kraft tritt erstmals zwischen 13 und 18 Jahren in Erscheinung. Unsere vorherige Beschäftigung mit dem Kompetent- und Geschickt-Sein erscheint phasenweise als nicht mehr durchführbar bzw. als nicht mehr wichtig. Wir lernen zu träumen, zu schwärmen. Wenn wir diese Phase im Erwachsensein wiederholen, können wir uns verloren fühlen, umhertreibend in einem unstrukturierten Land, eben nur sexuell naiv und jungfräulich. Die Themen der vorangehenden Entwicklungsphasen kommen in kurzen Episoden wieder. Hier legen wir den Grundstein für einen Neubeginn.

Die Kraft zur Wiederaufbereitung (Recycling)

Diese Entwicklungsphase findet erstmals im Alter von ca. 19 Jahren statt.
Hier brauchen wir Unterstützung dafür, daß wir o.k. sind. Wir suchen Unterstützung für eine breite Palette von Lebensphänomenen: Wir suchen Zustimmung dafür, daß es in Ordnung ist

- hier zu sein,
- neugierig und schnell zerstreut zu sein,
- Abwechslung zu suchen,
- Grenzen festzulegen und Grenzen anzunehmen,
- zu entdecken, wie wir sind und was wir können,
- zu streiten,
- Schwerpunkte und Werte zu verändern,
- Sexualität zu entwickeln,
- neue, unabhängige Unterstützungssysteme zu schaffen.

„Es ist unmöglich, nach einer Orientierungsmarke zu segeln, die wir an den Bug unseres eigenen Schiffes genagelt haben."

(D.M. Mac Kay)

Motivationstheorie nach Maslow

Wachstumsmotive

Bedürfnis
nach Selbst-
verwirklichung

Defizitmotive

Ich–Bedürfnisse

Soziale Bedürfnisse

Sicherheits - Bedürfnisse

fundamentale physiologische Bedürfnisse (Existenzbedürfnisse)

Die Bedürfnishierarchie stellt
den wichtigsten Bestandteil
der Maslow'schen Motivations
Theorie dar.
Motivation bedeutet hierbei das
Streben nach Befriedigung dieser
Bedürfnisse, wobei das
nächsthöhere erst aktiviert
wird, wenn das darunterliegende
erfüllt ist und somit
nicht mehr motivierend wirkt.

Grafik nach: Wunderer/Grunwald: Führungslehre Bd.1 S. 176, Berlin, de Gruyter, 1980
Lit.: Abraham Maslow, Motivation und Persönlichkeit, Olten, Walter, 1977.

Situationsbezogene Verhaltensmuster

	Ich bin unzufrieden mit mir (ICH-). ich bin zufrieden mit Dir, mit den anderen (DU+) **ICH- / DU+**	Ich bin unzufrieden mit mir (ICH-) ich bin unzufrieden mit Dir, mit den anderen (DU-) **ICH- / DU-**	Ich bin zufrieden mit mir (ICH+) ich bin unzufrieden mit Dir, mit den anderen (DU-) **ICH+ / DU-**	Ich bin zufrieden mit mir (ICH+) ich bin zufrieden mit Dir, mit den anderen (DU+) **ICH+ / DU+**
Leitungsstil	antiautoritär - ohne Vorbild lassend - bindungshemmend	überbeschützend - ergeben - nachgebend	autoritär	partnerschaftlich - kooperativ
Verhaltensstil	sich raushaltend	sich rechtfertigend, angreifend - dann fliehend	kontrollierend - überredend	informativ - erkundend - entscheidungsfreudig - Entwicklung fördernd
Konfliktverhalten	dem anderen die Lösung überlassen und dann Schuld geben	alles unter den Teppich kehren, ignorieren	Lösungen anordnen	Reingehen und als Chance nehmen
Grundhaltung	"Da halt' ich mich lieber raus"	"Das nutzt doch alles nichts."	"Der Starke ist am mächtigsten allein."	"Das wird schon werden."
Botschaft	"Mach' was Du willst, ich hab' Dir nichts zu sagen"	"Wir brauchen alle jemanden, der auf uns aufpaßt."	"Mach's so wie ich, dann machst Du's gut."	"Wir wägen ab und entscheiden darüber, was o.k. für uns ist."
Beispielaussage	"Ich nehm' Dir alles ab, was Du sagst."	Geh' zu jemand anderem, ich bin nicht kompetent."	"Wer sofort handelt, gewinnt. Wer's nicht tut, muß eben verlieren."	"Mir geht's jetzt ´so und so´, wie geht's Dir, und was können wir tun?"
Handlungsregel	Pflichterfüllung	absoluter Gehorsam	Machen - Antreiben	Verabredungen einhalten

Einschätzungsraster zur Lebensstilanalyse

nach M.Titze

Primäre Meinungen

(zentraler) Gedanke	Selbstbild	Fremdbild	Weltbild	Gefühle	Ziele
"Wie herrlich! Alle hören dir zu, alle mögen dich!"	Ich bin etwas Besonderes.	Die anderen sind nett, wenn ich ihnen etwas biete.	Die Welt ist interessant und schön, wenn ich etwas geleistet habe.	Das Leben ist voller Dynamik.	Ich muß der Welt immer etwas Besonderes bieten und besser sein als alle anderen.
"Wie herrlich! Ausgerechnet ich habe es geschafft, solch eine attraktive Frau zu bekommen! Alle werden mich beneiden und bewundern."	Ich bin etwas Besonderes.	Frauen können meinem Dasein sehr viel Bedeutung geben.		Das Leben ist überraschend und erregend.	Ich muß mich der Unterstützung besonderer Frauen vergewissern, um im Leben Glück zu haben.
"Gott sei Dank geschafft! Das hätte auch schief gehen können, aber irgendwie habe ich Glück!"	In Wirklichkeit tauge ich nicht viel.		Die Welt ist mir manchmal ohne mein Zutun günstig gewogen.	Zuweilen gibt es im Leben Ruhe und Entspannung.	Ich muß eben hoffen, daß mir das Schicksal gelegentlich entgegenkommt.
"Im Grunde bin ich doch der Größte und schaffe alles!"	Wenn ich mich gewisser Hilfsmittel bediene, kann ich außergewöhnlich sein.		Die Welt will betrogen sein.	Zuweilen gibt es im Leben Ruhe und Entspannung.	Ich muß geeignete Hilfsmittel und Tricks ausfindig machen, um mich in dieser Welt behaupten zu können.
Hoffentlich versage ich jetzt nicht! Dann käme raus, was für ein Versager ich bin usw.!"	Ich bin unfähig und wertlos.	Die anderen lauern darauf, mir eine Schwäche nachzuweisen.		Das Leben ist voller Streß	Ich muß in schwierigen Lebenssituationen darauf hoffen, daß mir das Schicksal günstig gewogen ist.
"Das halte ich nicht durch! Perfekt sein kann ich nur, wenn ich etwas Kurzfristiges mache. So werde ich versagen, sie kommen mir auf die Schliche und ich bin erledigt."	Ich bin schwach, unvollkommen und äußerst gefährdet.	Die anderen sind grausam und gnadenlos.	Die Welt ist voller Gefahr und Unsicherheit.	Das Leben ist ein gehetztes Warten auf die Katastrophe.	Ich muß dafür sorgen, nirgends fest angebunden zu sein. Ich muß ganz perfekt sein und alles richtig machen.

Lit.: Michael Titze: Lebensziel und Lebensstil, München, Pfeiffer, 1979, S.292 f.

5.4. Schulung zu ganzheitlichem Denken
Ein Seminarkonzept

> *„Die Zukunft ist gekennzeichnet durch eine sehr rasche Veränderung der Lebensumstände, und wer nicht sein Leben lang lernt, bleibt nicht konkurrenzfähig und ist 'altes Eisen'."*
> *(Karl Steinbuch 1968, S.161)*

Betrachten wir die Erwartungen und Befürchtungen zu Gruppen- bzw. Teammeetings, die auf eine betriebsinterne Weiterbildung vorbereiten sollen, so können wir leicht zu der Erkenntnis gelangen, daß es sinnvoll ist, ein Bündel kommunikationstheoretischen Grundwissens in Form eines Trainingsprogrammes zusammenzustellen. Die nun zitierte Auflistung von Erwartungen/Befürchtungen im Hinblick auf ein zu planendes Seminarprojekt stammt aus einem Unternehmen der österreichischen Porschegruppe Salzburg, der Fa. EXTERNA. Zum Vorbereitungstreffen kommen 14 MitarbeiterInnen. Jeweils 2-3 MitarbeiterInnen kommen aus drei Teams, aus weiteren Teams kommt nur jeweils ein Teilnehmer.

Meine Erwartungen an dieses Seminar...

- Kennenlernen anderer Mitarbeiter
- Information über andere Abteilungen
- Kommunikation üben
- eigene Kommunikationsfähigkeit verbessern
- keine gezwungenen Rollenspiele
- kein Seminar im "üblichen" Sinn
- Ausgleich meiner Persönlichkeit
- Keine speziellen Erwartungen, jedoch:
  - kein theoretisches Psychologisieren
  - kein Arzt/Patient-Verhältnis

Meine Erwartungen... Forts.

- Feedback aus Gruppenarbeit
- Konflikte bewältigen
- Kennenlernen der Unternehmenskultur
- besseres Kennenlernen der Kollegen
- Verbesserung der Gruppenarbeit
- Neugier, ob so etwas Sinn macht oder nicht
- Spaß
- Kennenlernen
- Mit Humor die Externen und ihre Unternehmenskultur kennenlernen
- Kommunikation im "Streß"

Meine Erwartungen...
Forts.

▸ viel Gruppenarbeit
▸ Abstand vom beruflichen Streß
▸ Selbstfindung
   Abbau von innerer Unruhe
▸ angenehme Atmosphäre
▸ bessere innerbetriebliche Kommunikation
▸ wie gehe ich in einer Konfliktsituation
   am besten mit Kunden/Kollegen um,
   ohne gleich die Nerven zu verlieren?
▸ Unternehmenskultur

Meine Befürchtungen in
Bezug auf dieses Seminar...

▸ körperliche Anstrengung (z.B. Wandern)
▸ meine persönliche Freiheit nicht beeinflussen
▸ möchte keine Eingriffe in meine
   Persönlichkeit
▸ zuviel Theorie
▸ zwischenstunden, zu lange Pausenzeiten
▸ Seelenstriptease
▸ Patentrezepte
▸ Überbetonung des Psychologischen und
   Theoretischen
▸ Uniformierung des Einzelnen

Ich konstruiere aus den Erwartungen und Befürchtungen vier verschiedene Themenblöcke:

Beziehungsschiene

z.B. Kennenlernen; bessere Kommunikation innerbetrieblich; keine gezwungenen Rollenspiele; mit Humor die Firma und ihre Unternehmenskultur kennenlernen; Zusammengehörigkeitsgefühl kann verlorengehen; Feedback;

Individuelle Psychodynamik

z.B. Ausgleich meiner Persönlichkeit; Abstand von beruflichem Streß; Selbstfindung; Abbau von innerer Unruhe; kein Arzt/Patient-Verhältnis

Sachthemen

z.B. Praktische Anwendung der Transaktionsanalyse; Unternehmensziele; geschäftlichen als auch privaten Nutzen aus dem Seminar ziehen; Information über andere Abteilungen

Konflikt

z.B. Wie gehe ich in einer Konfliktsituation am besten mit einem Kunden/Kollegen um, ohne gleich die Nerven zu verlieren?; Mut haben zur Konfliktbewältigung; Verbesserung der Gruppenarbeit

Aus diesen vier Themenblöcken wird das konkrete Seminarprogramm gestaltet. Da in diesem Unternehmen die Erwartungs-/Befürchtungslisten der vergangenen Jahre sich fast nur in einzelnen Themenformulierungen unterscheiden, könnte man daraus folgern, daß es so etwas gibt wie den allgemeinen Wunsch nach mehr kommunikationstheoretischem Grundwissen, gepaart mit dem Wunsch zur konkreten Bearbeitung „unerledigter Geschäfte" aus dem betrieblichen Kontext.

Zur Veranschaulichung, wie ein solches betriebsinternes Seminar aufgebaut sein kann, gebe ich an dieser Stelle das konkrete Beispiel der EXTERNA-Seminarausschreibung.

Ganzheitliches Denken in der betrieblichen Zusammenarbeit

Inhaltlicher Rahmen

Wir alle besitzen geistige und psychische Reserven, die zum Großteil brachliegen. Durch Stärkung des Selbstvertrauens und positive Gestaltung der Kommunikation können diese Fähigkeiten bewußt gemacht und genützt werden.

In diesem Seminar sind Sie dazu eingeladen, mehr über menschliche Kommunikation und Kooperation zu erfahren und zu erleben. Das Gemeinschaftsgefühl und die Qualität der Zusammenarbeit sollen gestärkt werden. So lernen beispielsweise die TeilnehmerInnen in Gesprächsgruppen, bestehend aus Angehörigen verschiedener Unternehmensabteilungen, neben persönlichen auch berufliche Aufgaben und Probleme der anderen kennen. So können gegenseitiges Verständnis und Akzeptanz erreicht werden. Im Zeitalter der „Vernetzung" ist dies eine Voraussetzung für den langfristigen Erfolg eines Unternehmens.

Dieses Seminar soll zu ganzheitlichem Denken anregen. Es werden dabei die jüngsten Ergebnisse der internationalen Hirnforschung berücksichtigt.

Einerseits verstehen wir ganzheitliches Denken im Sinn von Annahme der MitarbeiterInnen als ganze Persönlichkeiten. Jeder Mensch hat neben seinem Beruf auch persönlich-private Interessen und Fähigkeiten. Aufgabe des fortschrittlichen Unternehmens ist es, diesen Interessen und Fähigkeiten auch im unternehmerischen Rahmen einen sicheren Platz einzuräumen.

Unter ganzheitlichem Denken verstehen wir andererseits, daß alle MitarbeiterInnen sich bewußt werden, daß der Erfolg eines Unternehmens in hohem Maße von dem guten Zusammenspiel der verschiedenen Teams abhängt. Längst genügt es nicht mehr, wenn jeder seine individuellen Aufgaben erledigt, ohne das Unternehmen als Ganzheit im Blick zu haben.

Das Seminar soll so aufgebaut werden, daß wir im Plenum Theorie vorstellen und anschließend in Gruppenarbeiten vertiefen. Die Theorie dient der Wissenserweiterung im Feld menschlicher Kommunikationstheorie. Die Gruppenarbeiten zielen neben der Wissensvertiefung darauf ab, die Teamfähigkeit der MitarbeiterInnen zu vergrößern.

Seminarverlauf

1. Tag

18.30 Uhr	Abendessen
20.00 - 20.30 Uhr	Begrüßung & Organisatorisches
20.30 - 22.00 Uhr	Vorstellen der Abteilungen durch die Bereichsleiter

2. Tag

08.30 - 10.00 Uhr **Die Notwendigkeit von Verabredungen**
Konkrete Teilnehmer-Erwartungen besprechen
Vertragsdreieck - Info
Nutzen methaphorischer Aktion
Mein Arbeitsplatz als Landschaft

10.00 - 10.30 Uhr Pause

10.30 - 12.00 Uhr Zusammenhang zwischen
Sach- u. Beziehungsebene
Denken und Fühlen
Innovationen der internationalen Hirnforschung

12.00 - 15.00 Uhr Mittagessen / Pause

15.00 - 16.30 Uhr **Das Drama-Dreieck** am Arbeitsplatz
Einzelreflexion
Austausch in Kleingruppen

16.30 - 17.00 Uhr Kaffeepause

17.00 - 18.30 Uhr **Metaphorische Aktion**
Theatralische Kleingruppen - Kooperationsübung
mit interaktionell entwickeltem Skript

18.30 Uhr Abendessen / Pause

20.00 - 21.30 Uhr **Kamingespräch** Teilnehmer und Geschäftsführer
Vorstellen des Unternehmensleitbildes

3. Tag

08.30 - 10.00 Uhr **Die kollegiale Balint-Beratung**
Demonstration im Plenum

10.00 - 10.30 Uhr Pause

10.30 - 12.00 Uhr **Die 7-Schritte-Strategie**
Vortrag und Übung in Kleingruppen
Übung: Psychologische Spielchen erkennen

12.00 - 13.30 Uhr Mittagessen / Pause

13.30 - 15.00 Uhr Phantasiereise & Malen
Das Tor zum Kurs hinaus
Transfer und Seminarauswertung

ca. 15.00 Uhr Seminarende & Abreise

Wenn auch diese Seminarausschreibung so erscheinen mag, als könne daraus ein standardisiertes Programm angelegt werden, so möchte ich gerade davor warnen. Es gibt inzwischen zahlreiche Unternehmen, die den „Aufwand" der genauen Abstimmung scheuen und Standardprogramme „gekauft" haben, weil es inzwischen zum guten Ton zu gehören scheint, mittels Kommunikationstrainings innerbetrieblich „etwas für die MitarbeiterInnen" zu tun. Bei allem Ähnlichlauten von Themenwünschen dürfen wir nicht vergessen, daß wir als eines der Hauptziele ganzheitlichen Denkens das Verhandeln, das dialogische, triadische Gespräch, das Gruppen- und Teamgespräch der Menschen untereinander fördern wollen und nicht den Nürnberger Trichter mit dem Gesamtwissen zur angewandten Kommunikationstheorie füllen und herumreichen wollen.

Last not least: Innerbetriebliches Training von kommunikationstheoretischem Grundwissen hat um so mehr innerbetriebliche konstruktive Wirkung, je mehr sich auch die Vorgesetzten in ähnlichen Seminaren zur Teamentwicklung bzw. zum Teamcoach weiterbilden. Lesen und Vorträge hören allein genügt den Anforderungen eines Verhandlungsparadigmas ganzheitlichen Denkens nicht. Alleiniges Lesen bzw. hören von Vorträge erweckt allenfalls den Eindruck, man habe „verstanden", worum es geht. Es spricht jedoch den Menschen überwiegend linkshemisphärisch im Bereich des intellekt-logischen Denkens an und nur zum Teil im affekt-logischen Denken, das rechtshemisphärisch und im Limbischen System unseres Gehirns angesiedelt ist.
(S. Tafel 20).

Grundpositionen

Die Grundverhaltensweisen des Menschen sind im transaktionsanalytischen Verständnis im sogenannten o.k.-Corral zusammengefaßt.

Es gibt vier grundsätzliche Möglichkeiten der Verbindung des Verständnisses vom "Ich" mit dem Verständnis vom "Du":

1. Ich bin o.k., und Du bist o.k.

Diese Lebensanschauung ist die Haltung des "Geltens und Gelten-lassens", bei der es keine Verlierer geben muß, sondern jeder Gewinn erzielt. Eine solche Lebenseinstellung zu entwickeln ist das Ziel transaktionsanalytischer Therapie.

2. Ich bin o.k., aber Du bist nicht o.k.

Diese Position entsteht als Gegenreaktion auf schwere Deprivations- und Negativerfahrungen (z.B. Mißhandlungen). Das kleine Kind erlebt die Pausen zwischen den Negativerfahrungen als positiv. Es kommt zu der Entscheidung: Nur mit mir allein bin ich o.k. Alle anderen sind nicht o.k. Die Konsequenz dieser Haltung ist Kriminalität und Soziopathie.

3. Ich bin nicht o.k., aber Du bist o.k.

Diese Position spiegelt das Grunderleben, das ein Säugling hat, der sich selbst als hilflos, insuffizient, ausgeliefert, also "Nicht-o.k." erlebt, die Mutter aber als diejenige, die Wärme, Schutz, Nahrung, Streicheln spendet und deshalb o.k. ist. Wird diese Position im Verlauf der Persönlichkeitsentwicklung nicht durch Erfahrungen, die das Selbstwertgefühl stärken, verändert, so kommt es zur Ausführung eines Scripts (Lebensrolle, Drehbuch), das von Sinnlosigkeit und Resignation gekennzeichnet ist und im Extremfall zum Suizid führt.

4. Ich bin nicht o.k., und Du bist nicht o.k.

Beginnt das Kind zu laufen und ist eine so intensive Pflege, wie sie beim Säugling erforderlich war, nicht mehr notwendig, so werden die Steicheleinheiten weniger und bleiben bei nachlässigen und lieblosen Eltern ganz aus. Das Kind erlebt den Streichelverlust als "Nicht-o.k.". Es gibt in seinem Leben keinen positiven Aspekt mehr. Die Beibehaltung dieser Position führt zu einem Destruktions-Script: Aufenthalt in der Psychiatrie oder im Zuchthaus.

Lit.: Harris: Einmal o.k. immer o.k. , Reinbek, Rowohlt, 1985.

Kontextbezogene Kommunikationsmuster*

Hubert Geurts und Klaus Lumma

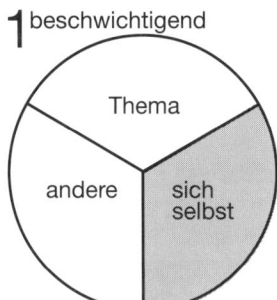

1 beschwichtigend

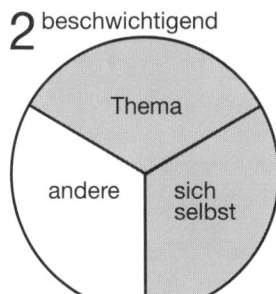

2 beschwichtigend

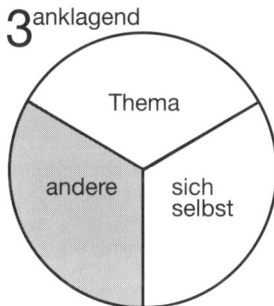

3 anklagend

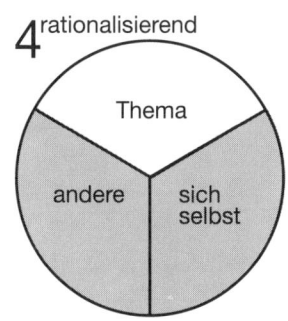

4 rationalisierend

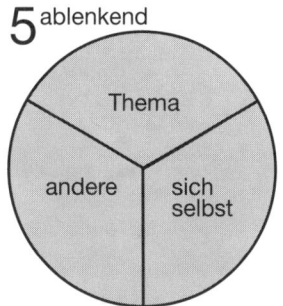

5 ablenkend

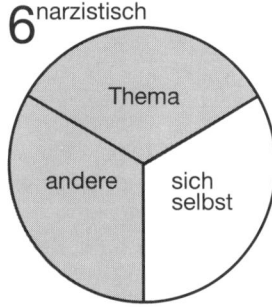

6 narzistisch

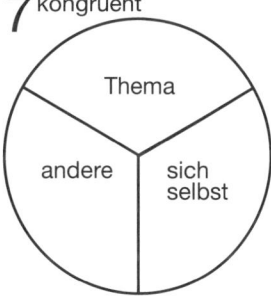

7 kongruent

Legende:
Die gepunkteten Felder werden in den jeweiligen Kommunikationsmustern ausgespart.

*angeregt durch:
Virginia Satir: Selbstwert und Kommunikation, München, Pfeiffer, 1973.

Das Johari–Fenster

Grundmodell

Verhaltensbereiche mir selbst bekannt	Verhaltensbereiche mir selbst unbekannt
A: Öffentliche Person Bereich der freien Aktivität, der öffentlichen Sachverhalte und Tatsachen. Verhalten und Motive sind mir bekannt und für andere wahrnehmbar.	**C: Blinder Fleck** Verhalten für andere sichtbar und erkennbar, mir selbst nicht bewußt. Verdrängtes und nicht mehr bewußte Gewohnheiten ("äh…")
B: Privatperson Verhalten und Motive sind mir bekannt und bewußt, werden aber nicht bekannt gemacht.	**D: Unbekannt** Im Bereich der Psychologie "Unterbewußtsein" genannt. Wird in betrieblichen Trainingsgruppen nicht (bewußt) bearbeitet.

anderen bekannt (Zeile A / C)
anderen unbekannt (Zeile B / D)

Lit.: Joseph Luft: Einführung in die Gruppendynamik, Stuttgart, Klett, 1973.

Das Johari–Fenster

Variationen

1

Idealtypische Darstellung
einer Situation zu
Beginn eines Trainings
(vor Feedback)

2

Idealtypische Darstellung
einer Situation am
Ende eines Trainings
(nach Feedback)

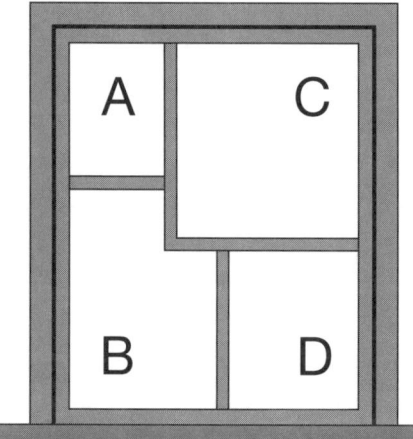

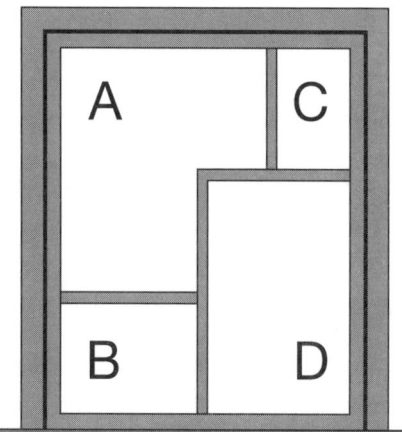

Ziele prozeßorientierten Lernens sind:
Quadrant B und C zu verringern und Quadrant A zu vergrößern. Das bedeutet
die Verschiebung der Grenzen dessen, was der Bearbeitung zugängig ist
und damit eine Erweiterung der freien Aktivität des einzelnen. Blinde Flecken
werden dadurch aufgehellt.

Lit.: Joseph Luft: Einführung in die Gruppendynamik, Stuttgart, Klett, 1973.

6. Leittexte Teamentwicklung

"Oft wird vermutet, man könne zwar das 'norma-
le' Verhalten des Menschen prognostizieren,
nicht aber die einmaligen Leistungen der Erfin-
der und Entdecker."
(Karl Steinbuch 1968, S.137)

Die in der Folge vorgestellten Texte - ich bezeichne sie als Basis- und Aufbaumodule - stammen aus unterschiedlichen Seminarprojekten der Zeit zwischen 1982 und 1993. Sie haben Skizzencharakter, sind manchmal in Form von Arbeitsblättern belassen worden, damit das Fragen, das Blättern in weiterführender Literatur, das Gespräch auf der Ebene des Suchens möglich bleibt und nicht der Eindruck erweckt wird, endgültige Antworten vorzufinden. Dieses Kapitel ist ähnlich angelegt, wie eine Lesefibel oder ein Rechenbuch. Es gibt Informationen, doch lassen sich auch Aufgabenstellungen entwickeln, deren Lösung in weiteren Schritten des Selbststudiums und des Dialogs mit anderen Lernenden gefunden werden dürfen.

Es ist wichtig, daß diese Leittexte Modifikationen und Variationen erfahren dürfen und keine Dokumentation der "reinen Lehre" darstellen sollen. Im Kontext prozeßorientier-ten Lernens und Arbeitens mit dem Leittext-System und im Sinne ganzheitlich-syste-mischen Denkens dürfen sie konsequenterweise nie isoliert vom gesamten pädagogi-schen Ambiente betrachtet werden.

"Diese systemische Betrachtung erscheint mir sehr wichtig, weil ich in der (Aus-) Bil-dungspraxis sehr häufig ein sehr mechanistisches Verständnis von Lehr-/Lernpro-zessen erlebe. Dort ist die formale Verwendung einer als modern und schick gelten-den Methode häufig genug die Legitimation, die professionelle Reflexion der eigenen Person sowie die situative pädagogische Kompetenz mit Hinweis auf die Macht und Fähigkeit der Methode zu diskriminieren. Und dies hat in der Praxis fatale Folgen. Damit werden gute Methoden in dilettantisch gestalteten pädagogischen Prozessen nicht nur wirkungslos, sondern oft genug kontraproduktiv." (Fritz Gairing; 1994)

6.1. Basismodule

Die Basismodule verstehen sich in ihrer Ganzheit als Informationspool für Einführungsseminare zu Themen, wie

- Ganzheitliches Denken,
- Teamentwicklung,
- Gruppentraining mittels Leittext-System,
- Kommunikation und Kooperation,
- Humanistische Psychologie im betrieblichen Kontext.

Sie sind aus der direkten Seminartätigkeit heraus entwickelt worden, zum Teil mit Bezug zur Fachliteratur, zum Teil aus spontan sich ergebenden Situationen. Einige Module entspringen in überarbeiteter Form dem Theorieteil meines Buches "Strategien der Konfliktlösung" (Hamburg, Windmühle Verlag 1988). Manche Module sind etwas ausführlicher gestaltet als andere, z.B. mein Versuch der "Sozialisation von Hirnforschung" (6.1.3. bis 6.1.5.) oder das Modul zum Dreiecksvertrag (6.1.2.).

6.1.1. Die Orchestertheorie

Ich möchte die Struktur der menschlichen Persönlichkeit in Analogie zum Aufbau eines Orchesters darstellen. Wir gehen in Anlehnung an die Vorstellungen des Sigmund Freud Zeitgenossen Roberto Assagioli davon aus, daß sich die Persönlichkeit des Individuums aus einer Fülle verschiedener Teilpersönlichkeiten zusammensetzt, ähnlich einem Orchester, das aus verschiedenen Musikern besteht. Diese Teilpersönlichkeiten können harmonieren oder sich gegenseitig bekämpfen: nämlich dann, wenn eine dieser Teilpersönlichkeiten eine oder mehrere andere dominiert.

Einzelne Teilpersönlichkeiten werden durch ungelöste Konflikte gestört und können die ihnen zugedachten Aufgaben nicht oder nur bedingt wahrnehmen. Manchmal versuchen sie dann, die ihnen eigenen Aufgaben anderen Teilpersönlichkeiten zu übertragen.

Man kann sich das auf der psychologischen Ebene folgendermaßen vorstellen: Jemand will sich auf eine neue Stelle als Verkäufer bewerben und benötigt dazu speziell jene Teilpersönlichkeit, die das Extrovertierte zum Ausdruck bringt. Nun hat gerade diese Teilpersönlichkeit einen unerledigten Konflikt mit einer frühen Elternfigur. Das heißt, diese extrovertierte Teilpersönlichkeit des Stellenbewerbers tritt wahrscheinlich nicht in Aktion, weil sie (unbewußt) die Befürchtung hat, das Ganze ende schließlich so wie früher. So kann es sein, daß diese Teilpersönlichkeit die extrovertierte Aufgabenstellung an eine introvertierte Teilpersönlichkeit überträgt, die dann ihrerseits wiederum keinen Erfolg beim Vorstellungsgespräch haben kann, weil ihr die Erfahrung mit extrovertierten Äußerungen fehlt.

Man kann sich das auf der Orchesterebene metaphorisch so vorstellen: Wir treten mit dem „Orchester unserer Teilpersönlichkeiten" zum Konzert an. Der Einladungstext zum Konzert verspricht die „New Orleans Ouvertüre" von Roger Hill und Chris Barber (Timeless CD TTD 572). Das heißt, unser Dirigent (Erwachsenen-Ich) legt die entsprechende Partitur auf und hat aus den Musikern einige für die Gestaltung des Jazzband-Teils ausgewählt.

Das Konzert beginnt ganz sanft mit den Streichern. Unser Dirigent gibt die richtigen Einsätze, läßt das Orchester mal lauter werden, mal wieder ganz zurücktreten. Und dann steigt die Jazzband mit der Hymne „Just a closer walk" ein. Der Zuschauerschaft läuft ein eiskalter Schauer den Rücken hinunter, es bildet sich Gänsehaut. Dem Dirigenten ist es gelungen, der Konzertatmosphäre angepaßt genau das richtige Tempo zu finden, und die Jazzband schiebt sich klanglich immer mehr vor das Sinfonieorchester, geht dann wieder zurück, um bei der nachfolgenden Hymne „Just a little while to stay here" die Zuhörerschaft zum ersten Sturm der Begeisterung zu bewegen.

Dann folgt der 2. Teil: „Creole Moods". Dies ist ein Teil, in dem die Jazztrompete solistisch in den Vordergrund tritt. Der Dirigent findet auch hier wieder das passende Tempo, und unser Jazztrompeter läuft zur Höchstform auf. Doch da geschieht's: Ein Orchesterposaunist kann das getragen-entspannte Tempo nicht aushalten und steigt an unpassender, nicht in der Partitur notierten Stelle ein. Der Dirigent gibt sich verzweifelt Mühe, den Posaunisten zu bezähmen. Es gelingt ihm nicht. Je mehr er bezähmt, desto mehr flippt der Posaunist aus, stört erst nur den Solisten, dann den Dirigenten, dann das ganze Orchester. Der Pauker will dem Dirigenten zu Hilfe kommen und setzt ein paar markante Paukenschläge in das unverabredete Klangduell zwischen Posaune und Trompete. Diese Schläge sind zwar gut gemeint, doch reißen sie den gesamten Rhythmus auseinander, bis der Dirigent sich nicht mehr anders zu helfen weiß, als das Konzert abzubrechen. Und wir wundern uns vielleicht mit unserem ganzen Orchester, daß die Zuhörerschaft den Saal verläßt, manche Besucher betreten schweigend, andere lauthals schimpfend. Was ist passiert?

Als der Trompeter zum Solo ansetzt, hört der besagte Orchesterposaunist „eine Stimme" unter dem Orchesterboden, die ihm zuruft: „Was der kann, kannst Du längst. Zeig's ihm! Du wolltest doch immer schon mal Jazz spielen. Das ist ganz einfach. Du brauchst nur los zu improvisieren. Was kümmert Dich Partitur oder Dirigent? Blas' rein in Dein Horn". Es war die Stimme seines Vaters, die er da von unten (aus dem individuellen Unbewußten) hörte (negativ geladenes kritisches Eltern-Ich).

Beim Dirigenten ist folgendes geschehen: Er hatte im voraus schon die Ahnung, daß etwas Unangenehmes mit dem Posaunisten passieren könnte. Er wollte ihn eigentlich auch ob seiner Ahnung ansprechen, doch auch er hörte eine Stimme, die da sagte: "Das kannst Du doch nicht machen! Es ist doch noch gar nichts passiert. Warte mal ab, es wird schon gut gehen." Es war die Stimme seiner Mutter, die er da zu hören vermeinte (überfürsorgliches Eltern-Ich). Und der Pauker: Bei ihm ging alles blitzartig. Er konnte sich nicht an Stimmen erinnern, doch ihm wurde der Boden unter den Füßen ganz plötzlich heiß. Er bekam Wut auf den Posaunisten, der Dirigent tat ihm leid, und da schlug er halt zu.

Was bleibt für die Zukunft zu tun? Der Dirigent muß lernen, seinen Ahnungen zu vertrauen; er braucht Oropax, um die Stimmen aus dem Bühnenkeller nicht zu hören, und er muß seine Willenskraft stärken. Kurzum: er muß lernen, erwachsen zu werden, damit seine Konzerte ein Genuß (freies Kind-Ich) für Zuhörer und Musiker werden können.

Wem die Analogie zur Psyche des Menschen nicht deutlich genug erscheint, der ist herzlich dazu eingeladen, über diese Lektion mit seinen Kollegen, seinem Kursleiter, seiner Gruppe, seiner Chefin, seinem Team in einen Klärungsdialog zu treten. Ich überlasse die weitere Erläuterung der Schöpfungskraft des dialogischen Entwicklungsprozesses.

"Ähnlich kritisch wie die Beurteilung von
Gesundheit und Krankheit ist die Beurteilung
von Intelligenz und Dummheit."
(Karl Steinbuch 1968, S.153)

Das Orchester unserer Teilpersönlichkeiten*

* angeregt durch Roberto Assagioli und Garbor von Varga

Lumma, Teamfibel / Windmühle GmbH Hamburg

6.1.2. Der Dreiecks-Vertrag oder wie es auch ausgehen kann

Ein Beispiel mit Seminarentwurf

Als Vertrag bezeichnen wir ein Abkommen, das durch übereinstimmende, wechselseitige Willenserklärung von Menschen untereinander zustande kommt. Trainer, Berater, Supervisoren, die eine Teambegleitung übernehmen, tun gut daran, sich inhaltlich und formal bei der Begleitung an dem zu orientieren, was Fanita English das Vertrags-Dreieck nennt. Mir erscheint dieses Thema als Leitinformation grundsätzlicher Art, da ich in der Berufspraxis immer wieder auf folgendes Phänomen stoße:

Jemand verabredet die Begleitung eines Teams, bekommt auch guten Kontakt zu seiner Kundschaft, hat Verständnis für die Schwierigkeiten der Leute untereinander, hat Verständnis für die Schwierigkeiten des Teams zum nächst höheren Vorgesetzten und kommt schließlich gemeinsam mit seiner Kundschaft zu der Schlußfolgerung, daß es an der Zeit sei, die Hierarchie im Unternehmen abzubauen. Die ganze weitere Beratung ist nunmehr strategisch darauf angelegt, die Vorgesetztenstruktur aufzuweichen, ohne daß der Vorgesetzte direkt davon erfährt.

Dieser Berater mißachtet den 'Dritten', der maßgebend an seinem Auftrag beteiligt ist, der ihn möglicherweise gar engagiert hat, um Unterstützung zu erfahren. Er merkt vielleicht gar nicht, wie er eigentlich konkurriert bzw. sich vor den Karren derer spannen läßt, die Probleme mit Vorgesetzten haben und diese nicht offen, sondern auf der Ebene von verdeckten, psychologischen Spielchen angehen. Gegenüber dem Team wählt er die Rolle des Retters, gegenüber dem Vorgesetzten wählt er die Rolle des Verfolgers und wundert sich schließlich, daß er Drama-gerecht in die Opferposition gebracht und in dieser Organisation nicht wieder zur Beratung eingeladen wird. Oder aber das Drama endet damit, daß der Vorgesetzte erfolgreich in die Opferposition gebracht wird, 'das Handtuch schmeißt' und dem Drama-Spieler-Team einen seiner Leistung nicht angemessenen Kompetenzspielraum zubilligt. Manchmal laufen solche Drama- oder auch Machtspielchen so subtil ab, daß sie erst sehr spät gemerkt werden und bereits Organisationsverwundungen oder Wundstellen eingetreten sind, die bezüglich der Heilung hohen Energieeinsatz fordern.

Um solchen Phänomenen keinen Raum zu gewähren, empfiehlt sich in der Teamentwicklung die grundsätzliche Orientierung am Vertrags-Dreieck. Ich meine damit ganz konkret:

1. Die Begleitung einer Teamentwicklung sollte immer in direkter Abstimmung zwischen dem Teamcoach (intern) als dem nächsthöheren Vorgesetzten und dem externen Berater erfolgen.
2. Beim Entwicklungsprozeß selbst empfiehlt sich eine Co-Leitung seitens des Teamcoaches bzw. des nächst höheren Vorgesetzten, gewissermaßen als Garant für eine Ausrichtung der Beratung gemäß der Unternehmensphilosophie und Unternehmensstruktur.

3. Betriebsbezogene Erkenntnisse, die ein Team aus dem Entwicklungsprozeß zieht, müssen dem nächst höheren Vorgesetzten zugänglich gemacht werden, falls er (aus welchen Gründen auch immer) nicht als Co-Leiter mitarbeiten kann.

4. Erweist sich eine betriebsinterne Situation in irgendeiner Form als beziehungsgestört, so empfiehlt sich eine Aussprache untereinander - einschließlich Teamcoach - mit den klassischen Feedback Modalitäten.

5. Als Basis Modem eines Teamentwicklungs-Prozesses empfehle ich einen mindestens dreitägigen prozeßorientierten Einsatz des Leittext-Systems mit Bezug auf ganz konkrete Aufgabenstellungen des Teams. Will der Teamcoach die Kreativität und Eigenständigkeit seiner Teammitglieder stärken, so empfehle ich ihm, sich während der Einübungszeit in Orientierungs-, Rahmenvertrags- und Arbeitsphase zurückzuhalten und in der Reflexionsphase ausschließlich mittels positiv 'geladener' Feedbacks mitzuwirken. Ist das Leittext-System im Team installiert, kann sich der Teamcoach selbst auch stärker einbringen, mit seiner Person und mit konkreten Arbeitsaufträgen.

Am Beispiel des Verhältnisses Veranstalter - Team - Berater betrachtet stellt sich das Vertrags-Dreieck folgendermaßen dar:

Das Vertrags–Dreieck nach Fanita English

"Die Götter"

Veranstalter als Vertreter der Mächtigen

Externer Berater

Team Mitglieder

Abb. 4

Bevor ich als Berater mit dem Team und seinen Mitgliedern in Berührung komme, habe ich ersten Kontakt zu demjenigen, der mich zur Begleitung des Teams einlädt. Nennen wir ihn den Veranstalter der Teamschulung. Er ist in der Regel der Vorgesetzte des Teams und damit ein Repräsentant der 'Mächtigen'.
Hier haben wir die erste Vertragslinie:

Veranstalter ◄──────────────► Externer Berater

Mit dem Veranstalter treffe ich eine Vereinbarung auf inhaltlicher und organisatorischer Ebene. Hier werden Arbeitszeit, Honorar und Rahmenprogramm geregelt. Sollte die Einladung zur Teambegleitung von einem Teammitglied ausgehen und übernimmt dieses Teammitglied möglicherweise sogar die Organisation, so muß bei allen Beteiligten Klarheit darüber bestehen, daß dieses Teammitglied als Vertreter der Mächtigen zu verstehen ist und nicht die Rolle eines "normalen" Teammitgliedes innehat. Manchmal ist dieser Umstand überhaupt bereits Ausdruck eines Teamkonfliktes; z.B., wenn auf der Rollenebene nicht klar ist, wer im Team der Leiter und damit nominierter Vertreter der Mächtigen ist.

Bis zum ersten Treffen gibt es zwischen Berater und Team keinen direkten Kontakt. Allerdings gibt es bereits die zweite Vertragslinie:

Veranstalter ◄──────────────► Team

Auf dieser Linie werden die inhaltlichen und organisatorischen Aspekte der Teamentwicklung bekannt gegeben. Wenn das erste Treffen stattfindet, tritt die dritte Vertragslinie

Externer Berater ◄──────────────► Team

in den Vordergrund. Hier gilt es, die konkreten Erwartungen und Befürchtungen beider Seiten möglichst klar zu benennen und auch die Interessen des Veranstalters transparent zu machen.

Die effektivste Teamentwicklung findet dann statt, wenn alle drei Vertragspartner während des Entwicklungsprozesses einen direkten Kontakt miteinander haben. Dies ist am besten zu gewährleisten, wenn der Teamcoach als Vertreter des Veranstalters die Co-Trainer Rolle übernimmt. Diese Mitwirkung kann in zwei Formen stattfinden.

Form A: Der externe Berater (Trainer, Supervisor) leitet an und reflektiert Art und Inhalt der Leitungsinterventionen mit dem Teamcoach. Während der Arbeitssitzungen hält sich der Vorgesetzte zurück, konzentriert seine Wahrnehmung auf den Entwicklungsprozeß der Gruppe.

Form B: Der Teamcoach leitet an und reflektiert zwischen den Arbeitssitzungen der Gruppe Art und Inhalt seiner Leitungsinterventionen mit dem Berater. Diese Form hat für den Teamcoach Supervisionscharakter.

In beiden Formen tritt nur einer als Anleiter in Erscheinung.

Hier nun ein Beispiel:

Es stammt aus einem betriebsinternen Seminarprojekt zum Themenbereich "Konfliktmanagement" bei einem deutschen Krankenversicherungs-Konzern. Ich beschreibe die vertraglichen Entwicklungsschritte und einige Aspekte des Gruppenverlaufes. Dem Leser sei die Aufgabe gestellt, die Gesamtsituation und auch einzelne Aspekte der Situation nachzuvollziehen und im Sinne des Vertrags-Dreiecks von Fanita English zu reflektieren, bzw. mit KollegInnen zu besprechen.

Das Projekt beginnt mit der Anfrage eines der Bildungsreferenten dieses Konzerns: "Wir planen ein neues Seminarprojekt zum Thema 'Konfliktmanagement' und möchten Sie als Trainer einladen, weil Sie ein Buch zu diesem Bereich geschrieben haben."

Wir verabreden uns zu einem Vorgespräch in meinem Studio. Dabei erfahre ich von Herrn Nußknacker, daß die meisten der betriebsinternen Seminare auch von den betriebsinternen Bildungsreferenten durchgeführt werden, dies in der Regel zu zweit. Für dieses Seminar nun solle der Externe als Experte eingeladen sein; er, Herr Nußknacker, sei als 2. Mann, als Co vorgesehen, da er im Anschluß an dieses Seminar weitere Seminare gleichen Inhalts mit einem anderen internen Kollegen leiten solle. Ich erfahre, daß die Teilnehmerschaft zum Erstprojekt bereits rekrutiert ist und nur noch einen Termin braucht, an dem die "Initialzündung" erfolgen soll. Der Seminartermin ist bald gefunden, und wir treffen folgende Verabredung:

Stufe 1: Es gibt ein Planungsgespräch zwischen uns beiden im Beisein von Herrn Löser, dem direkten Vorgesetzten von Herrn Nußknacker

Stufe 2: Ich leite das Seminar und Herr Nußknacker ist mein Co.

Stufe 3: Nach dem Seminar gibt es eine Nachbesprechung mit Supervisionscharakter für Herrn Nußknacker, wobei anvisiert ist zu besprechen, wie die weitere Umsetzung des Konzeptes seitens Herrn Nußknacker erfolgen kann. Wir verabreden zusätzlich einen Termin für Stufe 1.

Bevor wir auseinandergehen, erfahre ich noch, daß es ein ähnliches Projekt bereits gegeben hat. Es sei jedoch "in die Hose gegangen", weil das Thema "Konfliktlösung" in der Ausschreibung mit dem Thema "Rhetorik" gekoppelt gewesen sei. Nach dieser Erfahrung werde man nun die beiden Themen getrennt anbieten.

Bei Stufe 1 treffen Herr Nußknacker und ich mit Herrn Löser, dem Vorgesetzten von Herrn Nußknacker zusammen. In diesem Gespräch erörtern wir fast ausschließlich die Rahmenbedingungen im Sinne des Vertrags-Dreiecks von Fanita English. Es war bis dato beiden nicht bekannt, so daß ich gewissermaßen am Beispiel unserer eigenen Verabredungen das Dreiecks-Vertrags-Konzept erläutere. Herr Nußknacker ist begeistert. Er fragt mich spontan, ob ich ggf. auch für einen Fortbildungstag mit dem Gesamtteam der Bildungsreferenten "mein Wissen zur Verfügung stellen würde". Es gäbe da zwar einen regelmäßigen Supervisionstermin mit einem anderen externen Supervisor, doch man habe sich mit ihm noch auf keinen Termin einigen können. Ich stimme zu, vorausgesetzt, ich dürfe mit dem Supervisor kooperieren, und wir dürften unser beider Erfahrungen mit diesem Team austauschen. (Der anvisierte Fortbildungstag kommt nicht zustande. Begründung: Der Supervisor hat einen Termin gefunden.)

Nun zurück zum eigentlichen Thema der Stufe 1. Ich erfahre, daß Herr Nußknacker ob seiner NLP-Ausbildung zu 50% das verabredete Seminar mitleiten möchte. Mir ist das nicht recht; ich lasse mich jedoch darauf ein, da er ja bei den Folgeseminaren auch selbst anleiten soll und die Leitungsverteilung mit dem anderen Kollegen ebenfalls immer 50 zu 50 sein wird, wie Herr Löser bestätigt. Dies sei in der Firma so üblich. Unser Treffen schließt mit der Verabredung, daß Herr Nußknacker und ich jeweils ein Seminardesign erstellen, wir uns ein weiteres Mal treffen und die beiden Designs zu einem gemeinsamen umentwickeln. Herr Nußknacker zögert mit dem Argument, er sei gewohnt, seine Leitungsinterventionen spontan am Gruppenprozeß zu orientieren. Er benötige deshalb keinen Seminarentwurf. Als ich anmerke, daß dieses Vorgehen uns beiden vorab bereits die Erfahrung der gegenseitigen Abstimmung von Interessen und Arbeitsstilen ermöglichen könne, stimmt Herr Nußknacker zu. Ich erwähne noch, man könne ja auch das bewährte Konzeptmodell "Lebendiges Lernen im Umgang mit Konflikten" zum Einsatz bringen, doch geht das Interesse von Herrn Nußknacker und Herrn Löser jetzt dahin, etwas Neues auszuprobieren und im Sinne einer gegenseitigen Abstimmung vorzugehen. Außerdem sei Herr Nußknacker daran interessiert, sein NLP-Wissen mit in die Veranstaltung zu integrieren.

Wir verabreden also einen weiteren Besprechungstermin und das vorherige Zusenden der Seminardesigns. Kurz vor Abschluß des Gesprächs erfahre ich, daß noch ein Hospitant mit ins Seminar gehen soll, jemand, mit dem Herr Nußknacker das nächste Seminar leiten will. Ich entschließe mich, jetzt keine Einwände geltend zu machen, doch meine Neugier über den ganzen Hintergrund dieser Organisation wird immer größer.

Bei dem zusätzlichen Besprechungstermin finden wir sehr schnell einen Konsens; wir haben Übereinkunft darin, daß jeder einzelne Schritt des besprochenen Entwurfes gemäß dem Erfordernis der Lage verändert werden kann. Damit ist die Tür zum prozeßorientierten Arbeiten geöffnet, ohne daß wir uns allerdings zum Einsatz des Leittext-Systems verabreden. Herr Nußknacker hebt gegen Ende des Gespräches noch einmal ganz deutlich hervor, daß wir bei mindestens 50% der Teilnehmerschaft mit hoher Lernmotivation rechnen könnten, einige seien allerdings im Kontext eines internen Personalentwicklungsprogrammes mehr oder weniger zur Teilnahme verpflichtet. Alle hätten als Vorerfahrung die Teilnahme an einem betriebsinternen Kommunikationstraining. Im Anschluß an unser Gespräch sende ich Herrn Löser wie Herrn Nußknacker folgendes Seminar-Design zu.

Gesprächssituationen konstruktiv gestalten
Ein Seminarentwurf

1. Tag

10.00	Leitinfo zur Einstimmung in das Seminar "Die Steuerung unseres Denkens und Fühlens"
10.30	Malübung: "Die Eingangstür zu diesem Seminar"
11.00	Vorstellungsrunde mittels der Bilder
11.30	Das Vertrags-Dreieck: Besprechen des "Seminarfahrplans" a) Formales b) Themen & Methoden
12.00	Brainstorming / Moderationswände Welche Inhalte erinnere ich aus dem Seminar "Erfolgreich kommunizieren"? (Aktives Zuhören, Vierohrigkeit etc.)
12.30	Mittagessen / Pause
15.00	Dreiergruppen: Kontrollierter Dialog "Was hat mir das vorangehende Seminar bedeutet, worauf will ich aufbauen?"
16.00	Erfahrungsaustausch im Plenum
16.30	Pause
17.00	Leitinfo: Metakommunikation und Ich-Botschaft Rollenspiel zum Thema
18.30	Abendbrot

2. Tag

09.00	Leitinfo: Wie funktioniert unser Gehirn in Konfliktsituationen? Konfliktei-Übung: Was ist in Konfliktsituationen typisch für mich?
10.00	Mentale Übung: Verhalten-Kontext-Trennung
10.30	Pause
11.00	Leitinfo: Die Ich-Zustände Momentane Reaktionsmuster und ihr Effekt auf die Gestaltung von Gesprächssituationen
11.45	Rollenspiel: Übertreibung meiner typischen Reaktionsmuster
12.30	Mittagessen / Pause
15.00	Konfliktlösung intern nach James & Jongeward
15.45	Erfahrungsaustausch im Plenum
16.30	Pause

17.00	Rollenspiel: Aufteilung eines Büroraumes
18.00	Leitinfo: Das Drama-Dreieck als Starter für Konfliktsituationen
18.30	Abendbrot

3. Tag

09.00	Leitinfo: Kreativität in Konfliktsituationen Weg vom 'trivialen' Denken, hin zum Teamdenken
09.30	Präsentation: Die 7-Schritte-Strategie
10.30	Pause
11.00	Präsentation: 6-Schritte-Reframing
12.00	Leitinfo: Kollegiale Supervision als Angebot zur Vertiefung
12.30	Rollenspiel: Transfer in den Alltag
14.00	Abschluß mit dem Mittagessen / Abreise

Dieses Design gilt als Rahmen. Gemäß dem Erfordernis der Lage werden alternative Übungen eingesetzt bzw. andere Leitinformationen gegeben; z.B.

• Leittext-System
• Diverse NLP-Kurzübungen
• Übungen zur Körpersprache in Konfliktsituationen
• Positive Ladung der Ich-Zustände unserer Person (TA-Vertiefung)
• Lehrgespräch zum Interaktionellen Denken (Eccles / Maturana)
• Das Balint Prinzip
• Gesprächseinstimmung gemäß den eigenen Entwicklungsaufgaben (Pam Levin)

Am Morgen des ersten Seminartages holt mich Herr Nußknacker ab. Wir fahren zunächst nach Düsseldorf, treffen dort den Hospitanten und sind gegen 9.00 Uhr im Seminarhotel. Herr Teleo, der Hospitant, ist sehr freundlich und bedankt sich für die Möglichkeit, mit dabei sein zu dürfen.

Wir treffen folgende Vereinbarungen bezüglich Rollenverteilung und Aufgaben.
Herr Nußknacker und Herr Lumma teilen sich die Seminarleitung. Auf sie beide ist das Geben von Anleitungen begrenzt. Herr Teleo ist bei den Vor- und Nachbesprechungen mit dabei; in den Seminarsitzungen selber verhält er sich zurückhaltend, gibt keine Anleitungen. Er ist jedoch dazu eingeladen, bei Blitzlichtrunden seine eigene Befindlichkeit und seine Gedanken mit einzugeben. Ansonsten übernimmt er die Gestaltung des Seminarprotokolls. Es soll so angelegt werden, daß Herr Nußknacker und Herr Lumma das Protokoll vor dem anvisierten Nachgespräch mit Herrn Löser erhalten.

Das Seminar selbst beginnt wie geplant. Mit Leitinformation "Steuerung unseres Denkens und Fühlens durch das Gehirn" beginnt die erste Diskussion. Eine Teilnehmerin fühlt sich persönlich angesprochen und macht in einer Art "Schuldbekenntnis" deutlich, daß sie in sich selbst eine Art Reptil verspüre, das ihrem ganzen Team (und ihr selbst natürlich auch) große Sorgen bereite. Wir weisen darauf hin, daß sie im Verlauf des Seminars dazu eingeladen wäre, anhand konkreter Situationen aus dem beruflichen Alltag an diesem Thema arbeiten zu können. Sie willigt ein. Auch die Malübung und das anschließende Vorstellen findet Interesse. Viele der Bilder haben großen Transparenzcharakter, d.h. es wurde "viel Glas verarbeitet".

Beim Vorstellen des Vertrags-Dreiecks in Verbindung mit der Gestaltung des "Seminarfahrplans" wird eine Art Hürdenlauf veranstaltet, bzw. ein Verfolgungsspiel eingeläutet. Am Beispiel der zeitlichen Verabredungen bzgl. des Seminars wird deutlich, wieviel Widerstand bei den meisten Gruppenteilnehmern bzgl. erwachsener Verabredungen besteht. Die Verfolgung richtet sich auf eine Teilnehmerin und den externen Leiter, nämlich Herrn Lumma.

Es ist den Teilnehmern nicht möglich, sachlich zu bleiben. Am Thema "Verabredungen - Verträge" entfacht sich eine heftige Aggression gegenüber der Kursleitung, dem externen Berater und dem internen Bildungsreferenten. Der einzige, der als nicht Betroffener dabei zu sein scheint , ist Herr Teleo, der Hospitant. Es werden Stimmen laut, die sagen, das Leiterverhalten sei eine reine Provokation. Es ginge den beiden Leitern darum, künstlich Konflikte zu produzieren.Die beiden Leiter entscheiden sich dazu, Metakommunikation nach dem Modell des Leittext-Systems anzuregen. Das Angebot wird angenommen. Folgende Fragen leiten den Reflexionsprozeß:

• Wie sind wir miteinander umgegangen?
• Habe ich die bisherige Zeit konstruktiver erlebt?
• Was nicht?
• Sind Konflikte offen benannt worden?
• Was würde ich bei vergleichbaren Situationen anders machen, mir anders wünschen?
• Wie habe ich mich, wie habe ich die anderen erlebt?

Die Metakommunikation erscheint allen als gelungenes Mittel der Konfliktlösung, da sich jeder mit seiner persönlichen Betroffenheit einbringen kann, Aggressionen geäußert werden dürfen. Es entsteht Klarheit über das WIE von Gefühleskalationen, und die Metakommunikation hat zur Folge, daß man von der "Gefühlsebene" (Beziehungsebene) auf die Sachebene finden kann. "Metakommunikation", so bezeichnet es ein Gruppenmitglied, "erlebe ich als konstruktive Lösungsmöglichkeit für sich hochspielende Konfliktsituationen".
Der zweite Tag beginnt mit einer Sammlung bereits bekannter Methoden der Konfliktlösung. Das Nachfragen des externen Beraters weckt die nächste Abwehr . Auch die Interventionen von Herrn Nußknacker werden abgeschmettert. Fragen wie "Auf welchem Ohr hören Sie, was Herr Lumma wissen möchte?" wecken heftigen Widerstand. Jemand will wissen, wieso denn "alles" so kompliziert sei. Die Leitung startet den Versuch der vertieften Betrachtung von den Zusammenhängen zwischen Denken, Fühlen und Handeln beim Menschen. Das Angebot wird angenommen.

Danach ist die Rekapitulierung des Themas "Die vier Seiten einer Nachricht" möglich. Zur Verwunderung der beiden Leiter startet der Hospitant plötzlich eine Leiterintervention: „Nehmen wir doch einen Satz von Herrn Nußknacker, um die Verschiedenartigkeit des Hörens nach dem Modell von Friedo Schulz von Thun (Kommunizieren lernen) zu analysieren."

Alle Teilnehmer stimmen zu. Die Leiter geraten beide ins Kreuzfeuer der Teilnehmerschaft, erneute starke Betroffenheit wird geweckt. Es scheint seitens der Teilnehmer schier unmöglich zu sein, sich noch auf einen konstruktiven Lernprozeß einzulassen.

Da das Phänomen „Metakommunikation" als das bislang von allen akzeptierte Aufklärungsmittel von schwierigen Situationen erkannt wurde, kommt es auch jetzt zum Einsatz. Es werden dabei folgende Äußerungen getroffen:

- Man wird hier zur Konfliktproduktion provoziert.
- Die Leiter halten sich selbst nicht an Verabredungen
- Uns hängt das Thema "Konflikt" zum Hals heraus.

Als eine Art Muster bleibt für den Rest der Seminartage:
„Zeigt uns, was es sonst noch alles gibt auf dem 'Markt der Konfliktlöser'; wir werden Euch schon zeigen, daß es nichts nützt. Und wenn Ihr darauf besteht, daß wir etwas lernen sollen, dann schlagen wir Euch den Schädel ein. Und wenn jemand aus dieser Reihe tanzt, dann steht auch sein Kopf auf dem Spiel."

Der Hospitant startet bis zum Ende der Seminartage immer mehr Interventionen auf der Leitungsebene. Eine kognitive Auseinandersetzung mit dem Thema wird schließlich ganz unmöglich. Angebote der Leitung werden immer heftiger abgeschmettert, auch die Impulse von zwei GruppenteilnehmerInnen, doch endlich das Gewaltspiel zu beenden. Auch sie werden "verdammt". Einzig funktionierendes, konstruktives Kommunikationsmittel bleibt bis zum Ende des Seminars die Metakommunikation.

Doch auch einige „Nach-dem-Seminar-Phänomene" erscheinen mir zum Verstehen des English-Vertrags-Dreiecks erwähnenswert. Herr Lumma erhält kein Seminarprotokoll. Zwei GruppenteilnehmerInnen melden zurück, daß dieses Seminar das bisher einzige im Firmenkontext sei, bei dem sie etwas bzgl. ihrer Persönlichkeitsentwicklung gelernt hätten.
Herr Löser, der Chef von Herrn Nußknacker und Herrn Teleo, meldet sich zu einem prozeßorientierten Weiterbildungsprojekt. Herr Teleo wird nach dem Ablauf seines Aushilfsvertrages nicht weiter beschäftigt im Konzern.

Die Nachbesprechung zwischen den Herren Nußknacker, Löser und Lumma führt dazu, daß Herr Nußknacker die weiteren betriebsinternen Seminare allein und nach dem Modell "Lebendiges Lernen im Umgang mit Konflikten" durchführt. (Es war ursprünglich daran gedacht, daß Herr Nußknacker jeden dieser Kurse mit einem anderen internen Co-Leiter durchführen sollte.) Herrn Nußknacker wird eine externe Supervision zugebilligt.

Herr Lumma wird dazu eingeladen, auf Abteilungsebene mittels des Leittext-Systems die interne Teamentwicklung bezüglich einer Abstimmung der einzelnen Seminarmodelle zu leiten. Herr Löser hat die Rolle als Co zugesagt.
Ende gut, Alles gut?

6.1.3. Das menschliche Gehirn als Wirkungsauslöser

Wissen über die Struktur des Gehirns bzw. die Struktur von 'Denkvorgängen' erscheint mir im Zusammenhang mit Gruppen- und Teamentwicklung deshalb von Bedeutung zu sein, weil es dazu beitragen kann, destruktive Handlungen und destruktives Verhalten in Streßsituationen besser zu verstehen. Das Wissen um die Struktur von Denk- und natürlich auch Fühl- und Empfindungsvorgängen kann entscheidend dazu beitragen, sinnvolle Verhaltensalternativen für schwierige Berufssituationen zu entwickeln.

Die Einzigartigkeit des Menschen in Beziehung zu den anderen Lebewesen dieser Erde besteht darin, daß er fühlen und denken kann. Als Leitstelle der Fühl- und Denkprozesse, die unsere Haltung und unser Verhalten beeinflussen, dient das Gehirn.

Wir anerkennen heute auf wissenschaftlicher ebenso wie auf religiöser Ebene, daß unser Hirn Ergebnis einer Evolution ist, die sich über Jahrmillionen erstreckt. Wer also an menschlichen Kommunikationsformen und Kommunikationssystemen arbeitet, für den ist es sinnvoll, sich mit den Ergebnissen der Hirnforschung etwas vertrauter zu machen, um menschliches Verhalten besser einschätzen zu können. Deshalb hier ein kleiner Ausflug in die Theorie.

Im Verlaufe des menschlichen Evolutionsprozesses hat das Gehirn verschiedene Formen geprägt. Mit dem heutigen Wissen über das Verhalten des Menschen z.B. in Streßsituationen können wir nicht mehr davon ausgehen, daß die jeweils später im Verlauf der Evolution aufgetretene Formation des Gehirns die vorausgehende Stufe ablöste, sondern, daß wir sie als hinzukommend denken müssen. Mit anderen Worten ausgedrückt heißt dies: Wir Menschen haben trotz eines insgesamt hohen Entwicklungsstandes unseres Gehirns gewisse Hirnabschnitte, nämlich besonders die subkortikalen mit vielen Tieren gemeinsam. Die Funktionen, die die aus diesen Entwicklungsstufen stammenden Hirnabschnitte ausüben, spielen auf der Triebebene auch heute noch eine wichtige Rolle und beeinflussen unser Verhalten. Das geschieht ganz speziell in Streßsituationen bzw. in Situationen mit starker emotionaler Betroffenheit, wenn wir uns zum Beispiel über etwas ärgern, wenn wir verliebt sind, wenn Angst sich immer stärker in uns aufbaut (s. auch Hans Zeier 1981, S. 725).

Mac Lean beschreibt in diesem Zusammenhang, daß unser Großhirn im Verlaufe seiner Entwicklung die chemische Zusammensetzung und die anatomischen Strukturen jener drei grundlegenden Entwicklungsformationen beibehalten hat, die eine verwandtschaftliche Beziehung zu den Reptilien und den frühen Säugetieren widerspiegeln. Die drei Formationen lauten:

- der Reptilienkomplex,
- das Limbische System,
- der Neokortex.

Diese drei neuralen Gebilde sind bezüglich ihrer chemischen Abläufe und Strukturen grundverschieden und - in evolutionärer Hinsicht - zahllose Generationen voneinander entfernt. Sie stellen eine Hierarchie von drei Gehirnen in einem dar, die einerseits miteinander verknüpft zusammenwirken, andererseits jedoch auch einzeln ihre Funktion ausüben. Jedes von ihnen ist für bestimmte unterschiedliche psychologische Funktionen und Verhaltensweisen verantwortlich (s. Mac Lean 1990, S. 8 / 23.).

„Von grundlegender Bedeutung ist dabei, wie die stammesgeschichtlich und indivi-dualgeschichtlich erworbene 'Lebenserfahrung' sich ergänzen und welche Rolle die verschiedenen Teile des Gehirns in diesem Zusammenhang spielen." (Zeier 1981, S.725.)

In ihrem Buch "Wenn Verzweiflung zu Gewalt wird" macht Fanita English (1992) uns die Forschungsergebnisse des Physiologen Paul D. Mac Leans (1990) für die Kom-munikationswissenschaft nutzbar, und sie liefert damit auch verständliche biologische Begründungen für die tiefenpsychologische Triebtheorie.

Der Reptilienkomplex - Erster subkortikaler Hirnabschnitt

Er wird als der älteste Teil unseres Gehirns erkannt. Er gilt als Steuerzentrum für ve-getative Funktionen und affektives Verhalten. Bei den Tieren ist der Reptilienkomplex für den Aufbau sozialer Hierarchien, für Kampfbereitschaft und die Verteidigung des Lebensraumes zuständig. Bei Fischen und Reptilien kommt nur dieses eine Gehirn-system vor. Bei Säugetieren und Menschen wird der Reptilienkomplex als erstes aus-gebildet, bevor das Limbische System hinzukommt. Der Reptilienkomplex ist Sitz des Hypothalamus, von dem aus Körpertemperatur, Appetit und Sexualität reguliert wer-den.

Das Limbische System - Zweiter subkortikaler Hirnabschnitt

Bei höher entwickelten Tieren ist dies der bedeutendste Teil des Gehirns. Das Limbi-sche System umschließt den Reptilienkomplex und steuert drei Verhaltensbereiche. Hier spielen sich die meisten hormonellen Aktivitäten des Organismus ab.

"Während des evolutionären Überganges von den Reptilien zu den Säugetieren waren die drei wesentlichen Entwicklungen des Verhaltens

1) die Aufzucht der Nachkommen in Verbindung mit mütterlicher Fürsorge,
2) die Kommunikation durch Laute und
3) das Spiel.

Diese Entwicklungen des Verhaltens entsprechen denen des Limbischen Systems, das in drei Teilbereiche mit verschiedenen Funktionen untergliedert ist. Die beiden entwicklungsgeschichtlich älteren Teilbereiche steuern orale und genitale Funktionen, die im Zusammenhang mit dem Überleben und der Fortpflanzung stehen. Der dritte Teilbereich entstand in Verbindung mit elterlicher Fürsorge, lautlicher Kommunikation und spielerischem Verhalten." (s. Mac Lean 1990 S.27)

Das Limbische System ist zwar für Laute, jedoch noch nicht für artikulierte Sprache zuständig. Für die Sprache ist unter anderem ein Teil der linken Hemisphäre des Neo-kortex zuständig. Das Limbische System ist jedoch beim Menschen immer dann betei-ligt, wenn es um den Gefühlsbereich geht, wenn Gefühle erfahren und ausge-drückt werden. Das Limbische System beherbergt die nichtsprachlichen Gedächtnisfunktio-nen.

Hier sitzt der Hippocampus, der Impulsgeber für die Steuerung des Langzeitgedächtnisses. Das Limbische System ist auch Sitz der Hirnanhangdrüse (Hypophyse), die ihrerseits eine Direktverbindung zum Reptilienkomplex hat: Sie wirkt dort auf den Hypothalamus ein, der Körpertemperatur, Appetit und Sex reguliert.

Im Limbischen System ist außerdem der Sitz jenes Steuerungssystems für Verhaltensreaktionen bezüglich drohender Gefahr bzw. echter oder auch vermeintlicher Angriffe. Dieses Steuerungssystem sitzt in der Amygdala, einem kleinen mandelförmigen Gebilde. Das Steuerungssystem der Amygdala unterscheidet in diesem Kontext zwischen drei grundlegenden Verhaltensreaktionen:

• dem Kampf-Verhalten,
• dem Flucht-Verhalten und
• dem Erstarrungs-Verhalten.

Diese bei verschiedenen Tierarten in Reinform beobachteten Verhaltensreaktionen auf Gefahr finden wir auch bei Menschen. Stellen wir uns eine konkrete unangenehme Angelegenheit vor, die am heutigen Tage bzw. am morgigen Tage auf uns zukommt, so können wir feststellen, zu welcher der drei Verhaltensreaktionen wir neigen:

Neigen wir zu dem Denken 'Was uns herausfordert, bringt uns weiter, und gehen wir dann forsch an die unangenehme Angelegenheit heran, so können wir davon ausgehen, daß wir in Situationen der Gefahr Kampf-Verhalten zeigen.

Neigen wir zu der Frage 'Können wir die Angelegenheit nicht auf morgen verschieben?' oder suchen wir nach anderen wichtigen Terminen, um der unangenehmen Angelegenheit aus dem Wege zu gehen, so zeigen wir in Situationen der Gefahr meistens Flucht-Verhalten.

Neigen wir dazu, der unangenehmen Angelegenheit zwar nicht aus dem Wege zu gehen bzw. sie forsch anzugehen, sondern 'schweigend dabei zu sein', so zeigen wir in solchen Situationen Erstarrungs-Verhalten.

Der Neokortex - Linke und rechte Hemisphäre

Dies ist entwicklungsgeschichtlich betrachtet der jüngste Teil unseres Gehirns.

"Im Verlauf seiner Evolution hat der Neokortex zusammen mit dem Hirnstamm und den neocerebralen Verbindungen eine immer größer werdende Kapazität für das Lösen von Problemen, das Lernen und das Erinnern von Einzelheiten bereitgestellt. Bei den Menschen ist der Anteil des Neokortex am Gehirn am größten." (s. Mac Lean 1990 S.17)

Der Neokortex besteht aus zwei Hirnhälften, der linken und der rechten Hemisphäre. Jede Hirnhälfte steht für einen bestimmten Funktionsbereich. Dank des Neokortex hat der Mensch grundsätzlich die Möglichkeit, Gefühle und Körperempfindungen in Worte und Taten umzusetzen. Der Neokortex, auch graue Substanz genannt, steuert und kontrolliert als quasi oberste Instanz das gesamte Repertoire der körperlichen Empfindungen und der körperlichen, d.h. motorischen Umsetzungen, nicht nur in Worten, sondern auch in Bewegungen bzw. motorischen Aktionen jeglicher Art. Vom Neokortex aus haben wir also grundsätzlich die Möglichkeit, mittels Willenskraft unser Verhaltensrepertoire zu steuern. Wir müssen allerdings immer wieder damit rechnen, daß animalische Reaktionen des Reptilienkomplexes bzw. des Limbischen Systems das durchkreuzen, was wir im Neokortex erarbeitet haben.

Dieses Dazwischenfunken von Animalischem tritt besonders in Streßsituationen auf. Dieser Umstand ist der Grund dafür, daß Gewalteingrenzung nicht allein durch die Entwicklung von "Einsichten" möglich ist. Einsichtgewinnung spielt sich im Bereich des Neokortex ab, doch Gewaltanwendung kommt meist aus dem Reptilienkomplex, so daß wir davon ausgehen müssen, daß Gewaltabwender wahrscheinlich nur dann erfolgreich sind, wenn auch ihre Botschaft aus dem Reptilienkomplex und nicht allein aus dem Neokortex gesendet wird. Als anerkanntem Kriegsdienstverweigerer fällt es mir natürlich schwer, diesen Zusammenhang anzuerkennen.

> *"Wenn uns das Wasser am Halse steht, werden wir manches rücksichtslos ändern, von dem wir gegenwärtig noch glauben, es sei unveränderbar."*
>
> *(Karl Steinbuch 1968, S.166)*

Die dreieinige Hirnstruktur nach Mc Lean

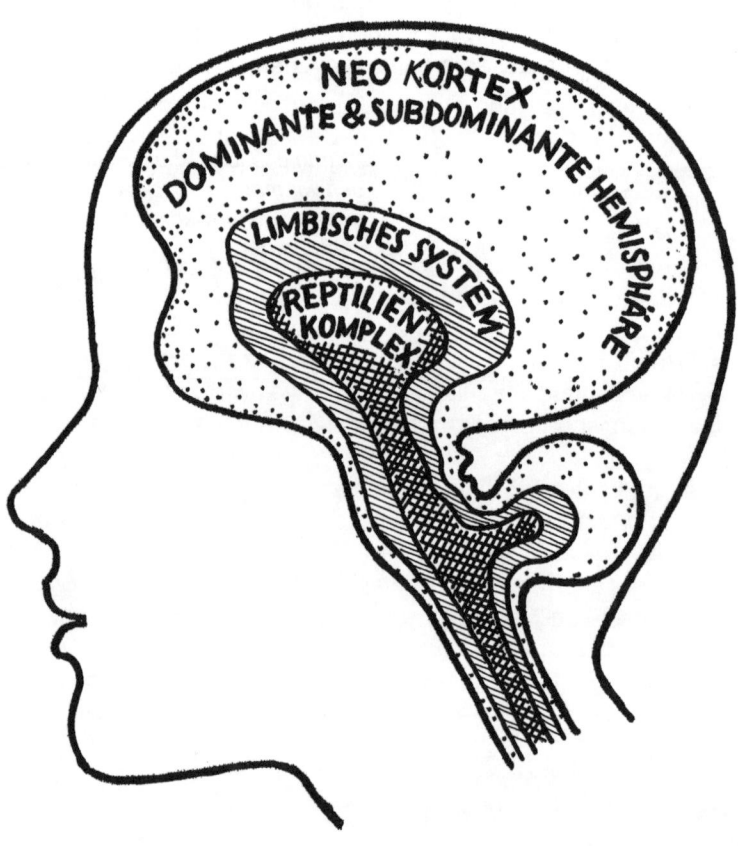

Lit.: Paul Mc Lean: The Triune Brain in Evolution, New York , Plenum, 1990, S. 9.

Lumma, Teamfibel / Windmühle GmbH Hamburg

6.1.4. Die Hemisphärentheorie als Motivator für kreatives Lernen

"Das kreative menschliche Wesen ist aggressiv, aber es fürchtet die Gewalt. Es strebt nicht nach Macht, denn sie ist die Negation der Kreativität; es flieht den Besitz von Dingen und Personen; die Kreativität ist ein Geschenk."
(Cora Herrendorf)

Der menschliche Organismus in der Verbindung von Körper-Psyche-Geist ist in ca. 200 Millionen Jahren Entwicklung entstanden, ausgehend vom Stadium der Reptilien über das der höheren Säugetiere bis hin zum Stadium des heutigen Menschen. Dieser Organismus bewahrt sich in seinem Gehirn eine Erinnerung an all das, was entwicklungsgeschichtlich gewesen ist.

Da wir während des Aufwachsens vom Säugling bis zum Erwachsenen überwiegend mittels Aktionen der linken Hirnhälfte ausgebildet wurden, also mittels rationaler Aktionen, haben wir es zum großen Teil verlernt, die rechte Hirnhälfte und die darunter liegenden subkortikalen Systeme des Gehirns sinnvoll zu nutzen. Wir sehen, hören, riechen bzw. fühlen bestimmte Stimuli nicht mehr, weil wir durch das überwiegende Benutzen der linken Hemisphäre verlernt haben, sie wahrzunehmen.

Diese und die in der weiteren Folge dieses Kapitels beschriebenen Sachverhalte wurden Mitte der 70er Jahre bereits von der Medizinischen Psychologie und der Psychosomatischen Medizin gelehrt. Ich erachte es für sinnvoll, sie auch im Feld der Kommunikationswissenschaften der Standardlektüre zuzuordnen. Fanita English nutzte die Forschungsergebnisse von Mac Lean und machte einen ersten Schritt in diese Richtung. Ich meine konkret, daß die Hemisphärentheorie grundsätzlich mit direktem Bezug zum Limbischen System und zum Reptilienkomplex gelehrt werden sollte. Mit Hilfe des Wissens von der 'Dreifaltigkeit' unseres Gehirns können wir dazu motivieren, den Sinnen wieder mehr zu trauen, Assoziationen zuzulassen und den Intuitionen zu folgen. Wir wissen, daß wir die Ganzheit unseres Gehirns mit allen seinen Erinnerungen und Fähigkeiten bewußt nutzen können und nicht den archaischen Kräften ausgeliefert sind, die dann auch destruktiv zum Einsatz kommen, wenn wir ihnen von uns aus kein konstruktives Aktionsfeld gewähren.

Das Gehirn des Menschen vollzieht während der Zeit des Heranwachsens vom Baby bis zum Erwachsenen individuell alle Entwicklungsstufen der Gattung Mensch. Dies bedeutet, daß in der Zeit vom Baby bis zum Erwachsenen alle drei Steuerungssysteme des Gehirns hintereinander so in Aktion treten, wie sie sich im Verlauf von 200 Millionen Jahren bis zum heutigen Tag entwickelt haben. Unser Gehirn können wir demnach als einen Datenspeicher von ziemlich großer Kapazität verstehen.

Beim Baby steht der Reptilienkomplex mit der archaischen Stammhirnstruktur im Vordergrund: Es geht hauptsächlich um die vitalen Körperfunktionen und Körperbedürfnisse. Beim heranwachsenden Menschen übernimmt zeitweise das Limbische System die Dominanz, wenn es um die gefühlsmäßige Orientierung und Steuerung geht. Je weiter der Mensch auf das Erwachsenenalter zuschreitet, desto mehr rückt der Neokortex mit seinen beiden Hemisphären in Funktion.

Zur Zeit der Pubertät befindet sich der Mensch in der Situation, daß er im Feld der ihm am nächsten stehenden Menschen, z.B. im Elternhaus übt, wie die Balance zwischen den Anforderungen der drei Hirnsteuerungszentren Reptilienkomplex, Limbisches System und Neokortex hergestellt werden kann. Dieser Umstand erklärt die zum Teil große Unberechenbarkeit im Verhalten eines pubertierenden Menschen. Ich gehe davon aus, daß der Mensch während der Pubertät die größte Herausforderung erfährt, den nur dem Menschen in voller Ausprägung gegebenen Neokortex sinnvollerweise so zu nutzen, daß die Anforderungen des Reptilienkomplexes und des Limbischen Systems konstruktiv berücksichtigt werden. Wer dazu im Verlauf seiner Pubertät keine Gelegenheit erhält, richtet aller Wahrscheinlichkeit nach im Jugendlichenalter die Kraft der Kreativität und Aggression als Gewalt gegen sich selbst oder andere. Es kommt im Jugendlichenalter bei diesem internen Balance-Mißstand konkret dazu, daß eine Konditionierung in Gewaltpolaritäten stattfindet. Der Jugendliche somatisiert das Problem bzw. nimmt Betäubungsmittel, richtet also die Gewalt autoaggressiv gegen sich selbst, um das interne Problem zu lösen, oder er arrangiert die Lösung des Problems dadurch, daß er sich anderen Jugendlichen anschließt, die gewaltsam gegen andere Menschen, z.B. Ausländer, Asylbewerber etc., vorgehen. In beiden Fällen kommt mit großer Wahrscheinlichkeit die ungezähmte Kraft des Reptilienkomplexes zum Einsatz und trägt zu Zerstörungen bei.

Ich gehe davon aus, daß heute jeder mit Erziehungs- bzw. Führungsaufgaben betraute Mensch um solche Zusammenhänge wissen sollte. Er muß die wichtigsten Zusammenhänge unserer Hirnfunktionen kennen, damit er sie konstruktiv zur Erziehung bzw. Führung fehlentwickelter Menschen nutzen kann. Wir müssen wissen, daß eine sinnvolle Hinführung zum Erwachsensein so geschehen soll, daß mittels des rational arbeitenden Teils unseres Gehirns alle drei Steuerungszentren des Gehirns miteinander in ein ausbalanciertes Aktionsverhältnis gebracht werden. Der Neokortex beherbergt jene Bereiche, die wir linke und rechte Hemisphäre nennen. In diesen beiden Hirnhälften entstehen solche Prozesse, die dem Menschen Flexibilität und Kreativität im Lebensfeld ermöglichen, sich selbst, den anderen Mitmenschen und dem Umfeld gegenüber.

Die linke Hirnhälfte wirkt physiologisch auf die rechte Körperhälfte, sie steuert deren Wahrnehmungsmöglichkeiten und Handlungsfähigkeiten. Die rechte Hirnhälfte wirkt physiologisch auf die linke Körperhälfte und steuert deren Wahrnehmungsmöglichkeiten und Handlungsfähigkeiten.

Während in der Hirnforschung relativ früh schon erkannt wurde, daß die logischen Fähigkeiten des Menschen primär der linken Hemisphäre zugeordnet werden können, wußte man um die Funktionen der rechten Hirnhälfte erst wesentlich später: Rationales Denken, Analyse- und Sprachfähigkeiten sind links, Intuition, Kreativität und spezielle künstlerische Fähigkeiten sind rechts angeordnet. Die linke Hemisphäre nennt man auch die Dominante, die rechte wird die Subdominante genannt.

Zwischen beiden Hälften besteht eine Verbindung, die Corpus Callosum genannt wird. Er sorgt mit etwa 200 Millionen Callosum-Fasern für einen regen chemischen Verkehr zwischen der linken und der rechten Hirnhälfte. Der Prozeß, der vom Corpus Callosum ausgeht, ist als Übersetzungsvorgang zwischen der linken und rechten Hirnhälfte zu verstehen, zwischen dominanter und subdominanter Hemisphäre.

Wir müssen des weiteren davon ausgehen, daß zwischen Neokortex, Limbischem System und Reptilienkomplex vertikale Verbindungen bestehen. Das heißt, zwischen den kortikalen und den subkortikalen Strukturen unseres Gehirns besteht, ähnlich wie zwischen linker und rechter Neokortex-Hemisphäre, ein reger Austausch, der so zu verstehen ist, daß zu verschiedenen Situationen auch verschiedene Steuerungszentren unseres Gehirns aktiviert werden, mal mehr der Reptilienkomplex mit seinen vitalen Funktionen und Bedürfnissen, ein anderes Mal das Limbische System mit seiner emotionalen Orientierung und Steuerung und dann wieder der Neokortex mit Motorik und Sprachfähigkeit.

Für den Menschen ist typisch, daß er als einziges Lebewesen drei Steuerungszentren des Gehirns miteinander in ein ausbalanciertes Aktionsverhältnis bringen kann, dies zum großen Teil mittels Willenskraft und Einsicht. Die Lehre der Hemisphärentheorie kann dazu motivieren, Lern- und Arbeitsprozesse des Menschen nicht allein am logischen Denken zu orientieren, sondern gestalterisch-kreative Elemente mit einzubeziehen, wie sie in der rechten Hirnhemisphäre angesiedelt sind. Doch müssen wir uns auch vergegenwärtigen, daß hinter der 'logischen' und der 'intuitiven' Hirnhälfte das Limbische System und der Reptilienkomplex immer wieder in Aktion treten, und zwar auf archaischer Triebebene.

In Streßsituationen, also immer dann, wenn erregende oder bedrohliche Emotionen beteiligt sind, kann das Limbische System sehr schnell die rational denkende Hirnhälfte überwältigen und unsere Handlungsebene bestimmen. Das geschieht sehr häufig im Zusammenhang mit Sexualität, Angst oder Wut. Wir können davon ausgehen, daß immer dann, wenn wir blitzschnell reagieren, andere Teile unseres Gehirns arbeiten als die beiden Hemisphären des Neokortex.

In Situationen der Gefahr kann es lebensrettend sein, über basische Überlebensstrategien im Limbischen System zu verfügen, doch kann es ebenso über das Limbische System und den Reptilienkomplex zu Gewaltanwendung bzw. zu Lähmungen kommen, wenn echte oder auch vermeintliche Gefahr auftritt. Hierbei zählt nicht das, was als echte Gefahr ausgewiesen ist, sondern vielmehr das, was subjektiv als Gefahr empfunden wird. Krawalle, z.B. bei Massenkundgebungen bzw. Massendemonstrationen, sind meines Erachtens Ausdrucksformen dieses Phänomens.

In Streßsituationen besteht eine hochkomplizierte Verknüpfung zwischen nervlichen und hormonalen Wechselwirkungen. Wir können jedoch immer noch nicht davon ausgehen, daß diese Zusammenhänge präzise erforscht sind. Deswegen tun wir gut daran, der Empfehlung unserer Seniorkollegin Fanita English zu folgen, die bisherigen Forschungsergebnisse mehr als Metaphern zu sehen, die dabei helfen, die gegenseitigen Bedingtheiten von Gefühlen, Körperempfindungen, Gedanken, tiefen Triebkräften und Verhalten ein wenig mehr zu verstehen.

Funktionen der beiden Gehirnhälften

nach Eccles

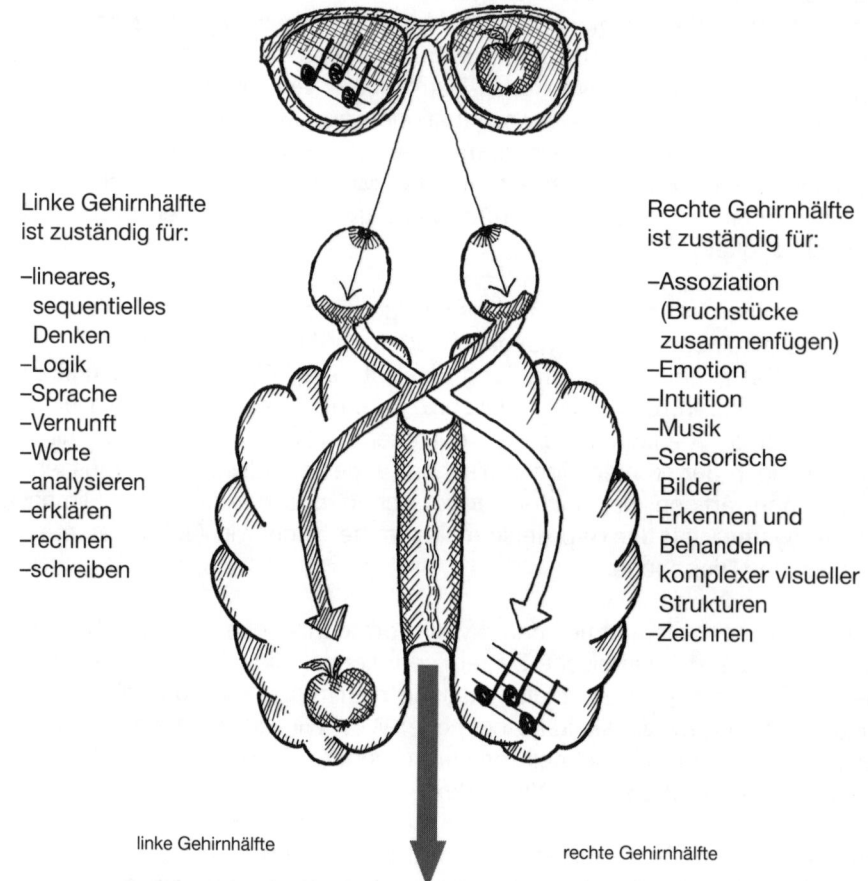

Linke Gehirnhälfte ist zuständig für:

–lineares, sequentielles Denken
–Logik
–Sprache
–Vernunft
–Worte
–analysieren
–erklären
–rechnen
–schreiben

Rechte Gehirnhälfte ist zuständig für:

–Assoziation (Bruchstücke zusammenfügen)
–Emotion
–Intuition
–Musik
–Sensorische Bilder
–Erkennen und Behandeln komplexer visueller Strukturen
–Zeichnen

linke Gehirnhälfte

rechte Gehirnhälfte

Corpus callosum (Verbindungskanal zwischen den beiden Gehirnhälften)

Jede Gehirnhälfte ist für die gegenüberliegende Körperseite zuständig (rechte Hälfte – linkes Bein usw.), erhält aber Information von beiden Augen.
Keine Hirnhälfte empfängt jedoch alles, was beide Augen zusammen sehen, sondern nur, was sich im gegenüberliegenden Gesichtsfeld befindet.

Lit.: Sir John Eccles: Das Gehirn des Menschen, München, Piper, 1979

Hirnhälften

Die rein logisch-analytische Vorgehensweise hat in diesem Rahmen ihre Bedeutung verloren. Wie die neuere Hirnforschung nachweist, muß dem Nicht-Logischen, also dem Analogen, mindestens ebensoviel Beachtung geschenkt werden, wenn Lernen lebendig und menschengerecht sein soll.

> "Ich denke, daß es sinnvoll sein könnte, die Dominanz der dominanten, das heißt analytischen, propositionellen, sprachlich-mathematisch aufeinanderfolgend arbeitenden Gehirnhälfte - die üblicherweise der linken zugesprochen wird, die unsere rechte Körperhälfte steuert - zu brechen zugunsten der ganzheitlichen, bildhaften, räumlichen, gleichzeitig intuitiv und appositionell arbeitenden. Wir brauchen beide ...
> Es geht nicht darum, die dominante Hemisphäre auszuschalten und der jetzt nicht-dominanten Dominanz zu verleihen, sondern beide gleichzeitig nebeneinander stehen zu lassen." [1]

Der nun folgende Abschnitt zeigt, daß sich die beiden Hirnhälften des Menschen in ihren Eigenschaften grundsätzlich komplementär verhalten: "Die untergeordnete ist kohärent, und die dominante ist detailliert." [2]

Dominante Hemisphäre

- Verbindung zum Bewußtsein
- verbal/linguistische Beschreibung
- Ideale, begriffliche Ähnlichkeit
- zeitliche Analyse
- Detailanalyse/arithmetisch, computerhaft

Subdominante Hemisphäre

- keine derartige Verbindung
- kaum verbal/musikalisch
- Bild- und Musterempfinden
- visuelle Ähnlichkeit
- zeitliche Synthese
- holistisch - Bilder/geometrisch, räumlich

Lit.: [1] G. Portele: Der Mensch ist kein Wägelchen, Köln, EHP, 1972.
[2] J. C. Eccles: Das Gehirn des Menschen, München, Piper, 1979.

6.1.5. Unser Gehirn: ein Phantasie-PC der Ich-Zustände?

Ein Vater hat angeordnet, daß die Hälfte seiner Hinterlassenschaft an den ältesten Sohn gehe, ein Drittel an den zweiten und ein Neuntel an den jüngsten. Die Erbmasse besteht aber aus 17 Kamelen, und wie die Söhne nach dem Tode das Problem auch drehen und wenden, sie finden keine Lösung, außer der Zerstückelung einiger Tiere. Ein Mullah, ein Wanderprediger, kommt dahergeritten, und sie fragen ihn um seinen Rat. Dieser sagt: 'Hier - ich gebe mein Kamel zu den Euren dazu; das macht 18. Du, der Älteste, bekommst die Hälfte, also neun. - Du, der Zweitälteste, bekommst ein Drittel, das macht sechs. - Auf dich, den Jüngsten, fällt ein Neuntel, also zwei Kamele. Das macht zusammen 17 Kamele und läßt eines übrig, nämlich meines.' Sagt's, steigt auf und reitet davon.

(Arabische Fabel aus: Watzlawick 1992, S. 98/99)

Mit der Frage nach dem Phantasie-PC der Ich-Zustände begeben wir uns in die Phantasiewelt der Verbindung von Hirnforschung, Transaktionsanalyse und Vorstellungen aus der Computertechnologie.

Je weiter der Mensch in seiner Entwicklung vom Baby auf das Erwachsenenalter zuschreitet, desto mehr meint er, die Erfahrungen der Kindheit und die Verhaltensweisen der Eltern bzw. der frühen Bezugspersonen vergessen zu müssen, um die eigene Erwachsenenidentität zu finden. Heute wissen wir, daß nicht die Ausgrenzung der beiden Erfahrungsbereiche, sondern vielmehr deren Integration in die Gesamtpersönlichkeit den erwachsenen Menschen auszeichnet.

Wir können zum Verstehen dieses Sinnzusammenhanges von der Fiktion ausgehen, daß unser Gehirn in seiner dreifaltigen Struktur wie ein bis ins letzte Detail ausgeklügelter Personalcomputer (PC) aufgebaut ist. Wir finden darin Speichereinheiten und Steuersysteme. Die Speichereinheiten können wir uns im Limbischen System und im Reptilienkomplex (Stammhirn) angesiedelt vorstellen. Die Steuersysteme könnten metaphorisch gesehen im Neokortex plaziert sein, in der rechten Hemisphäre die mehr intellektuell logisch aufgebauten, in der linken Hemisphäre die mehr analog lateral aufgebauten Programme.

Nun kann es zur Erziehung von konstruktiver Kommunikation im Steuerungssystem nur darum gehen, die Daten aus Limbischem System und Reptilienkomplex so abzurufen und miteinander in Verbindung zu setzen, daß daraus auf der Handlungsebene eine konstruktive Kommunikation (zu sich selbst aber auch zu anderen Menschen) resultiert. Ich gehe davon aus, daß so in etwa gut angelegtes Neuro-Linguistisches Programmieren (NLP) funktioniert. Im transaktionsanalytischen Sinne betrachtet, könnten die beiden Speichereinheiten das Eltern-Ich und das Kind-Ich ausmachen.

Das Eltern-Ich wäre dann als Speicher des gelernten Lebenskonzeptes zu verstehen, in dem die Verhaltenserfahrungen mit den Eltern bzw. den frühen Bezugspersonen abrufbereit lagern. Hier wären die internalisierten Verhaltensmuster, auch die archaischen Muster, die wir Menschen gewissermaßen in Form einer Basis-Speichereinheit mit in die Wiege gelegt bekommen haben. Ich würde des leichteren Verständnisses und der besseren Zuordnung halber diesen Speicher des Eltern-Ichs dem Reptilien-komplex zuordnen.

Das Kind-Ich wäre als Speicher des gefühlten Lebenskonzeptes zu verstehen, in dem die emotionalen und empfindungsbezogenen internen Stimulus-Response-Reaktions-weisen auf das Verhalten der Eltern bzw. der frühen Bezugspersonen abrufbereit "eingespeist" sind, ebenso archaische Gefühle und Empfindungen, die über die Dauer der Menschheitsgeschichte immer wieder als "vererbte" Stimulus-Response-Reak-tionen zu verstehen wären. Diesen Kind-Ich-Speicher mit seiner Sammlung von Affek-ten sehe ich im Limbischen System angesiedelt.

Limbisches System und Reptilienkomplex wären in diesem Sinne dann auch als Spei-cher der Erinnerungen und der damit verbundenen Affekte zu verstehen. Die Vorstel-lung, daß demnach der Neokortex Speicher und Steuerprogramm des durchdachten Lebenskonzeptes wäre, paßt gut mit dem biologischen Wissen über diesen Teil des menschlichen Gehirns zusammen. Würden wir das Ganze im transaktionsanalyti-schen Strukturschema anlegen, dann sähe die Verbindung von transaktionsanalyti-scher Persönlichkeitstheorie und biologischem Wissen folgendermaßen aus:

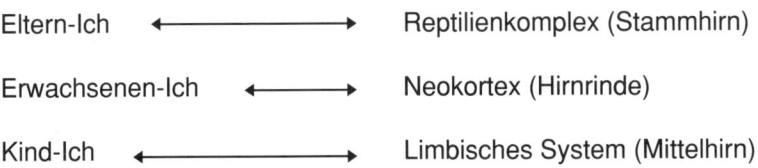

Eltern-Ich ⟷ Reptilienkomplex (Stammhirn)

Erwachsenen-Ich ⟷ Neokortex (Hirnrinde)

Kind-Ich ⟷ Limbisches System (Mittelhirn)

Die Metapher, das Erwachsenen-Ich (analog dem Dirigenten im Orchester) als Steu-ereinheit zu begreifen, ließe möglicherweise ganz leicht die Vorstellung zu, daß die beiden Kind-Ich-Zustände (angepaßtes und freies Kind) und die beiden Eltern-Ich-Zustände (kritische und fürsorgliche Eltern) sowohl positiv als auch negativ geladen werden können.

Ein Phantasie–PC der Ich–Zustände

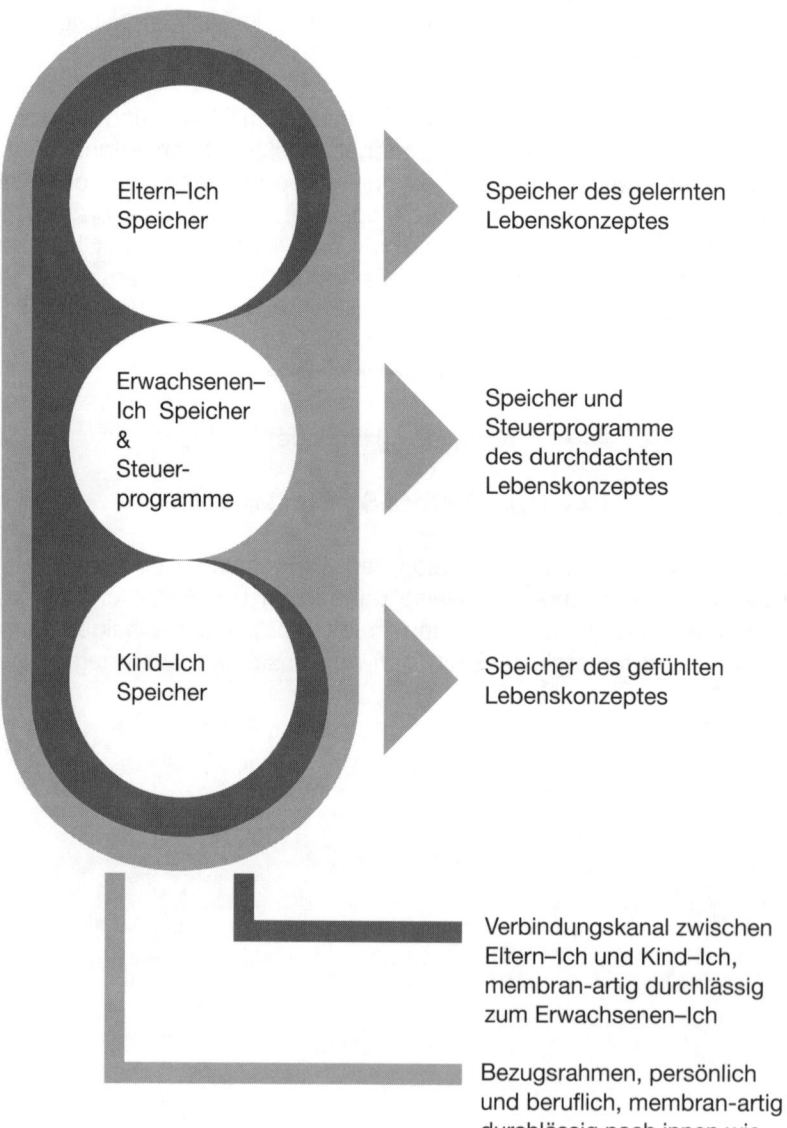

Eltern–Ich Speicher

Speicher des gelernten Lebenskonzeptes

Erwachsenen–Ich Speicher & Steuer-programme

Speicher und Steuerprogramme des durchdachten Lebenskonzeptes

Kind–Ich Speicher

Speicher des gefühlten Lebenskonzeptes

Verbindungskanal zwischen Eltern–Ich und Kind–Ich, membran-artig durchlässig zum Erwachsenen–Ich

Bezugsrahmen, persönlich und beruflich, membran-artig durchlässig nach innen wie nach außen

Lumma, Teamfibel / Windmühle GmbH Hamburg

Eltern–Ich

Das Eltern-Ich

Alles, was der Mensch als Kind seine Eltern tun sah und alles, was er sie sagen hörte, ist in seinem Eltern-Ich gespeichert. Das Eltern-Ich ist der Speicher für Umwelteinflüsse, denen der Mensch im Alter von 0 - 5 Jahren ausgesetzt ist (hauptsächlich Transaktionen zwischen Mutter und Vater). Jeder hat insofern ein Eltern-Ich in sich, als er in den ersten 5 Lebensjahren ganz bestimmten, ihn prägenden und nicht von ihm zensierten Umwelteinflüssen ausgesetzt ist.

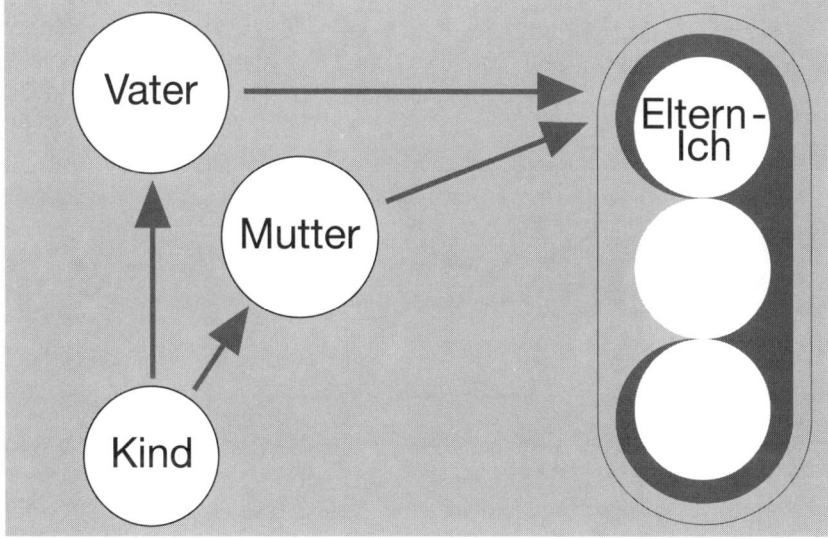

Das Eltern-Ich beinhaltet Werte, Normen, Gebote, Verbote, "soziale Gefühle". Es hat zwei Aspekte: Das kritische Eltern-Ich und das fürsorgliche Eltern-Ich.

Kind–Ich

Das Kind-Ich:

Während Umwelteinflüsse im Eltern-Ich manifestiert sind, speichert das Kind-Ich alle inneren Ereignisse, die inneren emotionalen Reaktionen des 0 - 5jährigen auf das, was es sieht und hört. Das Kind-Ich ist der Speicher für innere Ereignisse (Gefühle als Reaktionen auf Umwelteinflüsse meist von Mutter und Vater ausgehend im Alter von 0 - 5 Jahren):

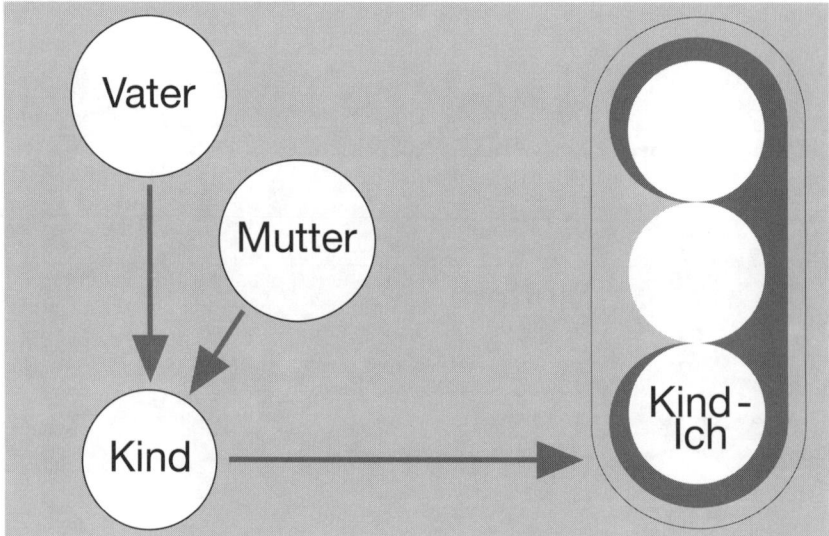

Das Kind-Ich hat mehrere Aspekte: Das angepaßte Kind: "Schimpf nicht so, ich mach ja schon" oder im Gegenpol das rebellische Kind: "Wenn Du meckerst, mach' ich das erst recht nicht." Das natürliche Kind: "Mensch, macht das Spaß! Los, noch mehr!" Und den kleinen Professor: "Mir fällt schon noch was ein."

Im Kind-Ich liegt der Bereich der Gefühle, ist Intimität, Spaß, Spontanität, Ego-zentrik.

Erwachsenen–Ich

Das Erwachsenen-Ich:

Das Erwachsenen-Ich ist das Ergebnis der Fähigkeit des Menschen, selbständig herauszufinden, was den Unterschied zwischen dem in Nachahmung gelernten Lebenskonzept seines Eltern-Ichs und dem gefühlten Lebenskonzept seines Kind-Ichs ausmacht. Das Erwachsenen-Ich entwickelt ein durchdachtes Lebenskonzept.

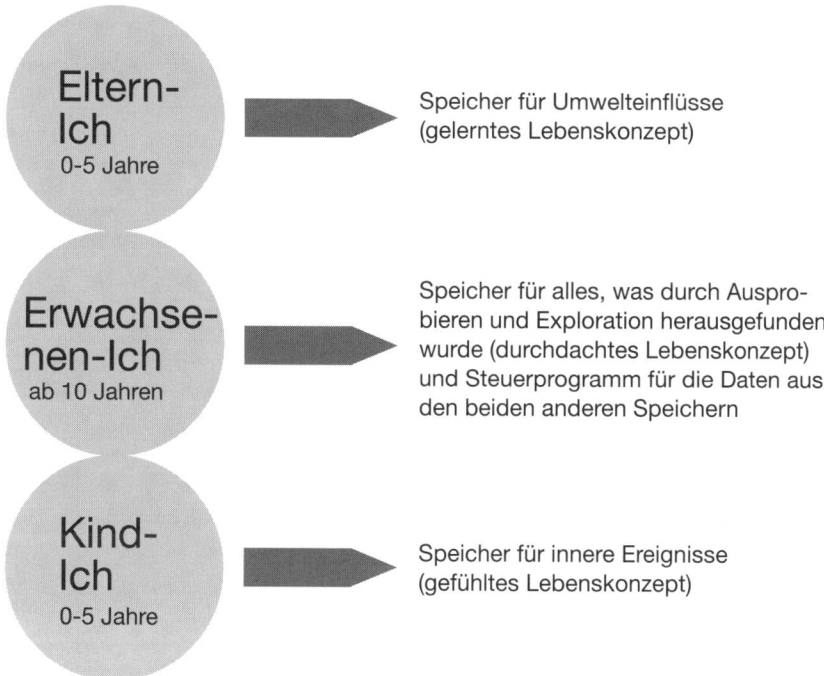

Eltern-Ich
0-5 Jahre
Speicher für Umwelteinflüsse
(gelerntes Lebenskonzept)

Erwachse-nen-Ich
ab 10 Jahren
Speicher für alles, was durch Ausprobieren und Exploration herausgefunden wurde (durchdachtes Lebenskonzept) und Steuerprogramm für die Daten aus den beiden anderen Speichern

Kind-Ich
0-5 Jahre
Speicher für innere Ereignisse
(gefühltes Lebenskonzept)

Das Erwachsenen-Ich ist berechnend, abwägend, nach den Erfordernissen der Realität und nicht nach unkontrollierten Gefühlen entscheidend. Es ist die "rationale Autonomie der Person".

Ich–Zustände

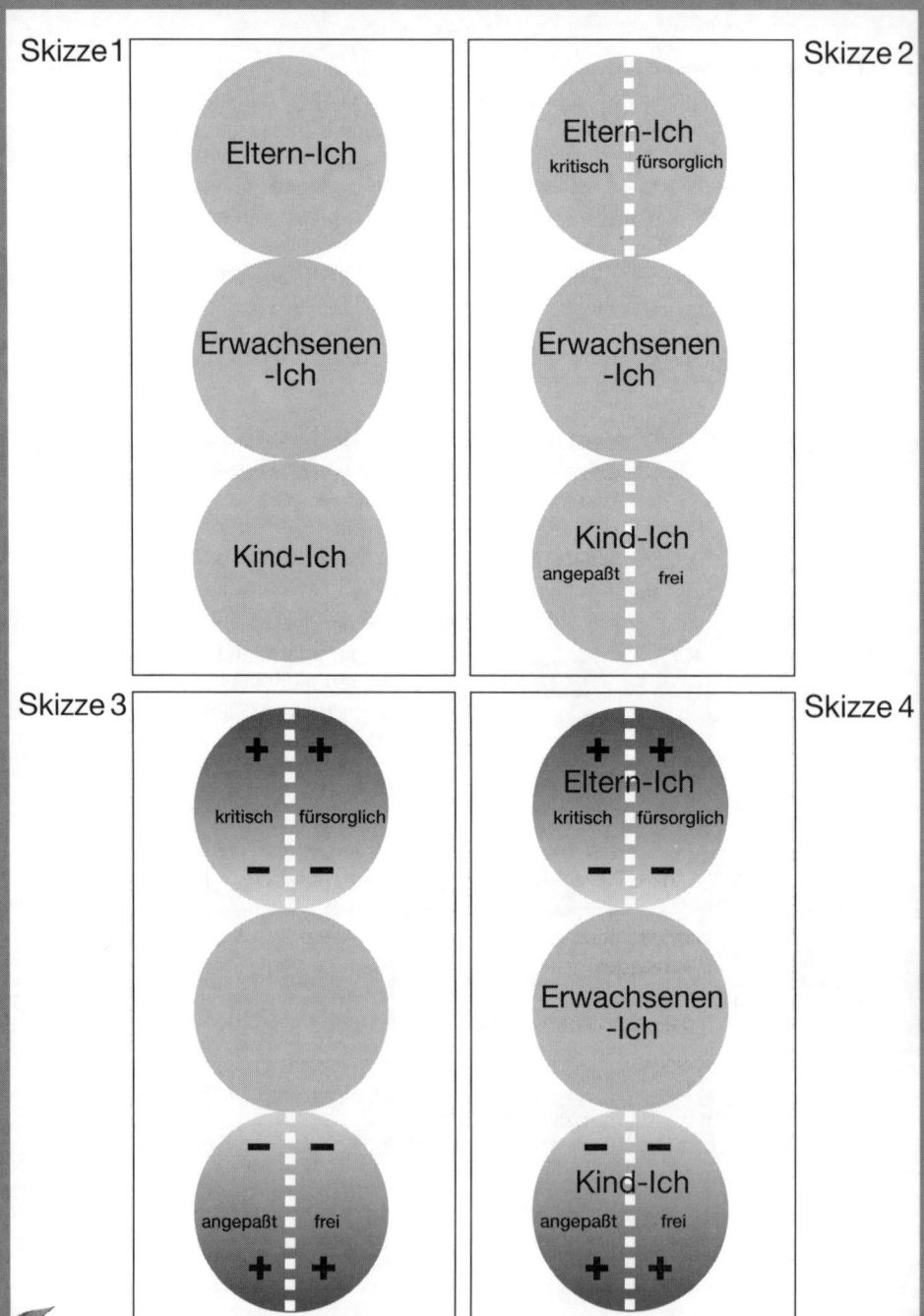

Skizze 1

Eltern-Ich

Erwachsenen-Ich

Kind-Ich

Skizze 2

Eltern-Ich
kritisch   fürsorglich

Erwachsenen-Ich

Kind-Ich
angepaßt   frei

Skizze 3

+   +
kritisch   fürsorglich
–   –

–   –
angepaßt   frei
+   +

Skizze 4

+   +
Eltern-Ich
kritisch   fürsorglich
–   –

Erwachsenen-Ich

–   –
Kind-Ich
angepaßt   frei
+   +

Das Egogramm
Zur Einschätzung von Teilpersönlichkeiten

Das Egogramm dient dazu, sich die verschiedenen Ich-Zustände bezogen auf die verschiedenen Lebens- bzw. Arbeitssituationen, bewußt zu machen.

Mit dem Bewußtsein um die Gesamtverteilung können wir dann besser entscheiden, welche unserer Teilpersönlichkeiten (Ich-Zustände) wir stärker in den Vordergrund bringen, welche wir mehr als bisher zurückhalten wollen.

Jeder Teilnehmer ist dazu eingeladen, eine Selbsteinschätzung derart vorzunehmen, daß die einzelnen Egogramm-Kästchen mit Prozentstrichen versehen werden. Im anschließenden Gruppengespräch können die konkreten Hintergründe für die Selbsteinschätzung erörtert werden, wobei es zusätzlich möglich ist, angestrebte Verhaltensweisen einzelner Ich-Zustände im Rollenspiel zu erproben.

Bei der Team-Entwicklungsarbeit kann es interessant sein, die Selbsteinschätzung einer Fremdeinschätzung durch die anderen Teammitglieder gegenüberzustellen.

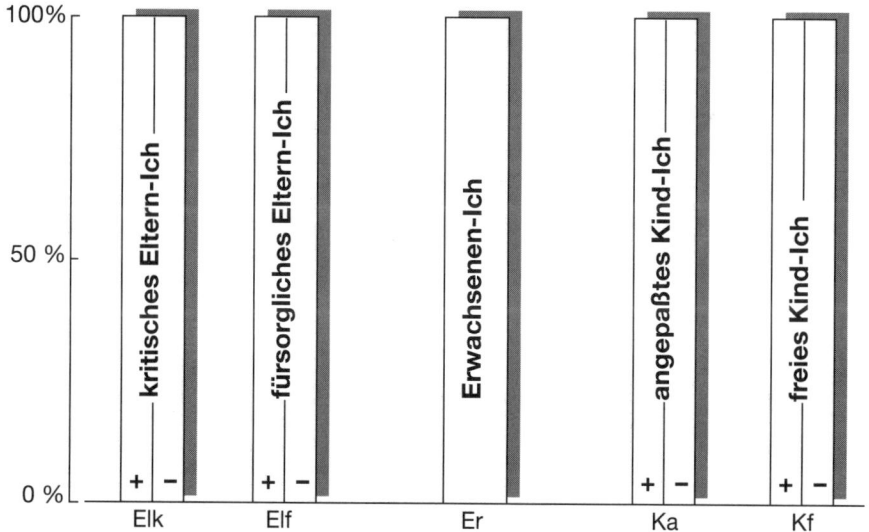

+ = positiv geladen
− = negativ geladen

Lumma, Teamfibel / Windmühle GmbH Hamburg

6.1.6. Abwertungsmechanismen

Dagmar & Klaus Lumma

Angeregt durch Konfliktphänomene, die uns allen in der Berufspraxis tagtäglich begegnen, haben wir einmal die wichtigsten Abwertungsmechanismen zusammengefaßt, die einer konstruktiven Kommunikation und Problemlösung im Wege stehen. Diese Übersicht kann wie eine Checkliste verstanden werden, die einerseits zur Gestaltung von Lern- und Lehrprozessen benutzt wird, andererseits auch als diagnostisches Mittel gelten kann. Man unterscheidet grundsätzlich nach:

Abwertung schlechthin

Abwertung von sich selbst: „Mit mir stimmt was nicht!"
Abwertung der anderen: „Bei Dir/Euch piepst' s wohl!"
Abwertung der Sache: „Damit will ich nichts zu tun haben!"

Nichtstun im Hinblick auf Problemlösungen

- 1. Stufe: Ich werte das Problem überhaupt ab: „Das gibt's doch gar nicht, das redest Du Dir doch ein!"
- 2. Stufe: Ich werte die Bedeutung des Problems ab: „Ich sehe zwar, daß es da ein Problem gibt, aber so schlimm ist es nun auch nicht wieder nicht!"
- 3. Stufe: Ich werte die Lösbarkeit des Problems ab: „Da haben sich schon viele den Kopf drüber zerbrochen. Da kann man nichts machen!"
- 4. Stufe: Ich werte meine eigene Fähigkeit zur Lösung des Problems ab: „Da mag es zwar eine Lösung geben, aber ich kann daran nichts machen!"

Passive Verhaltensweisen

- Agitieren: „Viel Wirbel um nichts. Lenken wir mal die Aufmerksamkeit auf was anderes!"
- Sich unfähig machen (Krankheit bzw. Gewalttätigkeit): „Dafür bin ich nicht verantwortlich. Du wirst schon sehen, was passiert, wenn Du mich nicht in Ruhe läßt!"
- Deflektion bzw. Tangentiale Kommunikation: „Knapp daneben ist auch vorbei, vor allen Dingen beim Beantworten konkreter Fragen!"

Einstieg ins Drama-Dreieck: Retter - Verfolger - Opfer

Wo´s ein Opfer gibt, ist immer auch ein Verfolger. Verfolger sind wiederum Opfer für andere Verfolger. Opfer müssen auf alle Fälle gerettet werden. Wenn das Retten nicht funktioniert, bleibt mir ja immer noch das Verfolgen. Irgend etwas muß ich ja schließlich machen!"

Negative Ladung der Ich-Zustände

- Kritisches Eltern-Ich - negativ geladen: angriffslustig und andere herabsetzend; verletzt das Selbstwertgefühl und vermittelt Schuldgefühle; Warum-mußt-Du-denn-das-immer-wieder-machen-Haltung. („Ich werde Dich schon kleinkriegen!")

- Fürsorgliches Eltern-Ich - negativ geladen: überbeschützend; tut was für andere, ohne daß es wirklich notwendig ist und verhindert so die Entwicklung von Eigenständigkeit.("Das kannst Du nicht ohne mich!")

- Angepaßtes Kind-Ich - negativ geladen: selbstdestrukiv, in der Meinung, nur so andere auf sich aufmerksam machen zu können; achtet übertrieben angepaßt auf Anstandsregeln und Formalitäten, Zeitpläne; er wundert sich, warum bei ihm alles schief geht; Niemand-will-mit-mir-spielen?-Haltung.("Du wirst schon recht haben! / Ich tu' was Du willst!")

- Freies Kind-Ich - negativ geladen: sich und anderen Schaden zufügend, willkürlich über Regeln hinwegsetzend; achtet überhaupt nicht auf Anstandsregeln, Formalitäten und Zeitpläne. ("Ich mach', was ich will - auf Teufel komm raus!")

Abwertungen durch negative Ladung einzelner Ich-Zustände werden durch die Inszenierung von Früherinnerungen und andere handlungsorientierte Beratungstechniken deutlich.

Aufhebung der negativen Ladung

- Abwertung durch negative Ladung der Ich-Zustände beenden wir durch positive Ladung der entsprechenden Positionen.

- Kritisches Eltern-Ich - positiv geladen: Rahmen setzend, willensstark mit fester Meinung einen Standpunkt vertretend; setzt sich für seine und die Rechte der anderen ein, ohne andere herabzusetzen oder zu demütigen. ("Mach' das nicht!")

- Fürsorgliches Eltern-Ich - positiv geladen: kümmert sich liebevoll um andere, wenn diese es benötigen oder es sich wünschen. ("I love you!")

- Angepaßtes Kind-Ich - positiv geladen: Akzeptanz von Strukturen und Regeln, um das zu bekommen, was er will; akzeptiert Würde und Erfahrung der anderen.

- Freies Kind-Ich - positiv geladen: zeigt spontan, was ihm in den Sinn kommt; hat Spaß, ohne andere zu verletzen.("Komm spiel mit mir!")

Die positive Ladung der Eltern-Ich- und Kind-Ich-Zustände erfolgt aus dem Erwachsenen-Ich mit klarem Bewußtsein um das Erfordernis der Lage. Sie ist das Ergebnis einer Willensentscheidung aus dem Erwachsenen-Ich und kann über Rollenspiel eingeübt werden.

TA–Raster zur Kommunikationsanalyse

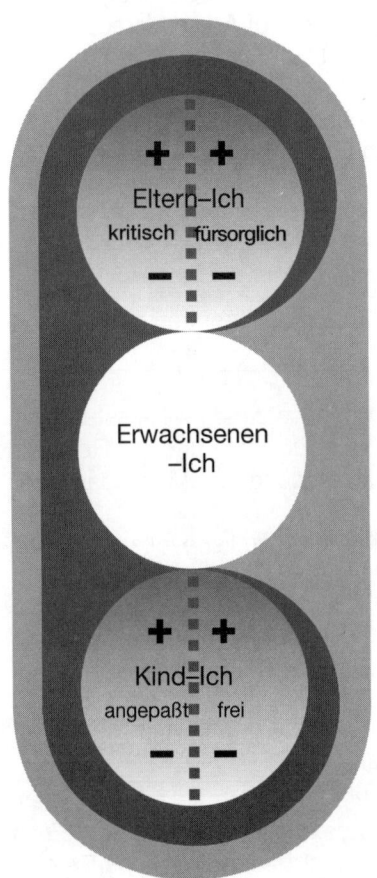

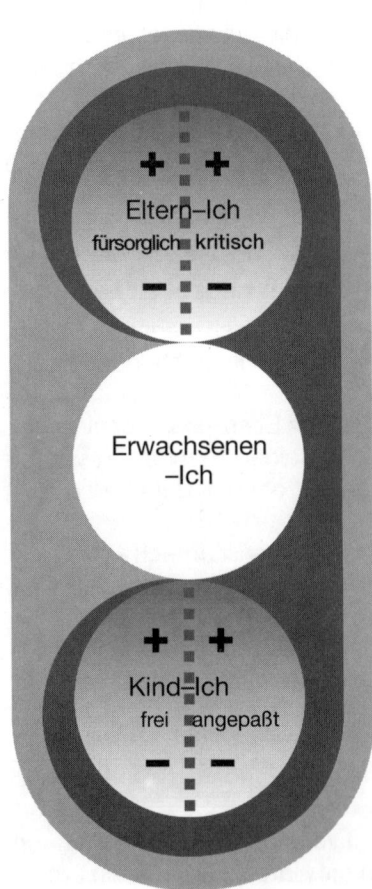

Legende: + = positiv geladen
− = negativ geladen

6.1.7. Das Drama-Dreieck

Zur effektiven Analyse komplizierter Beziehungskonstellationen und Beziehungssituationen hat Steven Karpman als Transaktionsanalytiker die Vorstellung vom sogenannten "Drama-Dreieck" konstruiert. Die drei Schlüsselteilpersönlichkeiten "Opfer", "Retter", "Verfolger" nehmen die Eckpositionen des Diagramms ein. Man könnte, bezogen auf den Bereich der Team- und Gruppenentwicklung, die Faustregel formulieren: Unklare Verabredungen und Verträge münden irgendwann im Drama-Dreieck.

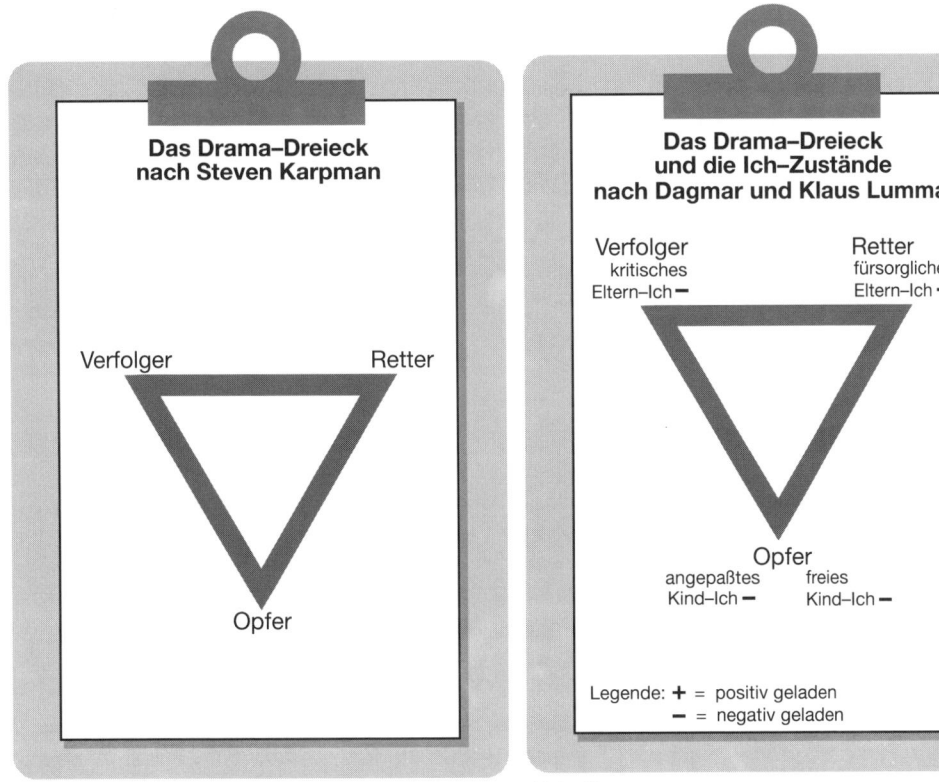

Abb. 5

Abb. 6

Die Verfolger-Position (negativ-geladenes kritisches Eltern-Ich mit unkontrolliert überkritischem Verhaltensrepertoire) zeichnet sich dadurch aus, daß aus ihr heraus die Mitmenschen in die Opfer-Position gebracht werden: Sie werden in verletzender Weise kritisiert, bloßgestellt und abgewertet. In der Verfolger-Position empfindet sich der Mensch selbst als das "Non plus Ultra",als den Maßstab für das, was o.k. ist und was nicht o.k. ist. Die Botschaft, welche aus der radikalen Verfolger-Position an andere Menschen gesandt wird, lautet: "Du kannst gar nichts. Nur ich kann's. Laß' mich nur machen. Was Du auch tust, es führt zu nichts. Ich bin o.k. -Du bist nicht o.k."

Auf ähnlich hohem Roß ist die Retter-Position angesiedelt (negativ geladenes fürsorgliches Eltern-Ich mit unkontrolliert, überfürsorglichem Verhaltensrepertoire). Aus dieser Position heraus bestimmt der Mensch allerdings sein Verhalten nicht über Aggression, sondern es ist in gewisser Weise von einer Art "Mitleid" gesteuert. Wo der Verfolger leichte Beute für seine Aggressivität findet, "bombardiert" der Retter mit gut gemeinten

Ratschlägen. Wie der Verfolger, agiert also auch der Retter aus vermeintlich überlegener Position heraus. Aus der Retter-Position lautet die Botschaft an andere: "Du kannst es nur, wenn ich Dir helfe. Alleine bist Du nichts, o.k. sind wir nur gemeinsam. Du bist ohne mich nicht o.k., ich jedoch auch nicht. Ich brauche Deine Hilflosigkeit."

Die Opfer-Position ist von vermeintlicher Unfähigkeit geprägt. In der Opfer-Position fühlt sich der Mensch unterlegen. Er beschwört mit diesem Unterlegenheitsgefühl quasi entweder die Retter- oder die Verfolger-Position bei anderen Menschen herauf. Das Opfer, das sich grundsätzlich als unterlegen empfindet, wird so zum Spielball von Verfolger und/oder Retter.

Das Opfer wertet sich selbst ab und kokettiert möglicherweise noch mit der vermeintlichen Unfähigkeit. Der Verfolger wertet sich selbst auf, wertet andere ab, indem er sie erniedrigt. Der Retter wertet auch die anderen ab, indem er sie "heimlich" für unfähig erklärt, Konflikte ohne seine Mitwirkung selbständig lösen zu können.

Wenn sich nun z.B. das Opfer aus einer Verfolger-Opfer-Situation heraus hilfesuchend an einen Retter wendet, so geht es nur ein neues Abhängigkeitsverhältnis ein. Wenn dann die Rettungsaktion "nichts bringt", kann das Opfer sehr leicht selbst zum Verfolger werden und den Retter in die Opferposition hineinmanövrieren wollen. Doch der Retter ist mit dieser Position nicht zufrieden, wird selbst zum Verfolger.

Alle diese Positionen sind Lebensstil-, Skript- gebunden. Das heißt, sie sind das Ergebnis situationsspezifischer Kindheitserlebnisse und frühkindlicher Überlebensentscheidungen. Sie beziehen sich, psychologisch gesehen, also nicht wirklich auf das Hier und Jetzt. Sie beruhen auf Erlebnissen und "eingefrorenen" Gedanken aus der Vergangenheit. Angesichts dieser Erkenntnis müssen die jeweiligen Positionen nicht als determinierender Teil der Persönlichkeit akzeptiert werden; sie sind insofern unecht.Sich auf dieses Modell stützend, nimmt die Transaktionsanalytikerin Fanita English (1982) eine weitere Aufteilung in zwei klassische Opfer-Typen vor.

Opfer-Typ 1 ist der weinerliche "soul-stripper", der sich in seinem Leid suhlt und sich in der Opferposition ständig zu Hause fühlt. Er läßt sich gerne "zur Sau machen", nutzt allerdings Unaufmerksamkeiten des anderen, um aus der Verfolgerposition heraus das Spiel "Schlag mich doch" zu beenden.

Opfer-Typ 2 hingegen operiert aus einer anderen Position heraus. Sein Verhalten ist nicht das des typischen Opfers, sondern vielmehr das des Verfolgers oder des Retters. Anders als Opfer-Typ 1, geht er nicht mit seinem Leid "hausieren". Bei ihm handelt es sich um den oft zitierten "weichen Kern in rauher Schale". Sein Stolz, resultierend aus entsprechenden Kindheitserlebnissen und Überlebensentscheidungen, die ein frühes souveränes, eigenverantwortliches Verhalten verlangten, verbieten ihm das Jammern. So gibt er sich dann scheinbar überlegen. Er ist scheinbar zu stolz und tatsächlich zu schwach, um seine Minderwertigkeitsgefühle unmittelbar kundzutun. Er lebt sie vielmehr in der aggressiven Verfolger-Position aus, läuft aber ansonsten selbst Gefahr, von anderen ausgebeutet zu werden.

Bei beiden Typen spricht Fanita English von Gefühlsausbeutern. Ausbeuten ist gemeint im Sinne von ausweiden und forcieren von Emotionen, Stimmungen und Verhaltensmustern.

"Dort, wo es im Interesse unserer Gesellschaft darauf ankommt, die Besten als Vorbilder zu präsentieren, da finden wir viele Versager. Nur in der Minderzahl finden wir jenen Menschentyp, den wir als den geborenen Lehrer empfinden: Die strahlende, geistreiche und humane Persönlichkeit.."

(Karl Steinbuch 1968, S. 159)

6.1.8. Das Lehr-Lern-Dreieck
Dagmar und Klaus Lumma

Unklare Verabredungen und Verträge bzgl. einer Team- oder Gruppenentwicklung münden irgendwann im Drama-Dreieck. Ebenso ist es beim Lehren und Lernen zwischen den beteiligten Personen. Um die Drama-Trächtigkeit der Lehr- und Lernsituation in Grenzen zu halten, haben wir das Lehr-Lern-Dreieck als "Umkehrung des Drama-Dreiecks" konstruiert. Den Lernenden setzen wir als "Mächtigen" an die Spitze (s. Abb. 6). Wieso?

Im Lehr-, Lernprozeß ist der Kommunikationsprozeß ähnlich gelagert, wie Schulz von Thun ihn mit Bezug auf die vier Aspekte einer Nachricht "Vier statt zwei Ohren" beschrieben hat: Es hängt hauptsächlich von der "Empfänger-Haltung" des Lernenden ab, ob das, was der Lehrende aussendet, auch beim Lernenden ankommt. Da Kommunikation aus wechselseitigem Einflußnehmen besteht, kommt es natürlich im Lehr- und Lernprozeß auch auf die Haltung des Lehrenden bzw. das „wie" seines Lehrarrangements an. Was meinen wir damit?

Der Lernende, der um den Teufelskreis des Drama-Dreiecks weiß, erlebt sich besser nicht in der Opfer-Position; er vermeidet tunlichst eine Überanpassung (angepaßtes Kind-Ich, negativ geladen) bzw. eine Willkürhaltung (freies Kind-Ich, negativ geladen) zum Lehrenden bzw. zum Lernprozeß. Wir wissen inzwischen, daß diese Positionen auf der anderen Seite Verfolger-Tendenzen (kritisches Eltern-Ich, negativ geladen) oder Retter-Tendenzen (fürsorgliches Eltern-Ich, negativ geladen) wecken, die eine positive Auswirkung des Lernprozesses stark behindern. Statt dessen empfehlen wir auf seiten des Lernenden eine Balance aus den Positionen "positiv geladenes angepaßtes Kind-Ich" (+) und "positiv geladenes freies Kind-Ich" (+).

Auf seiten des Lehrenden empfehlen wir ein ausgewogenes Verhältnis zwischen den beiden Haltungen "Wegbegleiter" (kritisches Eltern-Ich, positiv geladen) und "Unterstützer" (fürsorgliches Eltern-Ich, positiv geladen). Das Lehrverhalten des Wegbegleiters (facilitators) ist geprägt von der positiven Ladung seines kritischen Eltern-Ichs. Seine Position erfordert die Fähigkeit der Balance zwischen Gewährenlassen und Anleitung-Geben (Leitinformationen geben). Das Lehrverhalten des Unterstützers ist geprägt von der positiven Ladung seines fürsorglichen Eltern-Ichs. Seine Position erfordert die Balance zwischen Gewährenlassen und positivem Zuspruch (Feedback).

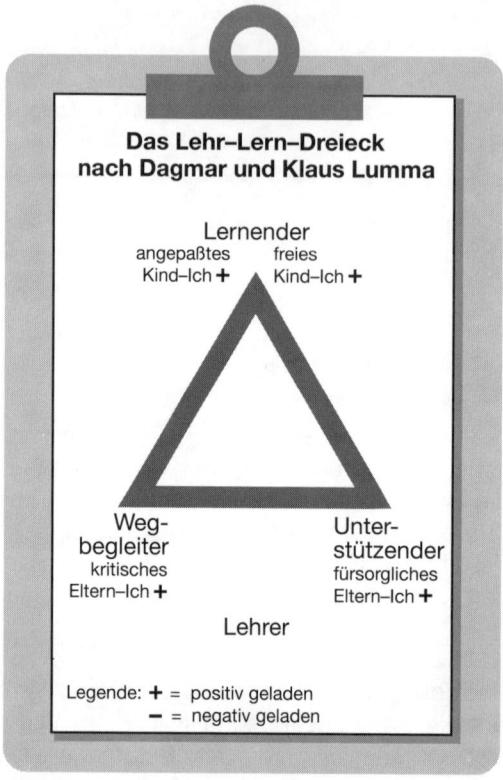

Das Lehr–Lern–Dreieck nach Dagmar und Klaus Lumma

Lernender
angepaßtes Kind–Ich +   freies Kind–Ich +

Weg-begleiter
kritisches Eltern–Ich +

Unter-stützender
fürsorgliches Eltern–Ich +

Lehrer

Legende: + = positiv geladen
− = negativ geladen

Abb. 7

Für die Situation des Lehrens und Lernens in der Gruppen notierten wir als Merkbild das Symbol der "Eieruhr". Bei der Gestaltung eines positiv angelegten Lehr-Lern-Prozesses benötigen wir alle unser ungetrübtes Erwachsenen-Ich zur Sicherung von positiven Ladungen auf seiten des Eltern-Ichs und des Kind-Ichs. Symbolisch gesprochen: Aus der Verfolger-Lehrposition (kritisches Eltern-Ich, negativ geladen) wird mittels positiver Ladung desselben Ich-Zustandes über das Erwachsenen-Ich die Wegbegleiter-Lehrposition (kritisches Eltern-Ich, positiv geladen).

Aus der Retter-Lehrposition (fürsorgliches Eltern-Ich, negativ geladen) wird mittels positiver Ladung desselben Ich-Zustandes durch das Erwachsenen-Ich die Unterstützer-Lehrposition (fürsorgliches Eltern-Ich, positiv geladen).

Damit auf seiten des Lernenden aus Drama-Trächtigkeit eine konstruktive Lernhaltung entsteht, werden mittels des Erwachsenen-Ichs die beiden Kind-Ich-Zustände positiv geladen (angepaßtes Kind-Ich, positiv geladen) und (freies Kind-Ich, positiv geladen). Um beim Erörtern der Zusammenhänge des Themas "Vom Drama-Dreieck zum Lehr-Lern-Dreieck" nicht in die Retter-Position zu fallen bzw. aufzusteigen, überlassen wir die weitere Ausgestaltung der theoretischen Erörterung bzw. die Diskussion dessen, was diese Eieruhr-Metapher für die Gestaltung von Team- und Gruppenentwicklungen bedeuten kann, dem Leser selbst bzw. seinem dialogischen Diskurs mit KollegInnen und Partnern.

Vom Drama-Dreieck zum Lehr-Lern-Dreieck Dagmar u. Klaus Lumma

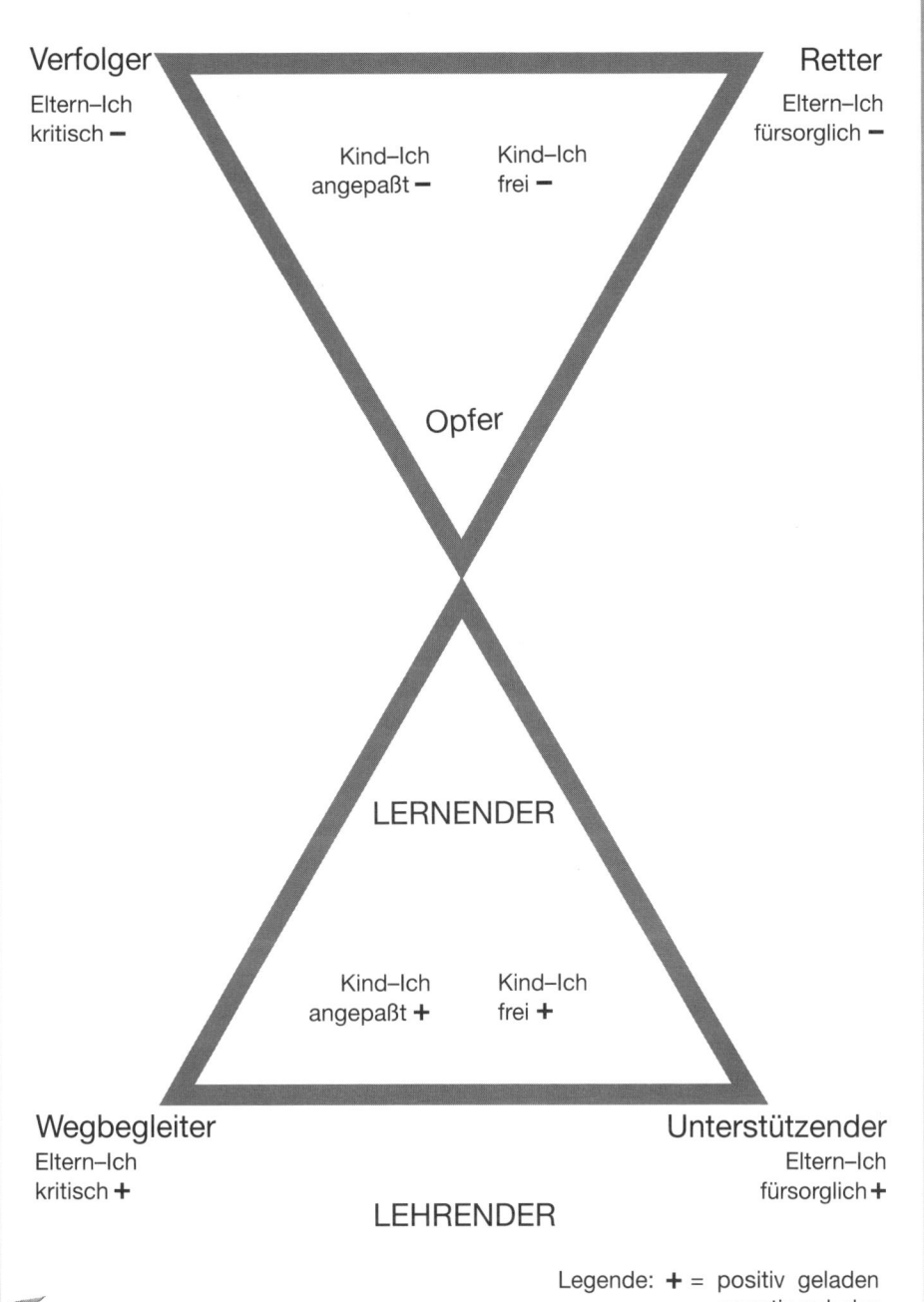

Verfolger
Eltern–Ich
kritisch –

Retter
Eltern–Ich
fürsorglich –

Kind–Ich
angepaßt –

Kind–Ich
frei –

Opfer

LERNENDER

Kind–Ich
angepaßt +

Kind–Ich
frei +

Wegbegleiter
Eltern–Ich
kritisch +

Unterstützender
Eltern–Ich
fürsorglich +

LEHRENDER

Legende: + = positiv geladen
– = negativ geladen

6.1.9. Aspekte vom Senden und Hören

→ **Sachlichkeit** → **Selbstoffenbarung**
→ **Beziehung** → **Appell**

Diese Aspekte werden beim **Senden** durch die Sprache und auf analoger Ebene durch die Mimik und Gestik ausgestattet. Bei schriftlichen Darstellungen finden sie auch "zwischen den Zeilen" statt.

Der Empfänger von Botschaften kann zum Hören neben dem direkten Hörsinn zusätzlich andere Sinne zum Entdecken der verschiedenen **Aspekte** einsetzen, z.B. Sehen und Spüren. Beim weiteren **Senden** kann er sich dann entscheiden, einen bestimmten, ausgewählten **Aspekt** gezielt einzusetzen.

Das Aufspüren der verschieden **Aspekte** ist vor allem durch Rollenspiel-Training erlernbar geworden.

Vier statt zwei Ohren

Je nachdem, auf welcher Seite er besonders hört, ist seine Empfangstätigkeit eine andere: Den Sachinhalt sucht er zu verstehen.

Sobald er die Nachricht auf die Selbstoffenbarungsseite hin ´abklopft´ , ist er personaldiagnostisch tätig:

- "Was ist das für eine(r)?" bzw.
- "Was ist im Augenblick los mit ihm/ihr?"

Durch die Beziehungsseite ist der Empfänger persönlich besonders betroffen:

- "Wie steht der Sender zu mir, was hält er von mir?"
- "Wen glaubt er vor sich zu haben, wie fühle ich mich behandelt?"

Die Auswertung der Appellseite schließlich geschieht unter der Fragestellung "Wo will er mich hinhaben?" bzw. im Hinblick auf die Informationsnutzung:

- "Was soll ich am besten tun, nachdem ich dies nun weiß?".

Der Empfänger ist mit seinen Ohren biologisch schlecht ausgerüstet: Im Grund braucht er vier Ohren - für jede Seite der Nachricht ein Extra-Ohr:

Die vier Seiten einer Nachricht

Nachricht			
Sachinhalt	**Appell**	**Beziehung**	**Selbst-offenbarung**
"So ist es"	"Ich will, daß Du etwas tust oder sagst"	"Ich rede so, weil ich dieses Bild von Dir habe"	"Das halte ich / verstehe ich von der Sache"

Der Empfänger
hat prinzipiell die freie Auswahl, auf welche Seite der Nachricht er reagieren will.

Der vier-ohrige Empfänger

Selbst-offenbarungs-Ohr

"Was ist das für einer?"
"Was ist mit ihm?"

Sach–Ohr

"Wie ist der Sachverhalt zu verstehen?"

Beziehungs–Ohr

"Wie redet der eigentlich mit mir?"
"Wen glaubt der vor sich zu haben?"

Appell–Ohr

"Was soll ich tun, denken, fühlen aufgrund seiner Mitteilung?"

Lit.: Friedemann Schulz von Thun: Miteinander reden. Störungen und Klärungen, Rowohlt, Hamburg

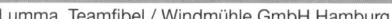

Vier – Ohrigkeit

1

Sachinhalt
Nachricht

Sender	Empfänger hört daraus
"Dieses Seminar nützt mir im Betrieb sehr viel."	"Er kann das Gelernte gut verwenden. Es wäre interessant, ein Beispiel zu erfahren, wo er es anwenden möchte."
"Dieses Seminar bringt mir nicht viel."	"Er möchte Kritik üben. Ich möchte erfahren, worum es konkret geht."

2

Selbstoffenbarung
Nachricht

Sender	Empfänger hört daraus
"Dieses Seminar nützt mir im Betrieb sehr viel."	"Er ist sehr lernfähig, macht direkt Tranferüberlegungen, läßt sich voll ein auf seine Kollegen."
"Dieses Seminar bringt mir nicht viel."	"Er hat's schwer mitzukommen; hat vielleicht Angst, sich eine Blöße zu geben."

3

Beziehung
Nachricht

Sender	Empfänger hört daraus
"Dieses Seminar nützt mir im Betrieb sehr viel."	"Er mag seine Kollegen, den Seminarverlauf und den Trainer. Er hat eine gute Beziehung zu uns allen."
"Dieses Seminar bringt mir nicht viel."	"Er mag uns alle nicht. Er würde lieber aus Büchern lernen oder mit einem anderen Trainer."

4

Appell
Nachricht

Sender	Empfänger hört daraus
"Dieses Seminar nützt mir im Betrieb sehr viel."	"Wir sollen so weitermachen. Ich sollte noch mehr Beispiele aus der Praxis bringen."
"Dieses Seminar bringt mir nicht viel."	"Er will, daß wir etwas anderes machen. Ich sollte mehr erklären als Übungen anleiten."

Unser Team als Schiffsmanschaft

Für diese Übung benötigen wir zwei große Bogen Pinwandpapier, die in der Mitte durch einen Klebestreifen miteinander verbunden werden. Außerdem müssen große Filzschreiber und Ölkreiden zur Verfügung gestellt werden. Die Übung ist folgendermaßen aufgebaut.

1. Teil: Ohne miteinander zu sprechen, malt die Gruppe ein Schiff auf den Bogen. Es empfiehlt sich dazu, das Blatt auf dem Boden zu plazieren, so daß der Eindruck spielender Kinder entsteht. Nach Fertigstellung des Schiffes wird die Schiffsmannschaft eingezeichnet. Anschließend darf das Bild mittels Ölkreiden koloriert werden.

2. Teil: Die Gruppe setzt sich zusammen und verhandelt über den Namen des Schiffes. Der Name wird in das Schiff hineingeschrieben.

3. Teil: Es werden folgende Funktionen untereinander in der Gruppe ausgehandelt:

Wer sind die Matrosen?
Wer ist Maat (zuständig für Navigation)?
Wer ist 2. Offizier?
Wer ist der 1. Offizier?
Wer ist Kapitän?
Wer ist der Reeder?

Die Übung hat hohen spielerischen Charakter und zugleich eine sehr effektive Feedback-Wirkung. Hier ein Beispiel:

6.1.10. Projektentwicklung mit der Balint-Methode

Die Balint-Methode ist ein äußerst effektives Instrument kollegialer Beratung. Nachdem sie lange Zeit ausschließlich in der psychotherapeutischen Fallberatung zum Einsatz kam, wurde im Institut für Humanistische Psychologie damit begonnen, sie auch für andere Inhalte der Beratung nutzbar zu machen. 1986 gab es erste Erfahrungen mit der Balint-Begleitung der Graduierungsarbeiten von Beratern. Es zeigte sich hier die hohe Effektivität dieses Konzeptes für die Fokussierung folgender Items einer schriftlichen Arbeit:

o Motivationssteigerung
o Themenfindung
o Auswahl der Inhalte
o Entwicklung eines Wir-Gefühls (Teamgeist) aller betroffenen KandidatInnen.

Seit dem Anfang des ersten Einsatzes bis zum Jahre 1993 wurden mit dieser Methode 160 Graduierungsarbeiten erfolgreich zum Abschluß gebracht. Zum Teil sind diese Arbeiten in der Zeitschrift für Humanistische Psychologie veröffentlicht.

Der Schritt zu der Erkenntnis, daß der Einsatz auch bei anderen Projekten möglich sein könnte, war nicht weit. So wurde seit 1988/89 das Einsatzspektrum der Methode allmählich immer breiter, und das Konzept erfuhr vor allen Dingen im Teambereich eine große Resonanz, erst im Kontext des Konfliktmanagements, dann im Feld der Projektentwicklung/Projektberatung.

Wie erklären sich Erfolg und Beliebtheit dieser Methode in Teams?

• Es findet vom ersten Moment des Einsatzes eine Stärkung des Wir-Gefühls statt. Das wird als sehr aufbauend für den notwendigen Teamgeist gewertet.
• Es findet eine ausdrückliche Akzeptanz der Gefühls- und Empfindungsebene im Sinne ganzheitlichen Denkens statt.
• Gefühls- und Empfindungsebene werden deutlich von Sachinhalten getrennt. Dadurch werden beide Hirnhemisphären nicht gleichzeitig, sondern hintereinander angesprochen, und dem Hirn des Ganzen fällt es leichter, Entscheidungen zu treffen, bei denen "Kopf und Bauch" beteiligt sind, wie die Beteiligten immer wieder anmerken.
• Einerseits werden unfruchtbare Diskussionen auf intellektueller Ebene, andererseits emotional aufgebaute Streitgespräche bzgl. einer Projektentwicklung in Grenzen gehalten.
• Denk- und Intuitionsenergien werden positiv 'kanalisiert', d.h. es wird keine energieraubende Rechtfertigung nicht brauchbarer Ideen, Konzepte u.ä. vorgenommen.

Hier nun die methodischen Schritte:

1. Schritt: Das anvisierte Projekt wird von dem betreffenden Projektleiter (Protagonist) in knapper Form vorgestellt. Dabei spricht ausschließlich der Projektleiter, während die anderen Teammitglieder zuhören und spüren, welche Körperreaktionen und Gefühle bei ihnen auftauchen.

2. Schritt: Jetzt schweigt der Protagonist (Projektleiter). Jedes einzelne Teammitglied meldet zurück, welche emotionalen Reaktionen es während der Vorstellung des anvisierten Projektes bei sich wahrgenommen hat.

3. Schritt: Auch hierbei schweigt der Protagonist weiterhin. Jedes Teammitglied gibt inhaltliche Anregungen und Anmerkungen zum vorgestellten Projekt, ohne daß diese diskutiert werden.

4. Schritt: Der Protagonist (Projektleiter) gibt Rückmeldung bezüglich dessen, was er von den emotionalen und inhaltlichen Rückmeldungen für die Entwicklung des Projektes für sinnvoll hält.

Diese Schritte können auch mehrfach hintereinander gegangen werden, wobei es sich bewährt hat, dann zwischendurch auch eine kleine Diskussionsrunde einzuschieben.

6.1.11. Konfliktbearbeitung

Konflikt (lat.) = Gegensatz, Streit, Zusammenprall.
Diese Wortdeutung finden wir im Duden.

Seit Konflikte im Betrieb nicht mehr als "Privatsache", sondern als mitbestimmte (Stör-) Größe der betriebswirtschaflichen und sozialen Effizienz betrachtet werden, wächst der Bedarf (und das Angebot) an Konfliktanalyse und -bearbeitungsmodellen.

Um Konflikte besser bearbeiten zu können, differenziert man sie zunächst nach
- Reichweite (isolierte Sach-Streitpunkte, Positionskämpfe, strategische Konflikte)
- Erscheinungsform:
  formgebunden (rechtliche Prozeduren)
  formfrei (keine gesellschaftlich vorgegebene/anerkannte Form)
- sozialem Klima der Interaktion:
  heiße Konflikte (Überaktivität, Überempfindlichkeit)
  kalte Konflikte (zunehmende Lähmung aller äußerlich sichtbaren Aktivität)
- Eskalationsstufen

Im allgemeinen werden Konfliktparteien ohne die Hilfe Dritter (Vorgesetzter, Kollege, Berater usw.) keine Konfliktlösung erreichen. Je nach Ausprägung des Konfliktes wird eine massivere oder weniger massive Rolle des Dritten erforderlich sein. Dabei läßt sich der Dritte am besten leiten durch die Erscheinungsformen des Konfliktes und das soziale Klima der Interaktion. Es ist **am Anfang** unerheblich, ob diese Formen durch bewußtes/unbewußtes, gewolltes/ungewolltes, authentisches/täuschendes Verhalten hervorgerufen werden. Wichtig ist, ein **Gefühl** für die Stufe des Konfliktes zu entwickeln, um einigermaßen angemessen intervenieren zu können.

Neben der Diagnose der Konfliktstufe (des Konfliktverlaufes) sind weitere Dimensionen zur Behandlung eines Konfliktes zu berücksichtigen:
- Die Streit-Gegenstände (Streitpunkte)
- Die Konfliktparteien (die Rollenkonstellationen)
- Die Positionen und die Beziehungen zwischen den Parteien (formelle/informelle Beziehungen)
- Die Grundeinstellungen der Konfliktparteien

Konflikt–Diagnose–Raster

¿ Wie lautet der Konflikt konkret ?
Wo liegt er ? ?

¿ Wer ist der Konfliktträger ?

Ich
als Kollege,
Partner,
etc.

Du (Sie)
als mein Kollege,
Partner,
Untergebener,
etc.

Wir (mehrere)
als Kollegium,
Team,
Leitungsgruppe,
Berufsgruppe,
etc.

?

¿ Welche methodischen Angebote gibt es
zum Klären des Konfliktes ? ?

Selbstexploration

Wahrnehmungs-
schulung mit
Gestalt-Methoden

Verbalisierungs-
übung

Angeleitete Phantasie

Situative Gesprächs-
führung, die den
Teil in den Vorder-
grund holt, der
vernachlässigt ist,
z.B.: Gedanken,
Gefühle, Arbeits-
platz, Struktur

Konfliktlösungsstra-
tegie in der Gruppe

Teamgespräch

Situatives Leiter-
Verhaltenstraining

Interaktionsspiele

Organisations-
betrachtung
und
Weiterentwicklung

Lumma, Teamfibel / Windmühle GmbH Hamburg

Kollegiale Konfliktberatung

Mit dieser Übung soll eine Methode eingeübt werden, in welcher der Konflikt eines einzelnen (später auch einer Gruppe) durch Gruppen-Brainstorming und Entscheidungsfindung des Konfliktträgers bewältigt wird.

Die Gruppe sammelt konkret Ideen und Möglichkeiten zur Konfliktregelung, zur Konfliktlösung, während der Konfliktträger seinen eigenen Konflikt-lösenden Teil für die Zeit der Gruppensitzung sozusagen „in die Ferien schicken" und sich mit dem Konflikt-habenden Teil dem Zuhören und Denken widmen kann.

Skizziert dargestellt, könnte das so ausschauen:

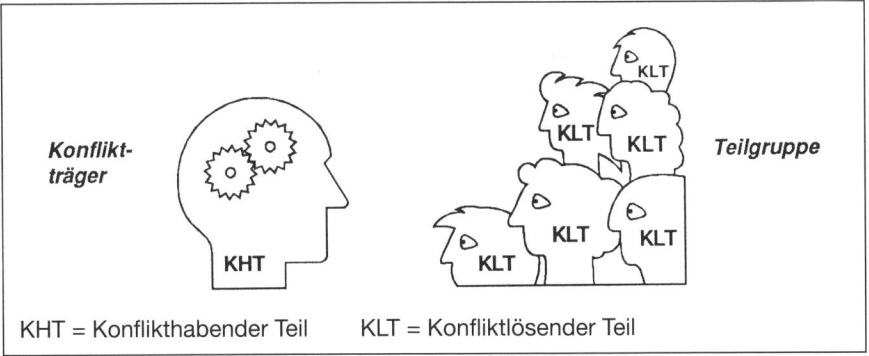

Konflikt-
träger

KHT

Teilgruppe

KLT

KHT = Konflikthabender Teil   KLT = Konfliktlösender Teil

Übungsablauf:

Zu dieser Übung sind alle Gruppenmitglieder eingeladen, die das als Konflikt akzeptieren, was sie immer wieder innerlich beschäftigt, was ihr Denken, Fühlen und Empfinden sozusagen nicht losläßt.

Aus der Gesamtgruppe werden 5 bis 7 Teilnehmer gesucht, die bereit sind, im "Aquarium", also in der Gesamtgruppenmitte das kollegiale Konfliktberatungsspiel miteinander auszuprobieren, wobei der Rest der Gruppe außen vor dem "Aquarium" sitzt, jedoch alles sieht und hört, was im "Aquarium" vorgeht.

Ein Gruppenmitglied übernimmt die Rolle des Konfliktträgers und schildert eine aktuelle Schwierigkeit aus der Berufspraxis oder dem privaten Bereich.

Diese Übung liegt die Vorstellung zugrunde, daß jeder Konfliktträger in zwei Teilpersönlichkeiten gespalten ist, wovon die eine als der Konflikt-habende Teil, die andere als der Konflikt-lösende Teil beschrieben werden kann.

Die weitere Denkhilfe: Hätte der personinterne Konflikt-lösende Teil eine "richtige Lösung" gefunden und in die Tat umgesetzt, so wäre der Konflikt wahrscheinlich bereits gelöst. Da dies nicht der Fall ist, gehen wir hypothetisch davon aus, daß der interne Konflikt-lösende Teil alleine mit der Lösung nicht zurecht kommt. Hier braucht der Konfliktträger die kollegiale Unterstützung anderer Menschen.

Im weiteren Verlauf der Übung zur Kollegialen Konfliktberatung übernimmt daher eine Teilgruppe vorübergehend die Aufgabe des Konflikt-lösenden Teils.

7 Schritte
zur Kollegialen Konfliktberatung

1 Der Konflikt wird so konkret wie möglich am Beispiel einer erinnerten, konkreten Situation beschrieben und eingegrenzt definiert. Diese Aufgabe übernimmt der Konfliktträger in Zusammenarbeit mit der Gruppenleitung.

2 Das Ziel der Konfliktlösung/Konfliktregelung wird gemeinsam festgelegt. Die Gruppenleitung fragt z.B.: "Was willst Du erreichen, wenn der Konflikt gelöst ist? Wohingehend willst Du Dein Verhalten ändern? Wie könnte die konfliktfreie Situation für Dich aussehen?"

3 Die Teilgruppe sammelt nun Konfliktlösungsvorschläge, die so wörtlich wie möglich für alle sichtbar notiert werden. Über diese Vorschläge wird weder verhandelt, noch werden sie kommentiert oder gar beurteilt. Der Konfliktträger hört bei diesem Übungsschritt aufmerksam zu.

4 Die Lösungsvorschläge werden jetzt vom Konfliktträger kritsch "unter die Lupe genommen" und in für ihn akzeptable und nicht akzeptable bzw. unbrauchbare Vorschläge eingeteilt. Hier besteht die Aufgabe der Gruppenleitung als 7-Schritte-Moderator darin, die Teilgruppenmitglieder von Rechtfertigungen ihrer Vorschläge abzuhalten, damit die Selbstverantwortlichkeit des Konfliktträgers gewahrt bleibt.

5 Der Konfliktträger entscheidet sich für einen der brauchbaren Lösungsvorschläge und baut darauf - wenn möglich - mit Hilfe der Gruppenleitung ein Rollenspiel auf.
Aufgabe der Gruppenleitung ist bei diesem Schritt auch, die Bedeutung der Entscheidung für nur einen Lösungsvorschlag hervorzuheben, um dem Konfliktträger deutlich zu machen, daß jeder von uns nur eine Sache zu einer Zeit mit vollem Energieeinsatz machen kann.

6 Die gewählte Lösung wird im Rollenspiel ohne weitere technische Anleitung ausge-führt, sozusagen als Probe für die Realsituation. Hierbei können auch jene Teilnehmer wieder mit einbezogen werden, die nicht an der Lösungfindung beteiligt waren.

7 Das Rollenspiel wird besprochen und die gewählte Konfliktlösung vom (ehemaligen?) Konfliktträger kritisch begutachtet. Dabei ist auch das Feedback aller Rollenspieler und der Nicht-Teilnehmer am Rollenspiel mit einzubeziehen. Im Anschluß an das Üben im "Aquarium" kann die Vorgehensweise im Gesamtplenum diskutiert werden.

Lumma, Teamfibel / Windmühle GmbH Hamburg

Maßnahmenplan zur Konfliktlösung

Der in dieser Sitzung beschriebene Maßnahmenplan ist aus dem Impuls einiger Gruppenmitglieder entstanden, nach der Entscheidung für einen Lösungsvorschlag (Schritt 5) die Ausführung der Lösung gegebenenfalls auch schrittweise zu planen, sich für die "Kontrolle" der Planung und Durchführung nach einem persönlichen Berater umzusehen. Das jetzt beschriebene Raster ist als kleine Hilfe zu verstehen:

Mein persönlicher Berater

Konfliktlösungsvorschlag

Ziel

Vorgehens-schritte	wann ? wo ?	mit wem ?	bis wann ? Kosten ?

Als Anregung gilt, daß jene Gruppenmitglieder, die einen persönlichen oder beruflichen Konflikt in irgendeiner Sitzung vorgestellt haben, ihren gewählten Vorschlag unter Anleitung eines persönlichen Beraters und mit Hilfe des Maßnahmenplanes weiter bearbeiten, um konkrete Schritte zur Verwirklichung des Vorhabens zu entwickeln.

Lumma, Teamfibel / Windmühle GmbH Hamburg

6.2. Aufbaumodule

Unter dieser Bezeichnung sind Leittexte zusammengefaßt, die bei der Gestaltung von Aufbauseminaren angefordert bzw. eingebracht wurden. Es sind dabei auch Ergebnisse konkreter Entwicklungsprojekte dokumentiert. So zum Beispiel die Unterlagen zum "Ziel-Vereinbarungs-Gespräch" (6.2.4.), die "Checkliste zum Ausfindigmachen von Mieslingen", die "berufliche Aktivitätssäule" (Übung 6) oder die "Tastatur" bzw. das "Klavier der Teilpersönlichkeiten" (Abb. 9 u. 10). Mit den Texten zur "Wiederbelebung der Triebtheorie" (6.2.2./Tafel 37) und zum "erfundenen Organismus" (6.2.5.) freue ich mich, Dokumente aus der Hand zweier Pioniere der Personal- und Organisationsentwicklung vorlegen zu dürfen: Fanita English und Fred Massarik.

6.2.1. Hunger nach Zuwendung, Zeitstruktur und Erlaubnis

> *"Jeder Mensch hat das Bedürfnis, von anderen berührt und anerkannt zu werden, und jeder Mensch hat das Bedürfnis, etwas mit seiner Zeit zwischen Geburt und Tod anzufangen."*
> *(James/ Jongeward 1974, S. 67.)*

Zuwendung

Für eine normale Entwicklung brauchen wir als Säugling vor allem die Berührung. Dieses Bedürfnis wird gestillt durch Wickeln, Füttern, Pudern, Tätscheln und Liebkosen. Berührung fördert körperliches und seelisches Wachstum. Wenn Babys vernachlässigt werden, d.h. auch nicht genügend körperliche Berührung erfahren, werden sie körperlich und seelisch krank. Sie können dann sogar sterben.

Wenn der Mensch heranwächst und er altersgemäß genügend Berührung erfahren hat, dann wird der Hunger nach körperlicher Berührung zum Teil verändert in Hunger nach Anerkennung. Lächeln, Kopfnicken, Wörter, Stirnrunzeln und andere Gesten ersetzen einen Teil der physischen Streicheleinheiten. Mißachtung steht dem Ausdruck von Zuwendung oftmals im Weg. Zwischen Eltern und Kindern führt Mißachtung zu einer krankhaften Persönlichkeitsentwicklung: so schaffen Eltern Verliererpersönlichkeiten. Zwischen Erwachsenen führt Mißachtung zu unglücklichen Beziehungen und zu destruktiven Lebens- und Arbeitssituationen.

Zeitstruktur

Mangelhafte Zeitstrukturen erlebt der Mensch wie Mangel an Zuwendung. Klassische Möglichkeiten, die Zeit zu strukturieren, sind Sich-Zurückziehen, Rituale, Zeitvertreib, psychologische Spiele (games people play), alle möglichen Aktivitäten und Intimität. Indem man Streicheleinheiten bekommt, gibt oder sie vermeidet, wird die Zeit strukturiert. Sich zurückzuziehen ist eine Möglichkeit, Streicheln zu vermeiden. Rituale und Zeitvertreib bedeuten ein oberflächliches Streicheln. Auch Spiele führen zu Streicheln - häufig aber zu negativem. Aktivitäten und Intimität schenken das positive Streicheln, das einem Gewinner angemessen ist (s. James/ Jongeward 1974, S.87).

Erlaubnis

Eine der erfolgreichsten Zuwendungs- und Strukturierungsarten ist die Erlaubnis. Sie kommt aus dem positiv geladenen fürsorglichen Eltern-Ich und wird im Eltern-Ich-Speicher des Empfängers auch als ein solches Verhaltensmuster gespeichert. Erlaubnisse beginnen mit der Formulierung "Du darfst ..."

Erlaubnisse sind 'ohne wenn und aber' wie Imperative formuliert: "Du darfst!" Eric Berne nennt die Erlaubnis eine "Lizenz ohne jede Verpflichtung" (Berne 1972, S. 123). Erlaubnisse manifestieren sich im Menschen als entwicklungsfördernde, existenzielle Grundannahmen. Sie fördern die Grundhaltung "Ich bin o.k. - Du bist o.k." Statt Erlaubnis werden uns im Verlaufe unserer Entwicklung vielfach Verfügungen (Einschärfungen) mit auf den Weg gegeben, die ihre hemmende Wirkung auf unsere Persönlichkeitsentwicklung bis ins Erwachsenenalter beibehalten.

Hinzu kommt noch das, was als "Antreiber" bezeichnet wird. Antreiber sind jene fordernden Elternbotschaften, die zwar gut gemeint sind, die uns dennoch bei der Entwicklung unseres eigenen, kraftvollen Handlungsrhythmus behindern. Sie haben etwa die Wirkung, wie, wenn wir einem Kollegen sagen: "Sei doch einfach mal spontan." Die Aufforderung, spontan zu sein, ist wahrscheinlich auch gut gemeint, doch verhindert sie geradezu die gewünschte Spontaneität. Einschärfungen (Verfügungen) und Antreiber sind zwar auch sättigend für unseren Hunger nach Zuwendung, doch sie sind als schwer verdauliche und für eine konstruktive Persönlichkeit ungesunde Nahrung zu verstehen (s. Schlegel 1988, S. 298-303).

Einschärfungen

Einschärfungen werden gelegentlich auch Verfügungen oder Hexenbotschaften genannt.

Gemeint sind destruktive Grundbotschaften. Sie manifestieren sich im Menschen als einschränkende existentielle Grundannahmen.

Sei nicht!
Existiere nicht! Du hast keine Daseinsberechtigung!

Sei nicht wichtig!
Du bist nicht wichtig! Die anderen (ursprünglich die Eltern) sind wichtiger!

Habe keine Bedürfnisse!
Mißachte Deine spontanen Bedürfnisse! Sie sind schlecht!

Fühle nicht!
Habe keine Empfindungen!

Sei nicht nah!
Gehör' nicht dazu!

Sei nicht Du!
Du solltest eigentlich jemand anderer sein (JUNGE/MÄDCHEN)! Sei wie Dein Bruder etc.!

Sei kein Kind!
Sei immer vernünftig! Immer erwachsen!

Werde nicht erwachsen!
Bleibe ein Kind!

Ändere Dich nicht!
Bleib wie Du bist, was immer auch die anderen Dir sagen!

Sei nicht gesund!
Sei nicht normal! Sei nicht glücklich! Sei nicht zufrieden!

Geh nicht Deinen eigenen Weg!
Mach' es wie die anderen in unserer Familie! Mach's so, wie ich es von Dir erwarte!

Sei nicht erfolgreich!
Schaffe es nicht! Es wird dir eigentlich nichts gelingen!

Triff keine Entscheidungen!
Laß die anderen oder das Schicksal für Dich entscheiden! Unternimm nichts von Dir aus!

Denke nicht!
Laß' Deine Probleme sich selber oder von anderen lösen!

Einschärfungen werden genährt durch Antreiber.

Lit.: Schlegel 1988, S. 184 - 190

Lumma, Teamfibel / Windmühle GmbH Hamburg

Antreiber

Antreiber sind elterliche Forderungen, die uns ermöglichen sollen, das Leben zu meistern. Antreiber sind Eltern-Gebote, deren Nicht-Einhalten zur Folge haben könnte, nicht mehr geliebt zu werden. Unbedacht versuchen wir auch als Erwachsene im Privat- wie im Berufsleben die Forderungen der Gebote zu erfüllen, wie wenn wir unter einem geheimen Zwang stünden. (s. Schlegel 1988, S. 190–195).

Sei immer perfekt!
Sei immer der Erste! Sei immer der Beste!

Streng Dich immer an!
Versuche alles mit Anstrengung! Gib' Dir immer große Mühe!

Sei immer liebenswürdig!
Tu es mir zuliebe!

Beeil Dich immer!

Sei immer stark!
Beherrsche Dich immer! Zeig nie eine Schwäche!

Sei immer wie die anderen!
Fall' nicht aus dem Rahmen!

Sei immer vorsichtig!

Antreiber sind elterliche Anweisungen, mit denen konventionelle, kulturelle und soziale Vorstellungen verbunden sind. Sie sind *immer* ‚gut gemeint', kommen aus dem minus-geladenen, fürsorglichen Eltern-Ich. Antreiber werden uns später als die Einschärfungen durch Worte und durch beispielhaftes Tun der Eltern übermittelt.

Lit.: Schlegel 1988, S. 190 - 195.

Hook

Ein Haken zum Finden von Erlaubnis

Stufe 1: Im Rahmen der Gruppe werden die Themenfelder "Einschärfungen" und "Antreiber" theoretisch erörtert.

Stufe 2: Die Gruppe sieht sich gemeinsam den Film "Hook" von St. Spielberg an: Peter Pan, der kindliche Abenteurer, ist erwachsen geworden. Mit vierzig Jahren kümmert er sich mehr um seine Karriere (erfolgreicher Anwalt), als um seine Familie. Die Vergangenheit ist für Peter nur noch ein Märchen. Bis zu jenem Tage, an dem Kapitän Hook, der alte Erzfeind, zurückkehrt und Peters Kinder ins Nimmerland entführt. Peter, ohne die Kräfte von einst, ist verzeifelt. Da kommt unerwartet Hilfe: Von Zauberfee Glöckchen …

Stufe 3: Im Anschluß beantwortet jedes Gruppenmitglied die u.a. Fragen zum Themenkomplex "Einschärfung – Antreiber" – (Fragen 1–5)

Stufe 4: Für die Beantwortung der Frage 6 "Welche Erlaubnis könntest Du brauchen", empfiehlt sich das Gespräch in Kleingruppen von drei–vier Teilnehmern.

Fragen zum Film „Hook"

1. Mit welcher Figur des Filmes kannst Du Dich spontan identifizieren?

2. Welche Botschaft vermittelt Dir diese Figur?

3. Welche Einschärfung kannst Du in dieser Botschaft entdecken?

4. Mit welchem Antreiber steht die Botschaft in Verbindung?

5. Welchen Einfluß hat diese Botschaft auf Deine berufliche Praxis?

6. Welche Erlaubnis könntest Du in diesem Kontext brauchen?

Die Frage 6 bitte im Kontext einer kollegialen Kleingruppe bearbeiten und die gemeinsam erarbeitete Erlaubnis mit der Nicht-Schreibhand eintragen. Die gesamte Trainingsgruppe bestärkt dann die Erlaubnis wie ein griechischer Chor.

Es ist wichtig, darauf zu achten, daß diese Erlaubnis dabei nicht den Charakter eines Antreibers bekommt; etwa so: Nun beeil' Dich aber mit dem Umsetzen der Erlaubnis!

6.2.2. Zur Wiederbelebung der Triebtheorie im Kontext der Gesunderhaltung von Mensch und Organisation

Dieser Beitrag zur Wiederbelebung der Triebtheorie entstand 1991 auf einer Tagung zum Thema "Konfliktfähigkeit und Gesundheit". Fanita English bezog sich in ihren Erörterungen auf die Weiterentwicklung gestalttherapeutischen und transaktionsanalytischen Denkens zur Existentiellen Verhaltensmuster Analyse (E.V.A.). Sie eröffnete damit neue Möglichkeiten zur Persönlichkeits- und Organisationsentwicklung.

Vom Nutzen der Triebe

In der Arbeit mit Gruppen kommen wir nicht umhin, das Wissen um unterbewußte Triebkräfte des Menschen zu berücksichtigen und die Entdeckungen von Freud und Jung zu nutzen statt uns gegen sie zu wehren. Die Beschäftigung mit den Trieben des Menschen erfährt neue Aufmerksamkeit, dies mit deutlichem Bezug auf psychoanalytische Grundkonzepte und darüber hinaus mit Bezug auf die griechische Mythologie:

Der Mensch kann von seinen Fähigkeiten her in der Regel ziemlich klar denken, er richtet mit seinem Willen die Aufmerksamkeit auf ein ganz konkretes Verhalten, und manchmal kommen Einflüsse (von den Göttern), die uns anders handeln lassen.

Psychologisch betrachtet werden solche Einflüsse von den Trieben her gesteuert. Entweder helfen uns die Triebe bei unserem Verhalten oder sie behindern uns.
Sigmund Freud ging in diesem Kontext usprünglich von zwei Haupttrieben aus, dem Überlebenstrieb und dem Sexualtrieb.

Stark beeinflußt von den Schrecken des Weltkrieges formulierte er darüber hinaus den Todestrieb und faßte den Überlebenstrieb und den Sexualtrieb zur Libido zusammen. Bei allen Bemühungen der Beschränkung auf zwei Haupttriebe bleibt es inhaltlich dennoch bei dreien, auch wenn das Dreier-Konzept auf den ersten Blick kompliziert erscheint. Der Überlebenstrieb dient dem Überleben des einzelnen, während der Sexualtrieb dem Überleben der Art dient. Die Triebe sind hier verstanden als ständig fließende Quelle der Stimulation, der Impulsgebung des Menschen. Ausgehend davon, daß es in den meisten Religionen das Phänomen der Trinität gibt, daß offenbar die Drei mehr Bewegung bringt als die Zwei, beruft sich Fanita English in ihrem Konzept der Existentiellen Verhaltensmuster Analyse auf drei verschiedene Triebarten.

Der Überlebenstrieb

Er steht auch heute noch im Sinne des Überlebens von einzelnen Menschen.
Hier geht es um die Beschaffung des täglichen Brotes, die Sicherung des Lebensunterhaltes.

Der Ausdruckstrieb

Bei ihm ist das Sexuelle als Adjektiv, als eine Ausdrucksform unter vielen zu verstehen. Diese Neudefinition des ursprünglich zweiten Triebes ist nicht als rebellierende Andersformulierung abzutun, sondern wird von Fanita English als gesellschaftspolitisch notwendig verstanden. Es ist mehr denn je wichtig geworden, konstruktive Formen der Aggression zu üben, damit nicht die Gewalttätigkeit erneut einziges Adjektiv dieses Triebes wird, wie es sich bereits bei der steigenden Zahl von Jugend- und Völkerkriminalität zeigt. Angemerkt sei an dieser Stelle, daß z.B. Fanita Englishs Beharrlichkeit im Ausdruck von Ärgergefühlen im Rahmen einer Gruppenarbeit so zu verstehen ist, daß ein sprachliches Äußern dieses immer noch verpönten Gefühles dazu beiträgt, gewaltsame Formen des Ausdruckstriebes wie Tötung und Mißachtung aus Haß in Grenzen zu halten, daß der verbale Ausdruck von tiefen Gefühlen gegenüber den Mitmenschen letztlich zu konstruktiven Beziehungen und zu einer Stärkung des Gesundheitsgefühls führt.

Der Ruhetrieb

Er ist ebenfalls nicht als eine bloße Umformulierung des Freudschen Todestriebes zu verstehen. Fanita English geht davon aus, daß alle Adjektive des Ruhetriebes dazu beitragen, daß der Mensch von Anspannungen loslassen kann und darf. Gelassenheit, Unlust und auch Trägheit sind als Adjektive dieses Triebes zu verstehen. Darüber birgt der Trieb über diese individuellen Aspekte hinaus auch ökologische in sich: Es ist sinnvoll, den Ruhetrieb gelegentlich im Hinblick auf unsere Umwelt zum Tragen kommen zu lassen, auch "die Erdkugel" ruhen lassen zu können und nicht völlig auszubeuten.

Im Zusammenhang mit dem Thema Konfliktfähigkeit und Gesundheit wird an dieser Stelle erkennbar, daß es im Rahmen der Entwicklung von Teams, daß es bei der Qualifizierung von Gruppen darum gehen kann, ein balanciertes Verhältnis im positiven Nutzen der drei Grundtriebe zu erwirken. Das kann für den einzelnen Menschen bedeuten, alle drei Triebe im Sinne der persönlichen Gesundheitsprophylaxe mehr als bisher zu akzeptieren und ihnen individuell mehr Beachtung zu schenken.

Dies kann in puncto Team- und Organisationsentwicklung bedeuten, eine neue Rollenverteilung gemäß den am stärksten entwickelten Trieben der einzelnen Mitarbeiter vorzunehmen, anstatt derart gegen die Triebphänomene zu rebellieren, daß Organisationsvertreter Rollen innehalten, die nicht zu ihrer Triebkraft-Priorität passen.

Vom Nutzen der Zeit

Zeit ist die Hauptsache, die wir besitzen und/oder verschenken. Zeit und Leben sind synonym. Fanita English stellt dazu folgende Fragen:

- Wie nutze ich meine Zeit?
- Haben meine Triebe eine gute Balance in meiner Zeit?
- Kommen alle Triebe in meiner Zeit zu einem balancierten Einsatz?

Daß der Nutzen der Zeit für die Menschen von äußerst großer Bedeutung ist, kommt vor allem in der Formulierung von Partnerschaftsproblemen häufig zum Ausdruck:

– Ich möchte, daß wir mehr 'gute' Zeit miteinander haben!
– Ich liebe Dich, doch Du nimmst keine Rücksicht auf meine Zeit!
– Ich brauche mehr Zeit für mich!
– Meine Zeit ist wichtiger als Deine Streicheleinheiten!

Lebenspartner sowie Berufskollegen können zum Beispiel hingehen und unabhängig voneinander folgendes Thema reflektieren: Meine bevorzugte Art, Zeit zu verbringen, ist....

In einem weiteren Schritt können sie im Gespräch gegenseitig überprüfen, ob ein balanciertes Verhältnis zwischen den Adjektiven aller drei Triebe besteht. So kann Gesundheitsprophylaxe des einzelnen und auch die Gesunderhaltung von Organisationen im Partnergespräch gezielt thematisiert werden. Es kann verhindert werden, daß jemand Macht über die eigene Zeit nimmt, was letztendlich zu Wut und destruktiver Auseinandersetzung führt.

Über den Nutzen von Verträgen

Zum sinnvollen Nutzen der Zeit tragen klare und untereinander diskutierte Verträge/Vereinbarungen bei. Je mehr man sich dem sinnvollen Nutzen unserer Triebe im Dialog mit anderen Menschen öffnet, desto deutlicher kann man sagen:

– So viel bin ich bereit zu geben,....
– Das ist mir zuviel, wie können wir uns arrangieren?

Durch Vertrag orientierte Dialoge können zur Sicherung der positiven Lebenshaltung beitragen und können uns vor Ausbeutung durch andere schützen und damit einen erheblichen Beitrag zur persönlichen und interaktionellen Gesunderhaltung leisten.

Wie wir den Einfluß eines Triebes erkennen

nach Fanita Englisch

Not
Angst
Kontaktnot
Furcht . Scham
Streichelnot
Sicherheitsbedürfnis
Vernunft . Abhängigkeit
Körperkontrolle . Kontrolle
Sozialisierung . Leistungsdruck
Sorge . Gewinn/Besitzstreben
Macht . bewahren/konservrieren
tradiertes Lernen . Neid/Eifersucht
Verantwotungsgefühl . Anpassung
Sorge, was die andern Denken
Verteidigung/Rechtfertigung
Schuldgefühl . Hunger/Durst
Blase und Darm entleeren
Abwehreinstellung
Habgier . Schutz
Konkurrenz
Typ

Spaß
Freude
Ungeduld
Abenteuerlust
Agressiv
spielen . spielerisch
Kreativität . Risikofreude
Neugier . Sexualität
Fantasien . Aufregendes
Innovationen . Besessenheit
Äußerungsbedüfnis
chaotisch . Fröhlichkeit
Rücksichtslosigkeit
Entdeckungen
Freihetsbedürfnis
Erfindungen
Eigensinn

ruhen
schlafen
apathisch
gelassen sein
friedlich
passiv . Unlust
Regression . Trägheit
Bequemlichkeit
sich selbst und anderen
Ruhe gönnen
Langeweile . Müdigkeit
Gleichgültigkeit
entspannen, loslassen
philosophieren
Großzügigkeit
Rückzug
Tod

Ausdruckstrieb

Überlebenstrieb

Ruhetrieb

Lumma, Teamfibel / Windmühle GmbH Hamburg

Meine erste Gruppe

Diese Übung ist für die tiefere Ebene der Team- und Gruppenentwicklung angelegt. Mitglieder, die bereit sind, Aspekte ihrer individuellen Persönlichkeitsentwicklung mit KollegInnen zu erörtern, lernen daraus die Steigerung der Kommunikations- und Kooperationsfähigkeit.

Anleitung zur Mal- & Gesprächsübung:

Nimm' Dir einen großen Zeichenblock und Ölkreiden zur Hand. Erinnere Dich an Deine Kindheit: Welches ist die erste Gruppensituation, an die Du Dich erinnern kannst? Wo spielt die Szene? Wer ist beteiligt? Kannst Du alle Beteiligten erkennen? Welche Gefühle hast Du zu den einzelnen Personen?

Jetzt lade ich Dich ein, die Szene mit Ölkreiden auf den Zeichenblock zu skizzieren. Mach' Dir bitte anschließend Gedanken darüber, welche Personen aus Deiner gegenwärtigen Lebenssitutation, welche Personen aus dieser Lerngruppe Dich an Personen aus Deiner ersten Gruppe erinnern.

Beschäftige Dich im Stillen mit diesen Personen etwas genauer. Spüre nach, welche Gefühle Du empfindest, welche Phantasien Du im Hinblick auf diese Personen entwickeltst. Empfindest Du sie eher sympathisch oder eher weniger sympathisch?

Überprüfe im Stillen Ähnlichkeiten bzw. Utnerschiede zwischen damaligen und heutigen Personen.

Du bist jetzt dazu eingeladen, mit einer Kollegin bzw. einem Kollegen über diese Ähnlichkeiten bzw. Unterschiede Deines heutigen Erlebens im Hinblick auf die frühere Situation zu sprechen, über Parallelen zu Deinem heutigen Lebenskontext. Es ist hilfreich, für dieses Gesprüäch Dein Bild hinzuzuziehen.
Wir nehmen uns für dieses Gespräch 30 Minuten Zeit.

Im Anschluß daran bis Du eingeladen, darüber nachzudenken, was Du aus diesem Gespräch lernen kannst, wie Du im Rahmen dieser Gruppe bzw. im Kontext Deines Lebens das Ergebnis des kollegialen Gespräches nutzen kannst.

Nach der stillen Reflexion möchte ich Dich dazu einladen, Deine augenblickliche Befindlichkeit, Deine Gedanken und Gefühle bezüglich Deiner Erfahrungen mit dieser Mal- und Gesprächsübung mitzuteilen.

Die berufliche Aktivitätssäule

Diese Übung wurde auf Anregung von Herbert Ehart im Rahmen eines Team-Begleitprozesses entwickelt, um herauszufinden, ob der einzelne Mitarbeiter noch gemäß seiner Arbeitsmotivation zum Einsatz kommt. Wir zeichnen dazu zwei Säulen nebeneinander: die eine für den Ist-Zustand, die andere für den Wunsch-Zustand. An oberster Stelle wird ein Segment für die dem Mitarbeiter liebste Tätigkeit gezeichnet; an unterster Stelle steht das Segment der Tätigkeit, die am wenigsten Gefallen findet.

Die gefertigten Skizzen können der reinen Selbstreflexion dienen, darüber hinaus jedoch auch im Team bzw. mit dem Vorgesetzten derart erörtert werden, daß deutlich wird, wie Ist-Zustand und Wunschvorstellungen mit den betrieblichen Notwendigkeiten und den Interessen der anderen Team-Mitglieder in Einklang zu bringen sind.

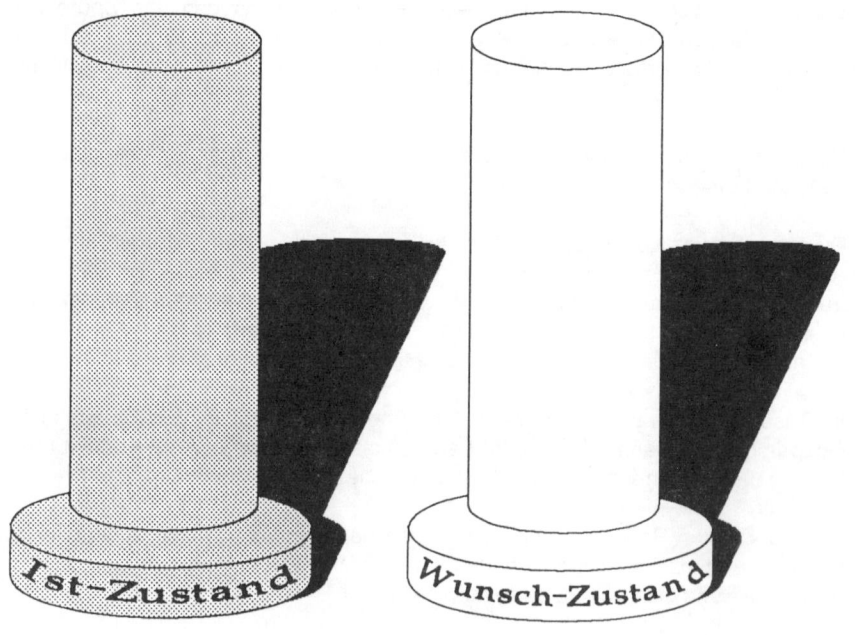

* angeregt von Herbert Ehart

6.2.3. Das Klavier der Teilpersönlichkeiten

Martin Oster

Das Bild des Klaviers der Teilpersönlichkeiten entspringt ursprünglich der Beschäftigung mit jenen Menschen, die in Unternehmen als Mieslinge, notorische Verhinderer oder Negaholics bekannt sein dürften. Die Beschäftigung mit diesem Personenkreis nimmt manchmal einen breiten Raum ein. Erstaunlich ist, daß sich im Laufe der Auseinandersetzung mit dem Miesling-Phänomen und der Entwicklung von Strategien im Umgang mit solchen Mitarbeitern die Sichtweise des Problemkreises nachhaltig verändert. Stand am Anfang der Überlegungen der Miesling, der quasi als Gesamtperson das Arbeits- und Betriebsklima belastet, so weicht diese Betrachtungsweise zunehmend einer differenzierteren Sicht des Gegenüber. Ausgelöst wird diese Auseinandersetzung durch die Beschäftigung mit den Ich-Zuständen, dem Drama-Dreieck, der Unterscheidung von Sach- und Beziehungsebene im zwischenmenschlichen Kontakt und dem Modell der „Vier Seiten einer Nachricht“: - Aspekte vom Senden und Hören (F. Schulz von Thun).

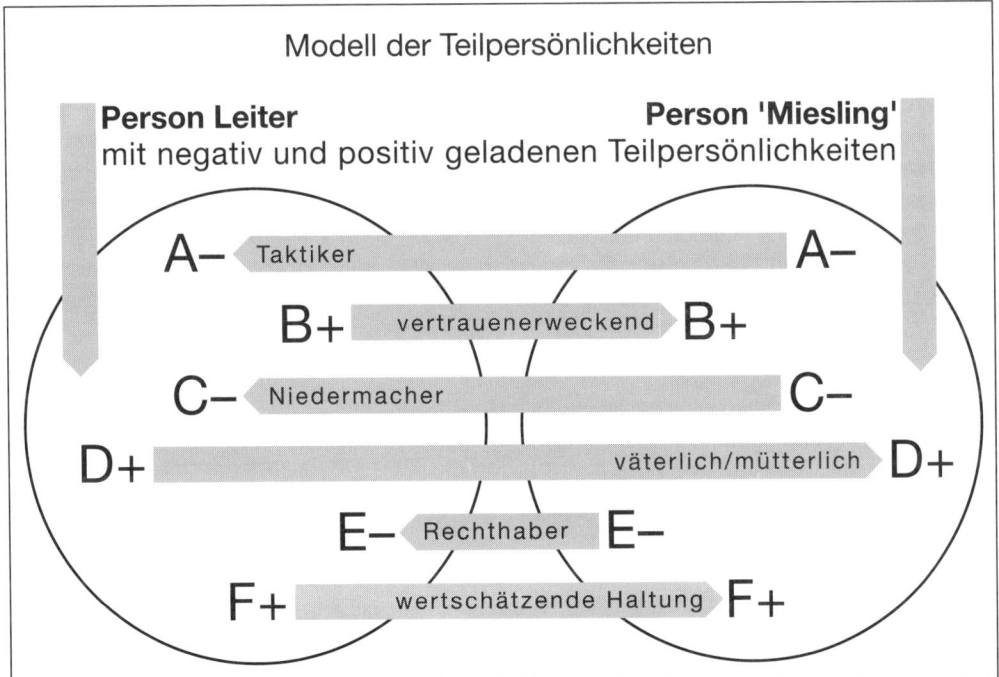

Abb.8

Ferner spielt eine veränderte Sichtweise von Krisen und Konflikten als Entscheidungssituationen eine wesentliche Rolle. Erst die ganzheitliche Überlegung, daß der vermeintliche Miesling mehr als ein Konfliktpartner ist, eröffnet die Möglichkeit, in die Auseinandersetzung mit ihm andere Qualitäten einzuführen: Meine Wahrnehmung (Realität) ist nicht identisch mit der Wahrnehmung (Realität) des anderen. Der Gedanke, daß somit ein und dieselbe Wirklichkeit in verschiedenen Individuen unterschiedliche Wirklichkeitsvorstellungen hervorrufen kann, führt zum kontruktivistischen Denken. Wobei das Spiel mit dem Wort „konstruktiv“ verdeutlicht, daß unsere Wahrnehmung immer auch konstruierte Wirklichkeit ist, und, daß sich mit dieser Erkenntnis konstruktiv im Sinne der Gestaltung von Veränderungsprozessen umgehen läßt. So entwickelt sich der Gedanke, daß es die Person des Miesling als solche nicht gibt, sondern es werden durch unser Gegenüber lediglich Mieslingsanteile in uns selbst geweckt. Anders formuliert: wir nehmen im Miesling keine komplexe Persönlichkeit, sondern nur *eine* (für uns negative, belastende, nervende ...) Teilpersönlichkeit wahr, die wiederum *eine* (möglicherweise negativ geladene) Teilpersönlichkeit in uns anspricht (s. Abb 8).

Da wir sehr oft zu trivialen Reaktionen neigen, - d.h. wir verharren in der Auseinandersetzung im Bereich einer Teilpersönlichkeit (z.B. in diesem Fall im A-, dann kann im Rollenspiel einmal ein neuer Weg geübt werden: Das Umschalten auf einen anderen Kanal. Dahinter steht der Gedanke, daß die Ansprache einer anderen Teilpersönlichkeit dem (Konflikt)Partner signalisiert: Ich nehme Dich ernst. Die dahinter stehende Intention kann mit Wertschätzung umschrieben werden.

Die Erfahrungen im Umgang mit diesem Denkmodell bestätigen, daß das Bild vom Miesling eine Projektion mit Ich- und Du-Anteilen ist. Bei der Überblendung der beiden Anteile entstehen neben Unterschieden immer auch Deckungsgleichheiten, die allerdings nur mit der richtigen Brennweite wahrgenommen werden können. Je größer die Unschärfe der Wahrnehmung, desto höher die Wahrscheinlichkeit einer negativen Verzerrung der Gesamtpersönlichkeit des Gegenüber.

Der kreative Umgang der Teilnehmer in der Ansprache von positiven Ladungen, das Umschalten auf andere Kanäle machte deutlich, daß jeder solche Begebenheiten situativ gestalten kann. Gleich einem Pianisten kann man die weißen und schwarzen Tasten zum Klingen bringen und im Umgang miteinander verschiedene Melodien auf der gesamten Bandbreite der Klaviatur ausprobieren. Dieser mit den vorangegangenen Erfahrungen verbundene Gedanke führte zum Bild des „Klaviers der Teilpersönlichkeiten". Das "Klavier der Teilpersönlichkeiten" läßt sich noch weiter differenzieren.

1. Der persönlichkeitsorientierte Ansatz:

Frage nach den individuellen Fähigkeiten, Fertigkeiten und Grenzen.
Frage nach dem Lebensskript, der eigenen Geschichte.
Wo entdecke ich Mieslingsanteile in mir?
Wo bin ich bereit mich zu öffnen?
Wie gehe ich in Konfliktsituationen hinein?

2. Der dialogorientierte Ansatz:

Wie sieht die Klaviatur aus?
Wer und wie ist mein Gesprächspartner?
Kenne ich seine Vorzüge und/oder Nachteile?
Wie kann ich mich auf das Gespräch vorbereiten?
Welche Rolle spiele ich? Welche mein Gegenüber?

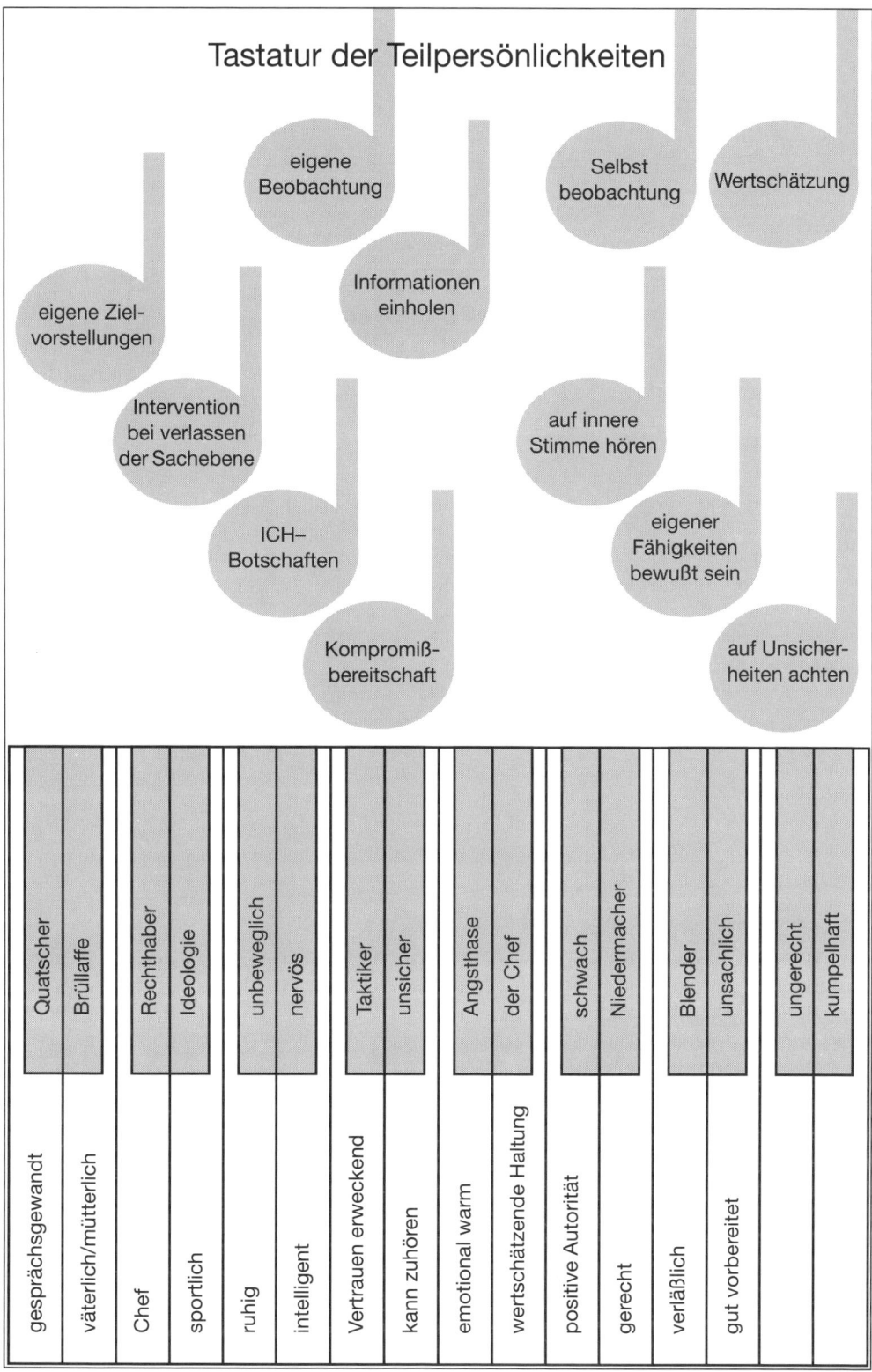

Abb. 9

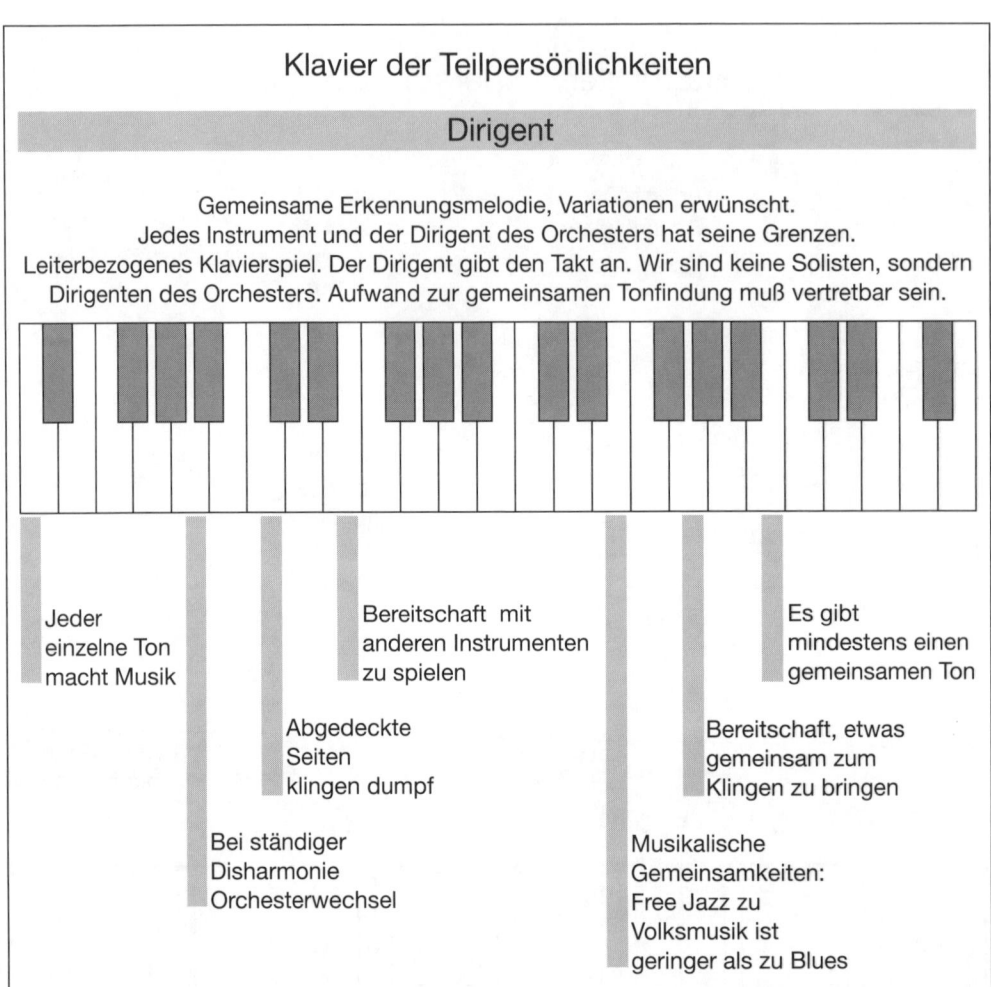

Abb.10

3. Der organisationsbezogene Ansatz:

Wie gelingt es die unterschiedlichen Töne zum Klingen zu bringen?
Ergeben die gemeinsamen Töne eine Melodie, einen Klangraum
oder sind sie disharmonisch?
Wie kann ich mit meinem Klavierspiel die anderen Instrumente zum Klingen bringen?
Welche Musikrichtung ist nicht gewollt?
Nehme ich als Leiter die Rolle des Dirigenten wahr?

Mit dem vorgestellten Denkmodell wird im Sinne des konstruktivistischen Denkens die
Möglichkeit eröffnet, die individuell wahrgenommene Wirklichkeit als ein Konstrukt aus
Teilwirklichkeiten zu erkennen. Um zu begreifen erliegen wir oft der Neigung aus
komplexen Teilwirklichkeiten eine überschaubare Einzelwirklichkeit, z.B. auf der Basis
hervorstechender negativer Eigenschaften eines Menschen, zu konstruieren. Wenn es
nun im Umkehrschluß (wieder) gelingt, die hinter dem Konstrukt liegende komplexe
Realität hervorzuholen, eröffnet sich ein weites Spektrum neuer Handlungs- und Inter-
ventionsmöglichkeiten. Gleich dem Klavier ein nahezu unerschöpfliches Repertoire
von Tönen, Rhythmen, Klangräumen, Stimmungen und Melodien.

126

Checkliste zum Ausfindigmachen von Mieslingen

Unser Miesling

- untergräbt Autorität
- zerstört das Betriebsklima
- tötet Spontaneität
- sucht heute die, die erpreßbar sind
- bewirkt Unzufriedenheit
- sucht Verbündete zum Klüngeln
- sät Mißtrauen
- handelt verdeckt
- intrigiert
- lädt zum Drama-Dreieck ein
- stellt alles in Frage
- hat eine Profilneurose und ein hohes Geltungsbedürfnis
- vertauscht Sach- und Beziehungsebene
- hält sich nicht an Abgrenzungen und Absprachen
- nimmt Spaß und Energie
- fordert Autorität heraus
- zwingt zur Auseinandersetzung
- regt zur Strukturüberdenkung an
- fordert Dynamik heraus
- nimmt uns die Langeweile

Diese Checkliste ist als individuelle Reflexionsgrundlage sowie als Gesprächsgrundlage kollegialer Beratung zu verstehen. Dabei ist die "Miesling" Terminologie im Sinne einer Sprachkonstruktion zu verstehen. Sie soll also keine Einladung zur "Verfolger-Position" sein, sondern vielmehr dazu dienen, neue Kanäle der Kommunikation zu jenen Personen auszuprobieren, die wir zeitweise oder permanent als "Mieslinge" erleben. Wir müssen uns der Fairneß halber vor Augen führen, daß manchmal jene Phänomene im anderen Menschen bekämpft werden, die wir an uns selbst nicht mögen.

Der beigefügte metaphorisch gemeinte Nachruf entstand 1991 in einem Trainingskurs zum Thema "Leitungskompetenz".

Nachruf auf einen Miesling

Seine Anwendung von Gewalt verführte uns selbst oft zur Gewalt, obwohl wir dies nicht beabsichtigen.

Wir nehmen Abschied von einem Mitarbeiter, der uns lange Jahre auf Trab gehalten hat.

Sein unermüdlicher Einsatz im Stören des Betriebsklimas, Tratschen und Klüngeln, Mißtrauen säen, Alles-in-Frage-stellen nahm uns die Luft zum Atmen und häufig auch die Kraft zum Arbeiten und Leiten. Da er nicht alleine arbeiten konnte, hatte er Gleichgesinnte, die nun um seinen Verlust weinen.

Wir nehmen dankbar und mit neuer Energie Abschied. Neben den Angehörigen trauern

die Mitläufer die Angepaßten und seine Verbündeten. Friede seiner Asche!

Wir laden alle herzlich ein, diesen Verlust bei einem Beerdigungskaffee erleichternd zu feiern, um energiegeladen in die Zukunft zu blicken.

6.2.4. Das Zielvereinbarungs-Gespräch

Peter Kriechhammer und Klaus Lumma

Im Zusammenhang eines Teamentwicklungs-Prozesses mit Abteilungsleitern der Fa. EXTERNA Salzburg wurde 1989 ein Arbeitspapier erprobt, das anvisierte, die Mitarbeiterführung mittels eines in möglichst genau terminierten Abständen installierten, interaktionellen Dialogs zu hinterfragen. Alle Mitarbeiter werden über Zweck und Richtlinien der Zielvereinbarungs-Gespräche schriftlich informiert. In diesem Kapitelabschnitt stellen wir die einzelnen Strukturierungselemente in Form von Abbildungen vor.

Zentrale Elemente dieser Vorgehensweise sind:

- Persönliche Ziele des Mitarbeiters und Ziele des Unternehmens werden im Dialog aufeinander abgestimmt.

- Konkrete Zielvereinbarungen werden miteinander ausgehandelt und schriftlich festgehalten.

- Korrekturen, bzw. Ergänzungen sind möglich. Mitarbeiterberatungen werden verabredet. Auch die Korrekturen und Ergänzungen werden schriftlich notiert.

- Zielabstimmungs-Gespräche finden statt. Sie dienen einerseits der Erfolgsreflexion, andererseits haben sie zum Ziel, die allgemeinen Leistungsmerkmale des Mitarbeiters schriftlich festzuhalten.

- Der Mitarbeiter erhält die Gelegenheit, Interessen und Wünsche hinsichtlich seiner beruflichen Weiterentwicklung zu formulieren. Darüber hinaus ist er eingeladen, Kommentare allgemeiner Art zu geben, die wiederum Grundlage weiterer Gespräche mit dem Teamcoach bzw. anderen Vorgesetzten sein können.

Zweck der Zielvereinbarungs-Gespräche

Jeder Mitarbeiter soll bei den Zielvereinbarungs-Gesprächen über die Unternehmensziele und seinen persönlichen Anteil bei der Zielerreichung exakte Informationen erhalten. Dabei sollen soweit wie möglich seine eigenen Zielvorstellungen berücksichtigt werden.

Im Zuge dieser Zielvereinbarungs-Gespräche muß auch über die weitere Entwicklung des Mitarbeiters und über seine Ausbildung gesprochen werden.

Im Zielabstimmungs-Gespräch wird die Zielsetzung mit den tatsächlich erreichten Ergebnissen verglichen, es werden Abweichungen festgestellt, Gründe dafür eruiert und, wenn nötig, werden Maßnahmen für Verbesserungen besprochen.

Richtlinien für die Zielvereinbarungs-Gespräche

Zu Beginn einer neuen Arbeitsperiode einigen sich Vorgesetzter und Mitarbeiter auf die bevorstehenden Aufgaben und zu erzielenden Ergebnisse. Diese Arbeitsziele und ihre Qualitätsmerkmale werden schriftlich fixiert und zum Zeichen des Einvernehmens gemeinsam unterschrieben. Die Unterschrift des nächsthöheren Vorgesetzten liegt in seinem freien Ermessen.

Während der Arbeitsperiode behalten Vorgesetzter und Mitarbeiter die gemeinsamen Vereinbarungen zur gegenseitigen Einsichtnahme bereit. Am Ende einer Arbeitsperiode füllt der Vorgesetzte den Zielabstimmungsteil aus und beschreibt die allgemeinen Leistungsmerkmale.

Nach erfolgter Besprechung des Zielabstimmungsteils mit dem Mitarbeiter faßt der Vorgesetzte das Gespräch zusammen und hält Mitarbeiterwünsche bezüglich Laufbahn und beruflicher Entwicklung fest. Dem Mitarbeiter steht es frei, schriftliche Kommentare dazu abzugeben. In der Regel sollte dies nicht später als 3 Tage nach statt gefundem Gespräch erfolgen. Bringt dieser Kommentar eine Meinungsverschiedenheit zwischen Mitarbeiter und Vorgesetztem zum Ausdruck, muß der nächst höhere Vorgesetzte mit dem Mitarbeiter ein Gespräch führen.

Biographisches zur Zielvereinbarung

Name des Mitarbeiters	Personalnummer	Positionsbezeichnung
Ort	Abteilung	In dieser Position seit
Name des Vorgesetzten		Name des nächsthöheren Vorgesetzten
Datum Zielvereinbarung	Datum Zielabstimmung	Datum Mitarbeiter-beratung

Zielvereinbarungen

Rei-hung	Aufgaben	Erwartete Ergebnisse und ihre Qualitäts-merkmale

Korrekturen/Ergänzungen
Aufgaben, erwartete Ergebnisse und geplante Fördermaßnahmen

Rei-hung	Aufgaben	Erwartete Ergebnisse und Ihre Qualitäts-merkmale

Geplante Fördermaßnahmen	Erwartete Ergebnisse und ihre Quali-tätsmerkmale

_____

Datum

_____

Unterschrift des Mitarbeiters

_____

Unterschrift des Vorgesetzten

_____

Unterschrift des nächsthöheren Vorgesetzten

Zielabstimmung/Leistungsmerkmale

Erzielte Ergebnisse, durchgeführte Fördermaßnahmen und Leistungsmerkmale

Erzielte Ergebnisse und deren Qualität

Durchgeführte Fördermaßnahmen	Erzielte Ergebnisse/Verbesserungen

Zusammenfassung der Leistungsmerkmale des Mitarbeiters

Datum

Unterschrift des Vorgesetzten

Lumma, Teamfibel / Windmühle GmbH Hamburg

Wünsche und Interessen des Mitarbeiters
Berufliche Weiterentwicklung und Kommentare

Wünsche und Interessen des Mitarbeiters im Hinblick auf seine berufliche Weiterentwicklung

Kommentare des Mitarbeiters

_____   _____
Datum   Unterschrift des Vorgesetzten

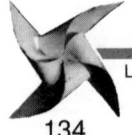

Grau ist alle Theorie (Goethe)
... Das Leben spricht - allein ... nur das Leben
(anon)

6.2.5. Der erfundene Organismus

Ein praktischer Denkansatz für Organisationsentwürfe zu chaotischer Zeit

Fred Massarik

Dieser Beitrag dient dem Bewußtmachen begrifflicher Ungereimtheiten bei dem Versuch, den Zusammenhang zwischen Gruppe, Team und Ihrem Eingebundensein in eine Organisation ausschließlich systemisch bzw. ausschließlich personenzentriert verstehen zu wollen. Um die Bedeutung von Teams im Kontext der gesamten Organisation zu erkennen, wurde die Idee der Metapher vom „erfundenen Organismus" eingeführt.

Darüber hinaus steht dieser Beitrag im Rahmen des Denkens über Kompetenz und Verantwortung: Verantwortung ist eine Pflicht zur Antwort auf die Frage, ob eine gestellte Aufgabe zielentsprechend erfüllt wurde. Sie kann als Phänomen menschlicher Interaktion verstanden werden, weil sie Beziehungen zwischen mindestens zwei Stellen voraussetzt: einer auftraggebenden und einer auftragnehmenden Stelle. Zwischen beiden Stellen wird durch die Erteilung von Kompetenz und Verantwortung ein Regelkreis errichtet. Kompetenz wird in der Hierarchie von oben nach unten erteilt. Die Verantwortung erfolgt demgegenüber von unten nach oben (s. Tannenbaum, Weschler, Massarik).

Auf dem Papier gibt es natürlich bereits vieles, was etwas über die Theorie von Teams und Gruppen in Organisationen aussagt. Aber bezüglich der Umsetzung dieser Theorien in die Praxis dürfen wir getrost fragen: Wie sieht der tatsächliche Einfluß dieser Schriften aufs Managementwesen aus? und: Was lernt der Manager von diesen vielen schlauen Worten? Was bringen sie ihm für die täglich normale Berufsleistung? Was bringen sie ihm für den konkreten Aufbau seiner Projektgruppen und Teams?

Natürlich kann man mit Theorien anfangen, doch sollten wir stets auch den Übergang vom Theoretischen zur Praxis im Auge behalten. Mein Denkansatz vom "erfundenen Organismus" ist von der Idee getragen, diese Umsetzung von der theoretischen zur praktischen Ebene erfolgreicher zu gestalten, indem wir die Metapher des "Organismus" wiederentdecken und im Kontext des Manager- und Organisationswesens zum Einsatz bringen.

Diese Idee als solche ist nicht neu - eine Wiederentdeckung von bereits Dagewesenem. Und ebenso verhält es sich mit der Metapher vom Organisationstierchen.

135

Das hypothetische Organisationstierchen

Seit Jahren schon, und besonders in letzter Zeit, erhalten wir immer mehr Beschreibungen und Erklärungen über das Wesen der Organisation. Manche davon stellen dar, "wie es sein soll" andere, "wie es ist." Auch unsere Metapher vom hypothetischen Organisationstierchen knüpft teilweise an bereits Beschriebenes an, ist also intellektuell, manchmal philosophisch, manchmal auch praktisch in der Schuld bislang gültiger Erklärungsmodelle. Sie präsentiert aber, so darf man hoffen, in einer Art Kurzschrift ein handliches Anschauungsmodell, das die Brücke zwischen Theorie und Praxis bauen könnte. Es ist auch durchaus möglich, aus dieser Methapher Forschungsansätze oder Deduktionsinstrumente abzuleiten.

Warum nun die "Tierchen"-Metapher?

Eine Metapher stellt natürlich ausschließlich einen bildlichen Begriff dar, der beim Durchdenken eines Problems helfen soll. Die Metapher ist eine Als-ob-Fiktion.

Problematisch ist es, daß zahlreiche Erklärungskonzepte systemischer Denkweise ein wenig zu "technisch" und "mechanisch" klingen, insbesondere Teile der "General Systems Theory". (s. Buckley 1968; Von Bertalanffy 1962; Miller, 1978.) Das hängt damit zusammen, daß viele der "praktischen" Manager einfach in diese Denkweise "verliebt" sind - bzw. manchmal auch in die "Verkäufer" solcher Denkarten. Natürlich hat auch die Metapher des "Tierchens" ihre Probleme. Doch ist das Wichtigste daran, daß das Ganze an der Konstruktion eines Organismus erklärt wird und eben wegen dieses Organismus-Konstruktes auch leichter als lebendig, dynamisch und veränderbar erlebt wird (s. Goldstein 1939).

Die Idee des Tierchens verspricht Wachstum, um gegen innere Probleme und auch Probleme der Außenwelt gefeit zu sein. Im organischen Kern des Tierchens sind Denken und Fühlen als Einheit und nicht-gesplittete Ganzheit verstanden, die ausübenden Strukturen werden als Organe und Glieder verstanden, die tatsächliche Arbeit verrichten, um im Leben weiterzukommen.

Mit solcher Sichtweise können wir organische statt technische Begriffe benutzen; statt von Denkstrukturen, können wir von der "Anatomie des Denkens" sprechen. Wir können annehmen, daß die Begriffe "Systemisches Denken" und "Organisches Denken" keine Feinde sind. Dabei ist es wichtig, die beiden zu vereinen und dem Organischen Denken hin und wieder neuen Raum zu geben. Das ist der Grund für die Metapher vom "neu erfundenen" Tierchen, vom "erfundenen" Organismus.

Vielleicht ist es eine wichtige Aufgabe der Manager, für das Gleichgewicht zwischen dem technisch-mechanischen und dem organischen Leben zu sorgen. Von diesem Standpunkt betrachtet ist es wichtig, dieses "neu erfundene Tierchen" nicht bloß als "System" zu verstehen, sondern im Sinne der generellen Theorie vom organischen Leben.

Paradoxe: Der Aufbau des Tierchens

Moderne Flugmaschinen fliegen nicht wie die Vögel. Und moderne Organisationssysteme arbeiten nicht wie bestimmte "klassische" Systeme des 19. Jahrhunderts, vielleicht auch schon nicht mehr wie Systeme vom Anfang des jetzigen Jahrhunderts.

Wenn man die Idee "Organisation" mit einer veränderten Ausgangsperspektive durchdenkt, so erscheinen ältere Modelle - aus heutiger Sicht betrachtet - nicht immer besonders gut funktioniert zu haben. Wenn wir an Neues denken, sollten wir jedoch gleichzeitig die Modelle der Vergangenheit nicht "vergessen", nicht abwerten. Auch ein neues Modell, wie z.B. das heutige Systemdenken, ist ähnlich angelegt wie vorausgegangene Modelle: es benötigt jedoch zusätzliche Begriffe.

Es könnte z.B. hilfreich sein, konzeptionell die Idee eines Amalgams zu entwerfen, das die Frage der "Subsysteme" behandelt, wodurch einige Probleme der Systemtheorie direkt aus der Praxis heraus gelöst werden könnten. Zu viele Subsysteme ins Denken des Managers einzuführen, könnte seine Aufmerksamkeit allzusehr von der Betrachtung des Ganzen ablenken: Man denkt nur an eines, ohne das andere gleich mit zu bedenken. Der Blick für das Ganze kann durch die Sichtweise zahlreicher "Subsysteme" verloren gehen. Man gerät aus dem Gleichgewicht. Wir wollen unter diesem Blickwinkel einige subsystemische Paradoxe ansprechen:

Paradox 1: Die Organisation ist ein Ding, aber nicht nur ein Ding.

Paradox 2: Die Organisation ist ein ökonomisches Gebilde, ein Produktions- und ein Finanzgebilde, aber nicht nur ein solches .

Paradox 3: Die Organisation ist eine Ansammlung von Menschen, eine Verbindung von Menschen, aber nicht nur das.

Paradox 4: Die Organisation ist ein Kulturkomplex, aber nicht nur ein Kulturkomplex.

Vielleicht ist es so, daß verschiedene Organisationstheoretiker und Manager den einen oder anderen dieser Standpunkte als "Lieblingskind" behandeln. Der eine versteht die Organisation hauptsächlich als Ding, als technologisches Gebilde. Der andere jedoch, der zum Beispiel die zahlreichen Bücher zur Organisationskultur kennt, wird die Organisation hauptsächlich als Kulturgebilde beschreiben.

Doch noch einmal zum Vergleich das Phänomen "Flugzeug".

Natürlich würde das Ding nicht fliegen, wenn es ausschließlich so gebaut wäre, wie die Designabteilung oder die Technische Abteilung es skizziert hat; um das Flugzeug wirklich zu erschaffen, müssen alle Subsysteme mit den richtigen Verbindungen ein organisches System ins Leben rufen, in dem einzelne Elemente organisch miteinander verbunden sind. Gewöhnlich nennt man heute diese Ganzheit ein System. Bleiben wir beim Metapherdenken, so könnte man dieses Ganze jedoch zweckmäßig auch als Organismus bezeichnen.

Das vorgeschlagene Hypothetische Organisationstierchen wäre im Sinne subsystemischen Denkens:

1. Ein Ding, also ein technisch-'anatomisches' Strukturelement;
2. Ein Produktionsprozeß, ein ökonomischer und finanzieller Prozeß: das motivierende, biologische Energie austauschende Strukturelement;
3. Eine Menschenansammlung und Menschenverbindung; das Strukturelement mit Zellkörpern und Nervennetzwerken;
4. Ein Kulturgebilde mit vielen verschiedenen Ausdrucksweisen; das Strukturelement des Lebensstils.

Jedes Teil allein und ohne das andere in Gestalt des "synergischen Organismus" ist unvollständig, und doch wissen wir, daß verschiedene Theoretiker und Manager sich in das eine oder andere Teil des Ganzen 'verliebt' haben. Mit der 'rosaroten Brille' des Verliebtseins kann man jedoch nicht die ganze organische Zusammensetzung wertschätzen.

Sie fragen: "Ja, warum sollte denn die Theorie der offenen Systeme nicht genügen?"
In der heutigen Zeit unerwarteten Aufschwunges von Chaotischem innerhalb der Organisationswelt, aber auch innerhalb vieler Individuen, müssen zusätzliche, normative Organisationsmodelle entwickelt werden. Ein bewegungsfähiges mobiles Denkmodell wäre dabei hilfreich.

Das organische Modell könnte als Zusatz zum offenen Systemdenken den heutigen Schnellwechsel aufmerksam wahrnehmen, denn das Organisationstierchen lebt und reagiert auf:

• Umschwung in mancher Großindustrie
• Änderungen im Geschmack und Interesse verschiedener Kundengruppen
• Akzeptanz der Bedeutung ökologischer Gedanken und des Umweltschutzes

Solche Tendenzen lassen ahnen, daß fundamentale Organisationsentwürfe der kommenden Jahrzehnte weder strukturell noch von der Motivation her der klassisch, ausschließlich systemisch gedachten Organisation der Vergangenheit ähnlich sein werden. Daß es so kommen könnte, muß jedoch nicht heißen, die Systemtheorie als vollständig fehlerhaft zu verdammen.

Welche Art "Tierchen" soll das hypothetische Organisationstierchen sein?

Vielleicht denkt man erst einmal an eine Amöbe, ein einfaches Zellengebilde. Doch unser zu entwerfendes Organisationsmodell wird etwas komplizierter sein müssen, als es die Beschreibung der Amöbe zuläßt. Es müßte ein Tierchen sein, das sich sowohl aus inneren, wie aus äußeren Gründen schnell und richtig verändern kann. Hier nun ein paar hypothetische Anmerkungen zum Aufbau des Organisationstierchens:

1. **Der Kern,** des Tierchens stabile Seele.
   Man kann den Kern vielleicht als "Herz" oder "Urherz" beschreiben, als Nervenzentralstelle der Identität des Organisationswesens, als des Tierchens stabile Seele. Der Kern ruht auf tiefen Gefühlen, orientiert sich verbindlich an bestimmten Zielen

und Prinzipien. Hier sind Beständigkeit, Willenskraft und Pioniergeist mit Sendungsbewußtsein angesiedelt (Mission).

2. **Wohin geht das Tierchen?** Praktische Zielvorstellungen.
Seine Zielvorstellungen sollten als operationalisierbare Werte und Identitätsausdrücke direkt vom Kern kommen. Dies wären die "Kernziele". Sie kommen von innen und wirken nach außen. Andererseits müßte es möglich sein, daß auch die Veränderungen der Außenwelt auf den Kern bzw. die Ziele des Kerns Einfluß nehmen könnten.

3. **Ausübende Strukturen:** des Tierchens Glieder.
Kern und Zielsetzungen müßten direkt, *schnell und verantwortlich* in des Tierchens Glieder gelangen, um dort die Handlungsebene zu steuern. Diese "ausübenden Strukturen" sind technologischer, ökonomischer und finanzieller Art. Vor allen Dingen sind sie menschlich eng miteinander verbunden. Im Sinne der Metapher vom Tierchen gesprochen: Hier arbeiten Anatomie, Lebensenergie, Nervennetzwerke und Zellkörper eng zusammen, um die Glieder zu bewegen. Obwohl zu verschiedenen Zeiten verschiedene Linien dieser Strukturen strategisch in den Vordergrund kommen, bleiben die Verbindungen dieser Strukturen von durchgehend hoher Wichtigkeit.

4. **Das externe Einflußfeld:** des Tierchens Umwelt.
Die Existenz des Tierchens ist an ein externes Einflußfeld, an sein "Revier" gebunden. Des Tierchens interne Impulse werden in seinem externen Einflußfeld als seine "Produkte" und "Erfolge" sichtbar. Zwischen dem externen Einflußfeld und dem internen besteht eine direkte Feedbackschleife (vom systemtheoretischen Standpunkt aus ähnlich angelegt, wie bei der "Input-Output" Situation). Im externen Einflußfeld sind die verschiedenen variablen und miteinander in Verbindung stehenden Teile des "Publikums", mit denen sich das Tierchen beschäftigen muß, die für Nahrung sorgen, aber auch konkrete Erwartungen an das Tierchen stellen, die Freunde sind, aber auch Feinde.

Wir sprechen hier von externen "Stakeholders" und von "Betroffenen", die wiederum direkt auf die inneren "Stakeholders" und "Betroffenen" einwirken. Mit schnellen Veränderungen in den Stakeholders und Betroffenen muß es möglich sein, daß auch die Zielsetzungen, die Strukturen des Tierchens - und vielleicht auch der Kern sich ändern, damit sich alle diesen Veränderungen anpassen können. Dazu sind Informations-, Aktionsfluß und Veränderungen auf allen Ebenen notwendig. Und bei diesem Tierchen können wir informationsintensive Systeme, offene Augen und ein höchst aufnahmefähiges Nervensystem erwarten.

Ständig wird sich alles in einem Prozeß der gegenseitigen Einflußnahme befinden. Es gibt einen Fluß von innen nach außen. Vom Kern, von den Zielen und Strukturen geht ein Fluß nach außen, zugleich findet ein Gegenfluß des externen Energiefeldes statt. Wir können dann nicht mehr von einem Hintereinander der Ereignisse sprechen, sondern vielmehr von einer Art Synchronizität. Eine Erkenntnis aus der Gestalttheorie, die schon seit Jahren etabliert ist.

Man kann die Gestalt nicht "zerstückeln". Sie muß als Einheit begriffen werden. Das Aufteilen und Anschauen von einzelnen Bestandteilen ohne Bezug zum Ganzen kann nur als eine Art pragmatischer Abkürzung verstanden werden.

Das Organisationstierchen als Amöbe?

In unserer Phantasie können wir durchaus mit der Amöbe als Organisationstierchen anfangen, doch nicht damit aufhören. Im Zentrum steht der Kern (Herz, Seele, Hauptziel, Mission, Zentralwerk etc.). Hier ist langfristig das zentrale Nervenzentrum, der Denk-, Fühl- und Planungs-"Apparat" des Organismus angesiedelt. Der Kern ist aber nicht nur Gehirn. Ohne Kern als integrierende Quelle des Zwecks und der Identität der Organismus-Ganzheit hat alles andere, wie z.B. die detaillierten Ziele oder die verschiedenen Einzelstrukturen, keinen ernsten Sinn. Dieser Kern ist aber auch veränderbar: als Folge tiefer Bearbeitung und durch intensives Durchdenken und Durchfühlen der zentralen Organismusansätze.

Vom Kern beginnt der Fluß der praktischen Ziele: Wohin geht das Tierchen heute und morgen? Diese Ziele sind die ausschweifenden Bewegungen der Materie, des Stoffes der Amöbe. Die Ziele sind das Nerven- und Zellmaterial, das vom Kern aus auf eine der nächsten äußeren Schichten fließt.

Die Ziele des Kerns sind leichter veränderbar als der Kern selbst; sie reagieren harmonisch auf die Forderungen des externen Energiefeldes; sie disharmonieren keinesfalls mit diesen Forderungen, mit dem Erfordernis der Lage.

Zielsetzungen sollten leicht und zweckmäßig rekonstruierbar sein, wenn dies notwendig ist; so wie die Amöbe "pseudopods" hin- und herschicken kann, um Nahrung einzunehmen. In enger Verbindung mit den Zielen, die in Wechselwirkung mit dem externen Energiefeld stehen, kommen dann die Strukturen, die anatomischen Veränderungen (Form folgt Zweck). Das ist theoretisch leicht gesagt, doch nicht leicht in die Praxis umsetzbar. Denn manchmal versuchen die Teilstrukturen ein Eigenleben außerhalb des Zweckes und wollen damit vom Kern abwandern. (An diese Stelle gehört der Begriff "Suboptimization") Wenn solche nicht mit dem Kern verbundenen Teilstrukturen nur auf sich selbst bezogen leben, kann natürlich der ganze Organismus zerfallen. Doch wenn sich im Gegenteil die Teilstrukturen mit dem Zweck des ganzen Organismus beschäftigen, wie es z.B. die "Qualitätszirkel" tun, dann können solche Teilstrukturen-Prozesse dem Ganzen nur dienen (Crocker u.a. 1984).

Organigramme neigen dazu, menschliche Strukturen erstarren zu lassen. Sie können mit Leichtigkeit eine Art "Verkalkung des Organismus" bewirken. Auf der anderen Seite kann es auch ein Problem werden für den Organismus, große Teile der Strukturen plötzlich einfach abzuschneiden. Ich spreche hier die Probleme des "downsizing" oder "rightsizing" an. Manchmal treten nach einem solchen "Schnitt" Schäden in der Wirksamkeit und Lebensqualität des Organismus auf.

Anatomischen Strukturen, wie das Menschliche, das Ökonomische, das Finanzielle und das Technologische (Informatik inbegriffen), können als organische Bestandteile dem Organisationstierchen höchstmögliche Abänderungsfähigkeiten einflößen. Um dies möglich zu machen, müssen die Strukturen ihre Form analog dem Protoplasma der Amöbe abändern können, um den Forderungen verschiedener Teile des externen Energiefeldes gerecht zu werden. Es muß also einen Kreislauf von internen Ressourcen und externen Resultaten geben, wie es schon die Systemtheorie erklärte. Dieser Kreislauf ist allerdings für das Leben und Überleben des Tierchens notwendig.

In der Unternehmenssprache ist hier der Zusammenhang zwischen interner Zielsetzung, internen Ressourcen, Strukturen und den externen Umständen, dem Markt, angesprochen. Und vom Standpunkt des Tierchens gesehen, muß man sich vorstellen können, daß Struktur und Verhalten des Tierchens flexibel sind, um in der Umwelt erfolgreich schaffen zu können, jedoch ohne den inneren Kern als Ressourcen-Potential zu verlieren.

Kann der Kern sich verändern?

Wir sprachen bereits davon und rufen es jetzt ins Gedächtnis zurück. Auch der Kern kann sich ändern, in den meisten Fällen langsam und auf jeden Fall nur durch intensive Innenarbeit; man kann sagen, daß beim Kern die Veränderung nur durch neues Durchdenken der fundamentalen Werte und Zweckbestimmungen geschieht.
Eines der Hauptprobleme des Organisationslebens ist die Frage, wie sich die Organisation grundsätzlich ändern kann; oder:
- Kann ein alter Hund neue Tricks lernen?; oder:
- Kann das Zebra vielleicht seine Streifen in blaue und gelbe Punkte umwandeln?

Wir sprechen von Phänomenen wie Evolution, Revolution oder Transformation, von zweckmäßiger Neustrukturierung und vom Funktionswandel. Dieser Tage wird viel über Kultur und Kulturveränderung gesprochen, über Vision und Visionsveränderung. Doch es wird nur wenig darüber gesprochen, wie die Entwicklungsprozesse aussehen könnten, die solche Veränderungen einleiten.

Wie kann sich der Kern verändern?

Er kann sich nur von oben herab nach unten ändern, begonnen an der Spitze der Hierarchie. Eingeläutet werden kann der Veränderungsprozeß mittels tiefer, eindringlicher Denkphase; man könnte auch sagen, durch Meditation über die Prioritäten des neu zu konstruierenden Organismus. Es wird dazu etwas noch viel Intensiveres benötigt als Workshops, Seminare und Klausuren (retreats). Tiefen-Durcharbeit und Tiefen-Neudenken werden dabei eine entscheidende Rolle spielen. Das "Tierchen" muß sich dazu vielleicht in eine Höhle zurückziehen können und dort möglicherweise gemeinsam mit anderen Tierchen eine neue Lebensweise entwerfen.

Etwas weiter unten in der Hierarchie, tiefer in des Tierchens Struktur, könnte man auch an die "grassroot revolution" denken, an friedliche Massenphänomene, wie den endgültigen Abbau der Berliner Mauer oder die Privatisierung in den Ländern des Ostblocks. Das notwendige Tiefen-Neudenken kann kein Denken im ausschließlich logischen Sinne sein. Es gehören die tiefen emotionalen und empfindungsmäßigen Prozesse mit dazu. Dieses "Denken" ist nicht mehr zu vergleichen mit der Art des Denkens, das frühere Systeme regulierte.

Was ist mit der Selbst-Veränderung des Tierchens?

Analog Transformationen und Wiedergeburt (Reinkarnation) der indischen Mythologie kann sich unser hypothetisches Tierchen fundamental neu erschaffen und muß keine Evolution abwarten. Es kann vom Zebra zum Kamel werden, wenn dies notwendig wird, um z.B. aus der Steppe kommend auch in der Wüste weiterleben zu können, und natürlich umgekehrt. Aber solche Verwandlungen hängen, wie bereits zuvor besprochen, vom Urherzen ab. Sie geschehen nie ohne wirklichen Grund, nie mit Quasi-Grund. Sie geschehen als Konsequenz aus der Verbindung von tiefem Denken, tiefem Fühlen und hoher Entschlußkraft. Alle diese Prozesse finden nicht isoliert statt, sondern sie spielen sich interaktionell in der Innenwelt und der Umwelt ab, in der das Tierchen lebt.

Die Verwandlung entsteht durch wirkliches Zusammenfließen der ganzen Anatomie des Organismus. "Kultur" kann man nicht durch Befehle von oben nach unten auf eine andere Ebene bringen. Solche Änderungen müssen so durchdringend verarbeitet werden, daß jeder einzelne Bestandteil die Ganzheit, das Wesen des Kerns versteht und verarbeitet.

Und wie geht es weiter?

Zentrales Merkmal der Initialzündung bzgl. Struktur und Veränderung des Tierchens ist ein Prozeß. Dabei ist klar, daß ein Prozeß nicht immer nur aufwärts geht, und daß er nicht immer nur linear eingleisig verläuft. Das Wichtigste ist, daß er lebendig vorankommt, daß er nicht erstarrt. Der Maßstab für Erfolg ist von daher auch nicht immer derselbe, und man kann nur noch auf einen bestimmten Zeitpunkt hin sagen, ob das Tierchen "erfolgreich" ist. Beispiele dafür sind in dem Buch "Auf der Suche nach Spitzenleistungen" (Peters & Waterman 1993) angesprochen, in dem die Autoren deutliche Nachweise darüber führen, daß ein Erfolg für den Zeitpunkt A nicht unbedingt Erfolg für den Zeitpunkt B voraussagt. Es ist auch verständlich, daß manche Tierchen länger leben als andere, daß die einen durch ihre Lebensarbeit mehr erreichen als andere.

Über-leben und im Prozeß etwas er-leben, das sind Phänomene, die in Zukunft auch mit dem Etikett "Erfolg" versehen sein können. Über-leben und Er-leben sind zudem genügend bedeutsame Phänomene, die einen praktischen Denkansatz für Organisationsentwürfe zu chaotischer Zeit als notwendig erscheinen lassen. Dieser Beitrag soll dazu anregen, sich in den Feldern der Team-, Gruppen- und Organisationsentwicklung einer „organismischen" Denk- und Ausdrucksart zu bedienen, bei der Form und Inhalt möglichst gut zueinander passen.

Drei theoretische Modelle im Vergleich

	Das System-Modell	Das Gestalt-Modell	Das Modell des erfundenen Organismus
Grund Metapher	eine (möglicher- aber nicht notwendigerweise) mechanistische Metapher	holistisches Muster, Wahrnehmungsmetapher	Metapher eines lebendigen Organismus
Beziehung zwischen den „Teilen" und dem „Ganzen"	Miteinander verbundene Bestandteile interagieren in einer vorbestimmten Art u. Weise, wobei jedes Be-standteil bzw. Subsy-stem auch jeweils einzeln un-tersucht werden kann.	Submuster funktionieren im Kontext des Gesamtmu-sters und leiten aus diesem Zu-sammenhang ihre eige-ne Bedeutung ab. Diese Be-deutung soll immer im Kon-text verstanden wer-den.	Verhält sich ähnlich dem Sy-stem- und auch dem Ge-stalt-Modell; berück-sichtigt außerdem noch zu-sätzlich die biologische und organi-sche Beschaffenheit von Subentitäten und -mustern sowie deren Inter-aktionen.
Interne Verände-rungsprozesse	Die Veränderung eines Bestandteils kann sich auf eine oder mehrere Subsy-steme, bzw. auch auf das gesamte System auswir-ken, wobei das Ausmaß der Auswirkung jeweils unterschiedlich ist.	Die Veränderung eines Sub-musters kann, aber muß sich nicht auf die wahr-nehmbare Beschaf-fenheit des Gesamtmusters auswir-ken. Das Ausmaß dieser Auswirkung ist ab-hängig von der Bedeutsam-keit des jeweiligen Submu-sters.	Die Veränderung eines (bio-logisch bzw. organi-schen) Submusters wirkt sich ob-jektiv und/oder subjektiv, aus dem spezifi-schen Er-leben des Orga-nismus, zwangsläufig (positiv oder negativ) auf den gesamten lebendigen Organismus aus.
Teleologie/Ziele Richtung	Teleologie/Ziele werden extern definiert; Revisio-nen können entweder ei-ne Umgestaltung oder ei-ne von außen geleitete Re-programmierung er-forderlich machen.	Teleologie/Ziele sind nicht vorgegeben, sondern erge-ben sich aus den auftau-chenden, vom externen Be-trachter wahrgenommenen Mustern.	Teleologie/Ziele werden fortlaufend von dem leben-di-gen Organismus selbst defi-niert; Redefinition der Ziele geht Hand in Hand mit den sich weiterentwickeln-den Fähigkeiten des Orga-nis-mus.
(Über-) Lebens-weise	input - „thru"-put - output / Ressourcen - Verarbei-tung - Ergebnisschema; Außerdem aktivieren Rückmeldungs-Schleifen das mechanistische Sy-stem normalerweise in-ner-halb der vorbestimm-ten Teleologie bzw. ge-setzten Ziele.	Das holistische Muster **exi-stiert** in sich selbst; Anfor-derungen bezüglich seiner Veränderung oder seiner spezifischen Erscheinungs-art werden im Rahmen sei-ner eigenen Parameter nicht gestellt.	Das Überleben des leben-digen Organismus setzt so-wohl externe Ressourcen, als auch die Fähigkeit, die-se zu verarbeiten, voraus. Der lebendige Organismus exis-tiert im Kontext be-stimmba-rer Teleologie und Ziele, so-wie im Kontext interner und externer biolo-gischer Reak-tionen (kognitive, emotionale etc.)

Fortsetzung `theoretische Modelle´

Veränderung des Gesamtmodells	Systemveränderung wird extern eingeleitet bzw. verursacht.	Abhängig von der Art des externen Beobachters kann sich die Wahrnehmung des Musters verändern.	Veränderung wird fortlaufend, sowohl intern als auch extern, induziert.
„Reparieren" oder „in Ordnung bringen"	Das Reparieren geschieht "teilbezogen", d.h. je nach Bedarf werden bestimmte Teile des Systems in Ordnung gebracht.	„Reparieren" ist in diesem Modell kein Thema, denn die Gestalt bleibt wie sie ist.	Sofern ein Teil des Organismus der Reparatur bedarf, wird der gesamte Organismus im Sinne der Ganzheitlichkeit angesprochen.

7. Fallbeispiele

*"Wo alle unter den falschen Entscheidungen zu
leiden haben, haben alle das Recht darauf, an
den Entscheidungen mitzuwirken."*
(Karl Steinbuch 1968, S.154)

In diesem Kapitel finden Sie einige Beispiele, in denen das Leittext-System (bzw.
Leittext-Methode) zum Einsatz gekommen ist. Es handelt sich dabei sowohl um den
industriellen Bereich als auch um jenes Feld, das mit dem Begriff "Sozialmanagement" umrissen wird. Verwandlungen mittels tiefem Denken, tiefem Fühlen und
hoher Entschlußkraft gemäß den Anregungen Fred Massariks wurden in beiden Ein-
satzfeldern bereits eingeleitet. Wenn auch bei weitem noch nicht alle Hürden genommen sind, zeigt die Erfahrung allerdings, daß solche Verwandlungen tatsächlich nur
funktionieren, wenn sie von oben nach unten stattfinden, nicht als 'schickes facelifting',
sondern als existentiell notwendiger Entwicklungsprozeß mit organischem Aufbau.
Wer sich auf ein solches Unterfangen eingelassen hat, weiß, daß mit Hürden in Form
von "monolithischen Gebäuden" gerechnet werden muß, daß Rückzugszeiten mit ein-
geplant werden müssen, und daß tatsächlich noch etwas viel Intensiveres benötigt
wird, als Workshops, Seminare und Klausuren.

Es braucht die tiefe Bereitschaft verantwortungsbewußter Menschen, im gemeinsamen Lernprozeß (in search of excellence) etwas Neues zu entwerfen. "Änderungen
müssen so durchdringend verarbeitet werden, daß jeder einzelne Bestandteil die
Ganzheit, das Wesen des Kerns (emotiv) versteht und verarbeitet", so Fred Massarik.

Mit allen Autoren dieses Kapitels teile ich die oben beschriebenen Erfahrungen und
das Bewußtsein um die Notwendigkeit des Tiefen-Neudenkens, das emotionale und
empfindungsmäßige Prozesse (Affektlogik) mit analytischen Denkprozessen (Intel-
lektlogik) als einen Ganzheitsprozeß der gegenseitigen Einflußnahme begreift. Mit den
Autoren verbindet mich auch die Gemeinsamkeit des Erprobens der verschiedenen
Veränderungsinstrumente (Leitinformationen und Leitskizzen), die in diesem Buch dokumentiert sind. Wir alle wissen, daß zu Veränderungsprozessen, wie sie mit dem
Leittext-System eingeläutet werden, tiefere Schmerzen und große Freude, Ebbe und
Flut, hell und dunkel dazugehören.

Wir möchten mit diesen Beiträgen anderen Mut machen, die Weiterentwicklung der
uns Menschen anvertrauten Organismen mittels konstruktiv verantwortlicher Interak-
tionsformen in die Hand zu nehmen und nicht passiv die nächste Evolution abzuwar-
ten. Zum Abschluß erinnere ich an das Eingangszitat von Karl Steinbuch aus seinem
immer noch aktuellen, aufrüttelnden Buch "Falsch programmiert".

7.1. Leittext bei Mercedes-Benz

Fritz Gairing

Vorab

Daß Mercedes-Benz mit der Erfindung des Automobils in Verbindung gebracht wird, gehört nicht nur in einschlägigen Kreisen zum Einmaleins der Allgemeinbildung. Daß aber auch die Entstehung der Leittext-Methode eng mit Mercedes-Benz verknüpft ist, ist sicher nur besonders eingeweihten Bildungsfachleuten bekannt. Doch dazu später mehr...

Die Aufgabe meines Beitrages sehe ich darin, Ergebnisse, Impulse und Gedanken des Leittext-Systems, seine Möglichkeiten und Grenzen in der aktuellen Bildungsarbeit bei Mercedes-Benz darzustellen.

Es begann in Gaggenau

Die Reformpädagogen der zwanziger Jahren hatten die Idee als erste: Leittexte für den Schulunterricht. Wie viele gute Ansätze, so versandete auch dieser in den Mühlen der Schulorganisation. Die Entwicklung der heute aktuellen Form der Leittext-Methode ist untrennbar mit dem Namen Gaggenau verbunden. Eine Passage im Sammelband des Bundesinstituts für Berufsbildung zum Thema beschreibt die "Geburt" der Leittext-Methode sehr anschaulich:

"In Gaggenau, einer kleinen Stadt am Schwarzwaldrand, liegt ein Zweigwerk der Daimler-Benz AG...Dort war man bereit, eigene Wege in der Ausbildung zu gehen. Um die Motivation der Auszubildenden zu fördern, wurde als Ersatz für den Grundlehrgang Metall eine Dampfmaschine konstruiert. Die Herstellung dieser Dampfmaschine beinhaltet alle Fertigkeiten des ersten Ausbildungsjahres. Die erhoffte Motivation trat auch ein und die Auszubildenden waren mit großem Eifer bei der Sache. Ein Problem entstand jedoch durch die unterschiedlichen Arbeitsgeschwindigkeiten... Deshalb entstand die Idee, alle Ausbilderunterweisungen als Tonbildschauen aufzuzeichnen. Zusätzlich wurden zwei dicke Ordner mit speziellen Arbeitsanweisungen zusammengestellt. Damit konnte sich jeder Auszubildende jederzeit selbst unterweisen. So wurde aus der Not der unterschiedlichen Arbeitsgeschwindigkeiten die Tugend der individuellen Förderung... Damit war die Leittext-Methode geboren, auch wenn das Kind noch nicht diesen Namen hatte." (Bockelbrink, Jungnickel u.a.; 1990, S. 61)

Die Neuordnung der Metall- und Elektroberufe

Die Neuordnung der Metall- und Elektroberufe im Jahr 1987 war die formale Zäsur für ein tiefgreifendes Umdenken in der Methodik der betrieblichen Aus- und Weiterbildung. Nach zum Teil zähen Verhandlungen zwischen den Sozialpartnern wurden mit Gültigkeit zum 1. August 1987 die Berufsbilder der industriellen Metall- und Elektroberufe radikal verändert. Es folgten 1989 die handwerklichen Metall- und Elektroberufe und 1991 auch kaufmännische Ausbildungsberufe. Neben völlig neuen und sehr differenzierten Berufsbezeichnungen wurden durch die neuen Ausbildungsordnungen auch die inhaltlichen Anforderungen an die Qualifikation der zukünftigen Mitarbeiter neu definiert:

An die Stelle der Vermittlung bloßer professioneller Fertigkeiten und Kenntnisse ist das Ziel gesetzt worden, zur "qualifizierten Tätigkeit" auszubilden. Näher bestimmt wird diese Zielvorgabe dann durch den Zusatz, dies bedeute vor allem die Fähigkeit zu "selbständigem Planen, Durchführen und Kontrollieren" von Tätigkeiten. Diese bescheiden klingende Formulierung war das Herzstück der neuen Ausbildungsordnungen. Damit war der Anspruch formuliert, Ausbildung müsse jenseits von Fertigkeiten und Kenntnissen eine neue ganzheitliche Form von Qualifikation ermöglichen. Neben den in den Prüfungsvorschriften geforderten "Prozeß- und Verhaltenskompetenzen" wurde hiermit die Methodendiskussion über extrafunktionale Qualifikationen und Schlüsselqualifikationen in der Berufsausbildung kräftig angeschoben. (s. IHK Ausbildungsverordnungen 1987, § 3, Abs. 4)

Herausforderungen durch eine veränderte Arbeitswelt

Die Formel von der Fähigkeit zu selbständigem Planen, Steuern und Kontrollieren ist letztendlich der Versuch, die Ansprüche und Herausforderungen der veränderten betrieblichen Arbeitsrealität angemessen zu beantworten. In den Betrieben hatte dieser Veränderungsprozeß längst begonnen und auch bereits in der betrieblichen Bildungsarbeit methodisch Wirkung gezeigt. Hintergrund dieser Entwicklungen waren die rasanten technologischen und organisatorischen Veränderungen in den Industrieunternehmen. Sie hatten für die betriebliche Bildung zwei wesentliche Konsequenzen:

1. Die "Halbwertzeit" der erlernten Fertigkeiten eines Mitarbeiters verkürzte sich durch diesen rasanten Entwicklungsprozeß rapide; d.h. das Wissen der neu ausgebildeten Mitarbeiter war bereits nach kurzer Zeit veraltet und mußte nachgeschult werden.
2. Das notwendige "Handwerkszeug" für einen in seiner Profession kompetenten Mitarbeiter hatte sich verändert: Für hochflexible und automatisierte Fertigungsprozesse waren vorausschauende, in Systemen denkende und planende, vor allem selbstverantwortliche Mitarbeiter notwendig. Das Modell des megatayloristischen Befehlsempfängers war in diesen Arbeitskonstellationen unbrauchbar geworden.

**Wohin leiten Leittexte oder
wer Selbständigkeit will, muß Selbständigkeit gewähren**

Die Vorgaben der neugeordneten Berufsbilder und noch mehr die Herausforderungen der industriellen Arbeitsrealität fordern von den (zukünftigen) Mitarbeitern Selbstverantwortung und Selbständigkeit. Dieser auf den ersten Blick bescheidene und beinahe triviale Anspruch entpuppt sich bei genauerem Hinsehen - und vor allem beim Versuch, ihn in die Ausbildungspraxis umzusetzen - als Herausforderung von bedeutender Dimension. Denn Selbständigkeit, z.B. beim Planen, Steuern und Kontrollieren der eigenen Arbeit, setzt neben den grundsätzlichen fachlichen Kenntnissen und Fertigkeiten Kompetenzen im methodischen und, noch wichtiger, auch im sozialen Bereich voraus. Die "Vermittlung" dieser Kompetenzbereiche läßt sich jedoch mit gängigen

Ausbildungsmethoden wie der Vier-Stufen-Methode oder dem Lehrgespräch nicht oder doch zumindest nicht hinreichend erreichen. Das heißt: Für das Ausbildungsziel "Selbständigkeit" bedarf es neuer Methoden, die integriert in den Ausbildungsablauf neben fachlichen und methodischen auch und besonders soziale Fähigkeiten unterstützen.

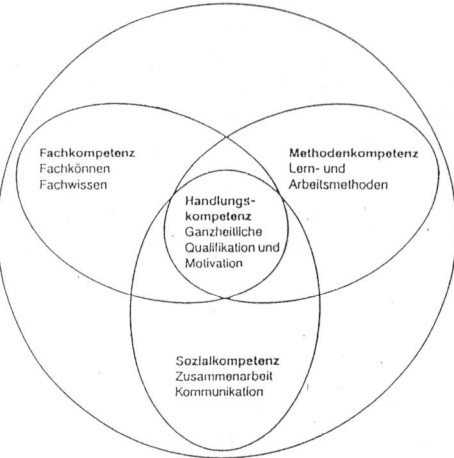

Abb.11: Die Schnittmenge der Handlungskompetenz

Der grundlegende didaktische Anspruch an solche Methoden lautet, daß Selbständigkeit und Selbstverantwortung als wesentlicher Teil personaler und sozialer Kompetenz nicht durch kognitiv-intellektuelle Unterweisung erreicht werden kann, sondern nur durch Methoden, die das selbständige Handeln des Lernenden in weitestmöglichen Freiräumen ermöglichen - dies ist eine zentrale Dimension der neuen Ausbildungsmethoden. Auf einen umgangsprachlichen Nenner gebracht bedeutet dies: Wer Selbständigkeit will, muß Selbständigkeit gewähren.

Leittexte haben genau an dieser Stelle ihre ganz besondere methodische Bedeutung. Das eigenverantwortliche Lernen mit der Möglichkeit, die eigene Lerngeschwindigkeit selbst zu bestimmen, die eigene Motivation ohne permanenten Außendruck selbst zu fördern (oder auch nicht), gibt einem Lernenden den notwendigen methodischen Freiraum, die Chancen - und die Risiken - der nicht permanent fremdgesteuerten Lernsituation selbstkritisch zu reflektieren und anhand der daraus abgeleiteten Erfahrungen selbständig zu lernen. Lernen mit Leittexten fördert selbständiges Lernen von Selbständigkeit.

Die BIBB-Wissenschaftler nennen dieses Spezifikum der Leittext-Methode das "Modell vollständigen Handelns". Demnach sollen "...vollständige Handlungen...Lern-prozesse dadurch fördern, daß die Vorstellung von einer Tätigkeit durch die Kontrolle der Tätigkeit abgesichert und korrigiert wird. Das Modell der vollständigen Handlung ist gleichsam zum Markenzeichen der Leittext-Methode geworden, weil es den äußeren Ablauf der Arbeit mit Leittexten beschreibt.... Die...Stufen des Modells der vollständigen Handlung sind aber zugleich auch die äußere Ummantelung des reflexiven Subjekts. Nach dieser Vorstellung kann sich ein hypothesentestendes Denken nur entwickeln, wenn in der Realität auch eine Überprüfung der gedanklichen Vorstellungen möglich ist" (Bockelbrink, Jungnickel u.a.; 1990, S. 71)

Lernen mit Hirn, Herz und Hand

Die didaktische Grundaussage - Lernen mit Hirn, Herz und Hand - ist eine wesentliche Prämisse in der Ausbildungsmethodik bei Mercedes-Benz und von besonderer Relevanz auch für das Leittext-System. Eine ganzheitliche Qualifikation, die fachliche, methodische und soziale Kompetenzen umfaßt, läßt sich heute nicht mehr durch "eindimensionale" Lernformen vermitteln. Neben den durchaus verdienten Methoden der Unterweisung und Vermittlung von Fachinhalten kommen aktivierenden Methoden, die den Lernenden zu eigenständigem Handeln befähigen, zunehmend größere Bedeutung zu.

Dies bedeutet auch den Abschied von der mechanistischen Zergliederung und Isolierung von Lerninhalten. Es kann heute nicht mehr darum gehen, Lerninhalte in Form von Instant-Dosierungen ohne die übergreifenden Verbindungen dieser Inhalte in isolierten Portionen zu verabreichen. Vielmehr ist es notwendig, den Blick und die Sensibilität für Systemzusammenhänge, für Kausalketten und für Entwicklungsprozesse zu schärfen. Dazu bedarf es einer methodischen Strategie, die den Primat einer rational-kognitiven Vermittlung überwindet und auch psychomotorische und affektive Lerndimensionen einbezieht.

Dieses Lernen mit Herz, Hirn und Hand, das bereits Friedrich Pestalozzi wegweisend postulierte, gilt auch heute in Bildungskreisen als absolute Selbstverständlichkeit. Nur ist in der Bildungspraxis davon nicht viel zu sehen. In allen Schulformen - von unten nach oben deutlich und prekär ansteigend - haben sich die rational-kognitiven Lernformen beinahe monopolistisch etabliert. Von der "Hochschuldidaktik" ganz zu schweigen. Auch die Einrichtungen des tertiären Bildungsbereichs haben sich bislang weitgehend an dieses unausgesprochene Gesetz des "intellektuellen Primats" gehalten. Die Anforderungen der industriellen Arbeitsrealität sowie der neuen Ausbildungsordnungen fordern hier dringend ein Umdenken: Weg von eindimensionaler Kenntnisvermittlung - hin zu situativer Handlungskompetenz .

Diesen Anspruch, das Lernen ganzheitlich auf die intellektuellen aber auch die emotionalen und motorischen Fähigkeiten eines Menschen bezogen zu gestalten, kann und soll die Leittext-Methode einlösen. Doch dazu müssen Leittexte als Impulse für aktives Lernen durch Handeln verstanden und genutzt werden.

Leittexte in der betrieblichen Bildungspraxis oder
wenn Auszubildende neu lernen sollen, müssen erst die Ausbilder neu lernen

Wenn neue Lernziele erreicht und neue Lernmethoden angewendet werden sollen, dann müssen vorab und zuallererst die Ausbilder neu qualifiziert werden. Und dabei kann es nicht nur um neue methodische oder fachliche Inhalte gehen. Wenn die Formel stimmt, daß "wer Selbständigkeit will, auch Selbständigkeit gewähren muß", dann kann die Qualifizierung der Ausbilder dabei keine Ausnahme machen. Im Gegenteil: Für die aktive methodische Gestaltung von selbstgesteuertem Lernen ist es notwendig, eigene Erfahrungen mit solchem Lernen gemacht zu haben.

Deshalb hat die Umsetzung der Leittext-Methode bei Mercedes-Benz einen wichtigen Platz im betriebsinternen Ausbilder-Qualifizierungsprogramm. Dabei geht es nicht so sehr um eine Vermittlung der theoretischen Inhalte des Leittextansatzes. Vielmehr stehen die eigenen Erfahrungen mit selbstgesteuerten Lernformen im Vordergrund. Dem entspricht auch ein grundlegender Anspruch dieses Ausbilder-Qualifizierungs-programms: die Identität von Form und Inhalt. Es wäre nämlich einfach paradox (...und ist doch in vielen Bildungseinrichtungen immer noch vorherrschende Praxis), wenn die Vermittlung von teilnehmeraktivierenden Lernmethoden durch einen Vortrag oder andere lehrerzentrierte Methoden geschehen sollte. Außerdem sind wir der Überzeugung: Nur wer die eigene Sozialkompetenz kritisch reflektiert hat, kann ande-re in der Entwicklung zu mehr Sozialkompetenz unterstützen. Nur wer durch das Erle-ben von eigenen Arbeitsprojekten das Auf und Ab der Motivation erlebt hat, kann Lernszenarien gestalten, die die methodischen Freiräume für selbstverantwortliches und handlungsorientiertes Lernen ermöglichen. Nur wer seine eigene Selbständigkeit selbstkritisch hinterfragt, kann die Selbständigkeit gewähren, die notwendig ist, um Selbständigkeit zu erlernen. Und dieses neue Selbstverständnis des Ausbilders ist ei-ne der grundlegenden Voraussetzungen dafür, daß selbststeuernde Methoden ange-messen und kompetent eingesetzt und begleitet werden.

Entsprechend diesem Grundverständnis haben wir eine vierstufige Bildungsreihe aus-gearbeitet, in der jeder Ausbilder durch aktive Mitgestaltung der Seminarblöcke und durch das Bearbeiten eines Lernprojekts für seinen eigenen Lernprozeß verantwortlich ist. Die Qualität und Effizienz der Leittext-Methode - davon sind wir überzeugt - steht und fällt mit der Sensibilität und Überzeugung, mit der der Lehrende, in unserem Fall also der Ausbilder, die Grundhaltung von Selbstverantwortung, Selbständigkeit und Teamfähigkeit selbst lebt. Erst in der überzeugten - und überzeugenden - Ausgestal-tung der Leittext-Methode durch den Ausbilder kann der Leittext seine methodische Tragweite wirklich entfalten. Ohne eine solche pädagogische Begleitung bleibt die Methode nunmehr eine bemühte Trockenübung.

Leittext in der Praxis der Berufsausbildung

Nach diesen sehr grundsätzlichen Beschreibungen nun die Antwort auf die (Gret-chen?) Frage: Wie wird Leittext bei Mercedes-Benz eingesetzt?
Die Antwort dazu: Leittext ist - in unterschiedlichen methodischen Ausprägungen - ein Grundansatz in der Berufsausbildung bei Mercedes-Benz, vor allem im Bereich der technischen Erstausbildung, aber auch im kaufmännischen Ausbildungsbereich.

Der Einsatz von Leittexten wird jedoch nicht als dogmatisches Pflichtprogramm ge-handhabt, sondern situativ je nach Einsatz und Thema gestaltet und variiert. Wesentli-che Erfolgskriterien sind dabei vor allem die pädagogischen Fähigkeiten des Ausbil-dungspersonals sowie die Gestaltung der gesamten Lernsituation. Die methodisch-didaktische Aufbereitung, die optische Gestaltung der Leittexte sowie die Faktoren Zeit (Phase der Ausbildung, Tageszeit, Dauer der Ausbildungseinheit, der Bearbei-tungszeit der Aufgaben usw.), Räumlichkeiten (Arbeitsraum, Räume für Einzel- oder Kleingruppenarbeit, Bibliothek, ...) und der Zugriff auf notwendiges Instrumentarium (Handwerkszeug, Maschinen, Computer, usw.). Für das Gelingen solcher selbstge-steuerter Lernprozesse ist eine eindeutige Abklärung der Rahmenbedingungen obliga-torisch. Viele selbstgesteuerte Lernprojekte scheitern z.B. daran. Ebenso gehört zur gelungenen Anwendung ein genau abgestimmtes Grundkonzept für das Vorgehen.

Fazit für die Praxis: Selbstgesteuerte Lernmethoden mit weitgehenden methodischen Freiräumen setzen eine exakte und genaue Planung voraus.

Das "lernende" Umfeld

Die Organisationsforschung hat es dutzendfach beschrieben und damit unsere Praxis-erfahrung bestätigt: Individuelles Lernen hat auf Dauer nur dann eine Entwicklungs-chance, wenn sich auch die Arbeitskultur im direkten Umfeld verändert. Oder anders ausgedrückt: Eine Kultur, die sich selbst nicht weiterentwickelt, wird sich entwickelnde Individuen immer wieder auf Kultur-Normmaß zurechtstutzen. (S. Willke; 1992, S. 17ff.)

Aus diesem Grund haben Bildungswesen, Lehrwerkstätten etc. die Verpflichtung, ihre eigene Entwicklung als "lernende Organisation" kontinuierlich auszubauen. Unterstützt durch Praxisberatung und Teamentwicklungsprozesse kann damit in den Bildungsab-teilungen ein "Entwicklungs-" Umfeld für individuelle Lernprozesse geschaffen werden, das Lernen nicht nur befördert, sondern auch Beispiel für neue Lernwege sein kann.

Ausblick

Im Alltag der Bildungspraxis ist deutlich geworden, daß Leittexte nicht isoliert als Me-thode verwendet werden können, wenn sie wirklich im Sinne von selbständigem Ler-nen erfolgreich sein sollen. Sie sind nicht einfach Ersatz für bisherige Methoden. Viel-mehr ist es notwendig, daß Leittexte eingebettet werden in ein pädagogisches Kon-zept, das als "Gesamtsystem" selbständiges Lernen ermöglicht. Dabei sind Leittexte ein zentrales methodisches Medium, jedoch noch nicht per se der Garant für das Er-reichen ganzheitlicher Lernziele.

Daß dem Ausbilder, seiner Kompetenz und seinem Selbstverständnis eine wesentli-che Bedeutung in dieser pädagogischen Konstellation zukommt, habe ich oben bereits mehrfach beschrieben. Ebenso ist die bewußte und stringente Gestaltung der Rah-menbedingungen, Zeit, Räumlichkeiten und Instrumente wichtig.

In der Praxis der Berufsausbildung bei Mercedes-Benz, d.h. insgesamt vierzehn Aus-bildungsbereiche an vierzehn Werkstandorten und den Ausbildungabteilungen der 43 Niederlassungen (mit insgesamt 520 hauptamtlichen Ausbildern und 8181 Auszubil-denden/Stand 1.1.1994), hat sich zunehmend eine Melange aus unterschiedlichen methodischen Ansätzen etabliert, die meines Erachtens in der Summe gute Voraus-setzungen für die Förderung von Handlungskompetenz und Schlüsselqualifikationen bietet.

Die Verzahnung individueller Qualifizierung mit Formen der Team-, Bereichs- und Or-ganisationsentwicklung wird dazu führen, daß die Leittext-Methode zukünftig in bezug auf soziale Interaktion eine noch deutlichere und markantere Gestalt finden wird. Die-se Betonung der sozialen Dimension wird aktuell auch besonders gefordert durch neue Arbeitsorganisationsformen wie Gruppenarbeit und Projektteams. Auch der Trend zur schlankeren Organisation, mit effizienteren Ablaufstrukturen, besseren

Kommunikationsformen und höherem Konfliktlösungspotential unterstützt diese Einschätzung.

In der betrieblichen Weiterbildung zeichnet sich der Trend zu einer Verzahnung von Personal- und Organisationsentwicklung schon heute eindeutig ab. Individuelle Qualifizierungsmaßnahmen gehen signifikant zurück. Team- und Organisationsentwicklungsprozesse gewinnen rasant an Bedeutung.

Die Leittext-Methode muß auf diese Entwicklungen reagieren. Sie muß die Selbststeuerung durch Anleitungstexte erweitern, um sozialpsychologisch fundierte methodische Formen der Reflexion von Teamverhalten, Kommunikation und Konfliktfähigkeit.

7.2. Leittext bei Porsche Holding Österreich

Margit Bergmair-Ambach

Meine ersten Erfahrungen als Moderatorin außerhalb von Seminaren mit dem damals als "Orientierungsanalytischer Lernzyklus" bezeichneten System machte ich beim Projekt "Integration EXTERNA/Porsche EDV". In Workshops mit den Bereichsleitern und Geschäftsführern der beiden Unternehmen (ca. 15 Personen) ging es darum, projektartig die bevorstehende Fusion zu unterstützen. Mit dem Leittext-System sollten die Diskussionen strukturiert und effizient ablaufen.

Zwei unterschiedliche Kulturen wurden bei den Treffen deutlich sichtbar: EXTERNA kannte bereits das System aus Seminaren mit Klaus Lumma, den Führungskräften der Porsche-EDV war es völlig unbekannt. So bekam ich die Aufgabe, dieses System vorzustellen und die Workshops zu moderieren. Nach einer kurzen Einführung waren alle Teilnehmer damit vertraut und fanden sich sehr gut zurecht. Es gab keinen Widerstand von seiten der Teilnehmer, obwohl es eine völlig ungewohnte Vorgehensweise war. Am meisten Zeit beanspruchte der Abschluß der "Rahmenverträge". Zur Orientierungs- und Reflexionsphase mußte ich oft animieren und darauf beharren, daß diese nicht übergangen wurden.

Diese Erfahrungen mache ich bei jeder Arbeit mit dem Leittext-System. Die meiste Anstrengung muß der Moderator dafür aufwenden, daß alle Phasen auch wirklich durchgegangen werden. Der Zweck - insbesondere von Orientierungs- und Reflexionsphase - ist anfangs schwer verständlich zu machen. Gerade diese beiden Phasen tragen aber zur Effizienz von Workshops, Besprechungen und Entwicklungsprozessen erheblich bei.

Durch die Orientierungsphase erfahren alle Teilnehmer gleich zu Beginn, ob sie dieselben Vorstellungen über Inhalt und Ziel der Veranstaltung haben. Im Sinne einer ganzheitlichen Denkweise ist eine Reflexion für mich nicht mehr wegzudenken. Erst nach längerer Erfahrung mit diesem System wird allen Teilnehmern die Bedeutung der beiden Phasen klar. Anfangs werden sie meist als "Spielerei" angesehen, die unnötig Zeit vom Wesentlichen (=Sachlichem, Thema) wegnehmen. Sie werden als sehr langatmig empfunden. Als Moderatorin höre ich oft die Worte: "Tun wir endlich etwas!" So fallen diese Phasen - im besten Fall - sehr kurz aus. Dies trifft vor allem bei Projektbesprechungen zu, wo es um rein fachliche Themen geht und alle möglichst rasch zu einem Ergebnis kommen wollen. Ohne Anleitung bleibt dann oft nur die Anwendung des "Rahmenvertrages" übrig, was aber schon eine große Hilfe ist und sicher besser, als ohne Struktur vorzugehen.

Ich habe aber auch schon Gruppen erlebt, die am Rahmenvertrag gescheitert sind. Dadurch wird klar, warum oft Besprechungen oder andere Veranstaltungen in unendliche Diskussionen ausarten und unbefriedigend für die Betroffenen enden.

Firmenintern wird das Leittext-System bei Besprechungen von 2-20 Personen angewendet. Dabei sind meine Erfahrungen, daß anfangs die Fülle der Themen bezweifeln läßt, ob sie in der geplanten - meist knappen - Zeit zu bewältigen sind. Es überrascht mich immer wieder, daß durch diese klare Struktur wesentlich mehr Themen befriedigend behandelt werden können, als uns dies sonst gelingt. Durch den strengen Rahmen der Zeit- und Themenvorgabe, vor allem auch durch die Visualisierung, laufen Besprechungen effizient ab, und es entsteht für die Anwesenden nicht das Gefühl, die Zeit sei sinnlos verstrichen. Der Rahmenvertrag verhindert ein Abschweifen von einem Thema ins andere, und damit eine Diskussion ohne Ziel und Ergebnis. Die Teilnehmer werden gezwungen, klare Vereinbarungen zu treffen und diese auch einzuhalten. Für mich ist ein besonderer Vorteil bei dieser Methode, daß durch die Orientierungsphase sofort die Vorstellungen jedes Teilnehmers offen ausgesprochen werden. So besteht die Möglichkeit, Platz für alle Themen zu schaffen oder Mißverständnisse gleich zu Beginn auszuräumen.

Als Anregung für die praktische Anwendung möchte ich zwei Dinge weitergeben. Ich habe mir vorgenommen, weniger und kürzere Fragen zu verwenden, um den Teilnehmern das Gefühl des "unnötigen" Hinauszögerns des eigentlichen Arbeitsthemas zu nehmen. Vor allem werde ich mich in Zukunft noch mehr bemühen, den Zweck von Orientierungs- und Reflexionsphase besonders gut zu erklären und zu verdeutlichen. Mit diesem System haben wir eine hervorragende Unterstützung für unser Zusammenarbeiten gefunden, das für sehr vielseitige Zwecke brauchbar und zielführend ist.

Als zweiten Teil meines Beitrages stelle ich mein erstes Projekt "Erfolgreiche Kommunikation und Kooperation im betrieblichen Kontext" für die Firma EXTERNA Budapest vor. Dieses Thema wurde vor Jahren durch Klaus Lumma ins Arbeitsfeld der EXTERNA Österreich eingeführt. Ich war anfangs Hospitantin, dann interne Co-Trainerin und führe seit einiger Zeit interne Trainings auch selber durch. Das dokumentierte Projekt ist mein "Gesellinnenstück", vor allem auch im Hinblick darauf, daß diese Art von Seminar (Persönlichkeitsentwicklung) in Ungarn bisher nicht üblich ist.

Erfolgreiche Kommunikation und Kooperation im betrieblichen Kontext

Seminarplanung des Pilotprojektes EXTERNA Budapest

1. Tag

10.00 Uhr	Begrüßung durch GF EXTERNA Budapest und Moderatorin Leitinformation zum Vertrags-Dreieck Verabredung der Arbeitszeiten
10.30 Uhr	Hirnfunktionen/brain functions: Kurzvortrag
10.45 Uhr	Malen: Mein Arbeitsplatz als Landschaft
11.15 Uhr	Inhalts- und Beziehungsebene: logical and interactional kontext Kurzvortrag
11.20 Uhr	Pause
11.30 Uhr	Gruppenarbeit: Situationen im Berufsalltag, wo diese Ebenen erfahren wurden (evtl. Zeichnung dazunehmen)
12.00 Uhr	Reflexion der Gruppenarbeit in der Gesamtgruppe
12.15 Uhr	Mittagessen
15.00 Uhr	Einzeichnen der eigenen Position und der Kollegen in Bild/Landschaft
15.15 Uhr	Kommunikation: Gesprächsführung - Inhaltsebene: Regeln Vortrag und Diskussion
16.00 Uhr	Spiel
16.30 Uhr	Pause
17.00 Uhr	Kommunikation: Beziehungsebene, Körpersprache: Vortrag
17.30 Uhr	Die 4 Seiten einer Nachricht: Kurzvortrag/Austeilen des Artikels
18.00 Uhr	Ende - Abendessen/anschl. Kaminabend

2. Tag

09.00 Uhr	Blitzlicht
09.15 Uhr	Vorstellung der Teilnehmer
10.00 Uhr	Gruppenarbeit: Zu welchem Ohr neige ich?
10.30 Uhr	Pause
10.45 Uhr	Dramadreieck: Erläuterung anhand von konkreten Beispielen

Diskussion im Plenum

11.15 Uhr	Kleingruppen zum Thema Dramadreieck: Vorbereitung Rollenspiel: aktuelles Thema
11.45 Uhr	Reflexion
12.00 Uhr	Mittagessen - Pause
15.00 Uhr	Rollenspiel zu Dramadreieck
	Aktuelles Thema aus Gruppe
15.45 Uhr	Feedback: Vortrag Gruppenarbeit/Plenum: Feedback-Übung
17.15 Uhr	Pause
17.3O Uhr	Reflexion/Feedback der Trainerin an die Gruppe
18.00 Uhr	Ende - Abendessen
20.00 Uhr	Kaminabend mit Geschäftsführung

3. Tag

09.00 Uhr	Blitzlicht - Stimmung
09.15 Uhr	Kommunikation: Mißverständnisse, Störungen
10.00 Uhr	Abwertungsmechanismen
10.15 Uhr	Pause
10.30 Uhr	Kollegiale Konfliktberatung 7-Schritte-Methode Vorstellung, oder Fragen, die aufgetaucht bzw. offen sind
Ende	Nach dem gemeinsamen Mittagessen

Um deutlich werden zu lassen, daß in der aktuellen Situation oft andere Themen als die geplanten zum Einsatz kommen bzw. die Reihenfolge aus aktuellem Anlaß geändert wird, füge ich nun den tatsächlichen Seminarablauf, versehen mit Kommentaren bei.

Protokoll des Pilotprojektes bei EXTERNA Budapest

1. Tag

11.00 Uhr Verspätung durch Anreise aus Budapest; Begrüßung durch Geschäftsführer und Moderatorin:
1. *Persönliche Vorstellung der Trainerin*
2. *Vorstellung der Seminarziele:*
   • *Zusammengehörigkeitsgefühl fördern*

- *Grundwissen über Kommunikation vermitteln*
- *Beziehungsebene stärken*

3. *Allgemeines zu Kommunikation*
4. *Vertrags-Dreieck:*

Inhalt: Die Rolle des EXTERNA Budapest Geschäftsführers im Seminar; Rolle und Aufgaben der Trainerin; Erörterung des Seminaraufbaus und der Seminarmethodik.

Was soll in diesen drei Tagen nicht geschehen? Aus der Gruppe kommt zu dieser Frage nichts . Ich dränge nicht weiter, da dies für die meisten eine völlig neue Art von "Ausbildung" für das Team darstellt. Die Verabredung der Arbeitszeiten wird von der Trainerin vorgeschlagen und auf Flipchart notiert.

12.00 Uhr Kurzvortrag: Hirnfunktionen/brain functions; auf dem Flipchart festgehalten wird die Zuständigkeit der Hirnhälften

12.30 Uhr Mittagessen - Pause

14.30 Uhr Malen: Mein Arbeitsplatz als Landschaft; (Zeit: 15 Minuten); der Begriff "Landschaft" ist nicht verständlich. Es tritt die erste Sprachschwierigkeit auf.
Feedbacks ungewöhnlich; warum wird gemalt statt "gelernt"? Welches Ziel hat das Malen? Es ist schwierig, die Gedanken wegzuschalten; es hat Überwindung gekostet zu malen.

15.00 Uhr Inhalts- und Beziehungsebene/logical and interactional kontext
1. *Grundvorgang der zwischenmenschlichen Kommunikation*
2. *Watzlawick/Grundgesetz der Kommunikation: Man kann nicht „nicht-kommunizie-ren".*

15.30 Uhr Gruppenarbeit: 2er Gruppen (Zeit 30 Minuten); Thema: Situationen des Berufsalltags, wo die Unterschiedlichkeit von Inhalts- und Beziehungsebene erfahren wurde. Die Zeichnungen "Mein Arbeitsplatz als Landschaft" wurden nicht dazugenommen, da ich für die Teilnehmer zeitlichen Abstand dazu haben wollte.

16.00 Uhr Reflexion der Gruppenarbeit in der Gesamtgruppe

16.40-17.00 Uhr: Pause

17.00 Uhr Thema Kommunikation: Gesprächsführung - Inhaltsebene: Regeln
Vortrag anhand von Aufzeichnungen. Ich mache Notizen am Flip. Einige "Regeln der Gesprächsführung" werden diskutiert und ebenfalls auf Flip festgehalten.

18.00 Uhr Ein Spiel war zwar geplant, wurde jedoch nicht durchgeführt. Es findet auch kein Kaminabend statt, da die Porsche-Hungaria-Geschäftsführung abgesagt hat. Statt dessen gibt es einen freien Abend mit Sport, Kegeln etc.

2. Tag

09.00 Uhr Blitzlicht - verbunden mit persönlicher Vorstellung der Teilnehmer

10.00 Uhr Thema Kommunikation: Beziehungsebene, Körpersprache; Kurzvortrag: 2 Arten von Signalen: verbal - nonverbal; Die wichtigsten Elemente des Kurzvortrages werden am Flip notiert.

10.15 Uhr Pause

156

10.30 Uhr Die Theorie „Vier Seiten einer Nachricht" werden anhand eines Beispiels („die Ampel"; s. Schulz v. Thun, Miteinander Reden 1, S. 25ff) erläutert; anschließende Diskussion

11.15 Uhr Gruppenarbeit: 3 Gruppen (30 Minuten Zeit); Thema: Zu welchem Ohr neige ich?

11.45 Uhr Reflexion der Gruppenarbeit

12.15 Uhr Mittagessen - Pause

14.00 Uhr Einzeichnen der eigenen Position und der Kollegen in das Bild "Mein Arbeitsplatz als Landschaft". Dieser Teil der Anfangsübung ist nun sinnvoll und paßt zur Seminarstimmung: "Gefühle bestimmen die Sachebene mehr als umgekehrt."

14.30 Uhr Geplant war die Präsentation der Bilder zum Drama-Dreieck. Dieses Thema war vom Ablauf her geplant, wurde jedoch von mir zurückgestellt. Ich dachte, es sei wegen der sprachlichen Hürden zu schwierig. Beim Feedback am Schluß wurde das Wissen ums Drama-Dreieck jedoch als besonders wertvoll bezeichnet.

15.00 Uhr Feedback: Erklärung des Prinzips (Kurzvortrag)

15.40 - 16.00 Uhr Pause

16.00 Uhr Gruppenarbeit: Feedback-Übung in Paargesprächen (30 Minuten Zeit)

16.30 Uhr Reflexion im Plenum: Der Begriff "Feedback" führt zu Verwirrung!

17.00 Uhr Pause - Abendessen

21.00 Uhr "Kaminabend" mit Geschäftsführung EXTERNA Österreich. Zum Abschluß wird ein "Kommunikationsspiel" mit folgenden Regeln veranstaltet: Trainerin und GF EXTERNA Budapest fertigen eine Zeichnung nach ihrer eigenen Idee. Der erste Mitspieler darf die Zeichnung genau anschauen, jedoch so, daß niemand anderer sie sehen kann. Anschließend gibt er die Beschreibung an den nächsten weiter, etc. Der letzte Mitspieler muß dann nach der bei ihm eingegangenen Beschreibung eine Zeichnung anfertigen. Abschließend werden beide Zeichnungen gegenübergestellt.

3. Tag

09.15 Uhr Blitzlicht - Stimmung

09.30 Uhr Thema Kommunikation: Mißverständnisse, Störungen (Diskussion); Die Stichworte werden von mir auf Flip festgehalten!

10.30 Uhr Pause

11.00 Uhr Kurzvortrag zum Dramadreieck: Erläuterung anhand von konkreten Beispielen; Skizze auf Flip!

11.45 Uhr Schlußrunde; Beim Feedback wird das Wissen ums Dramadreieck als besonders wertvoll bezeichnet.

12.15 Uhr Seminarende

Zum Abschluß möchte ich einige Gedanken zu diesem Seminar niederschreiben und vor allem auch meinen Dank an Klaus Lumma dafür zum Ausdruck bringen, daß er diese Art von Training in unserem Unternehmen durchführt und ich so sein Konzept und die Philosophie dahinter kennenlernen und weitertragen durfte.

Die Begeisterung der Teilnehmer - vor allem jener, die diesem Teamtraining skeptisch gegenübergestanden sind (bei einer Gruppe von Technikern waren dies ca. 50 %) - hat bestätigt, wie sinnvoll und wichtig diese Art von Training in unserer Berufswelt ist. Es war ein schönes Erfolgserlebnis, daß ich alle Teilnehmer "ins Boot holen" konnte und die Rückmeldung bekam, daß diese Tage als wichtiger und hilfreicher Beitrag für den Start und die zukünftige Tätigkeit des jungen Teams gesehen wurde.

7.3. Leiten in Organisationen

"Gleichgestellte können relativ autonom agieren, andererseits sind sie aber in hohem Maße aufeinander angewiesen. Um gemeinsam wirksam zu werden, müssen sie ständig miteinander kommunizieren - Sichtweisen und Wissen austauschen, Interessen aushandeln."
(Barbara Heitger 1993, S.148)

Seit 1980 bietet das Institut für Humanistische Psychologie (IHP) ein vierphasiges, berufsbegleitendes Weiterbildungsprogramm für Personen mit Leitungsfunktion an. Nach den ersten Erfolgen mit dem Leittext-System wurde auch dieses Trainingsprogramm organisch darauf umgestellt. Teilnehmerschaft, Veranstalter und Trainer bilden in diesem Kontext ein weitgehend autonomes Kommunikationsgefüge, das sie gemeinsam steuern, von dem sie aber zugleich auch selbst gesteuert werden. Ziel des "Leiten Lernens" ist es, Aufgaben und Ziele so definieren zu lernen, daß jeder weiß, worauf es ankommt. Fragen, die immer wieder auftauchen, klingen folgendermaßen:

• Wie verteilen wir die Arbeiten innerhalb der Gruppe?
• Welche Arbeitsmethode wählen wir?
• Wie gehen wir mit Gruppenmitgliedern um, die sich nicht an die Spielregeln halten?

Hauptmerkmal der einzelnen Weiterbildungsphasen ist das Prozeßorientierte: Weg von der quantitativen Wissensanhäufung, hin zum qualitativen Austausch von Ressourcen, mit denen bereits positive Erfahrungen gemacht wurden.

Das Weiterbildungsprogramm "Leiten in Organisationen" umfaßt vier Phasen zu je fünf Tagen. Zwischen den Kursphasen finden Supervisionstreffen in kleinen Gruppen statt.

Phase 1: Reflexionen zum persönlichen Kontext

Die erste Kursphase dient dazu, dem Teilnehmer zu einer differenzierten Sicht seiner Rolle in der Organisation zu verhelfen und in die Klärung der eigenen Ziele sowie der Organisationsziele einzusteigen.

Phase 2: Reflexionen zum Kontext der Organisation

In der zweiten Phase liegt der Schwerpunkt in der Auseinandersetzung mit verschiedenen Konzepten der Organisationsentwicklung und den Möglichkeiten der Organisationsanalyse und Diagnose.

Phase 3: Interventionsstrategien

Die Entwicklung konkreter Handlungsschritte für den unmittelbar beruflichen Wirkungsbereich ist das Thema der dritten Phase. Die Erarbeitung von Problemlösungen und die Entwicklung effizienter Arbeitsstrukturen stehen dabei im Vordergrund.

Phase 4: Zukunftsvisionen

Reflexion und Verarbeitung der bisherigen Lernerfahrungen in Verbindung mit einer individuellen Planung der weiteren professionellen Entwicklung bilden den Schwerpunkt des letzten Kursabschnittes. Mit Bezug auf die eigenen Kompetenzen und Fähigkeiten in der Planung und Steuerung von Veränderungsprozessen schließt das Fortbildungsprogramm ab.

Methodik, Projektorientierung

Die Methodik der Kursphasen ist so angelegt, daß die konkrete Leitungspraxis der Teilnehmer im Vordergrund des Lernens steht. Sie wird in Verbindung gebracht mit einigen grundlegenden Wissensinhalten der Organisations-Entwicklung (OE).

Bereits in der Startphase des Fortbildungsprogrammes werden Projekte verabredet, die darauf abzielen, Konsolidierungs- und Veränderungsprozesse in der eigenen Organisation zu initiieren und zu strukturieren. Diese Projektarbeit wird über die Gesamtdauer der Fortbildung durch Supervision in kleinen Gruppen begleitet. Es finden inhaltliche Abstimmungen zwischen den SupervisorInnen und der Kursleitung statt.

Kursstruktur

20 Kurstage in Form von vier Wochen über zwei Jahre verteilt.
10 Sitzungen Gruppensupervision zwischen den einzelnen Kurseinheiten.
3 schriftliche Arbeiten: Lerndiagnose, Arbeitsfelddiagnose, Projektauswertung

Kursabschluß

erfolgt mit Zertifikat, in dem Kursstruktur und erworbene Kompetenzen beschrieben sind, wenn alle Projektteile erfolgreich abgeschlossen wurden.

In der Folge sind verschiedene Abschlußarbeiten aus diesem Projekt zur Veranschaulichung der Einsatzfelder des Leittext-Systems im Sozialmanagement wiedergegeben. Den Rahmen für diese Arbeiten bilden folgende Fragen:

1. Wo stehe ich jetzt? (Orientierung)

2. Was habe ich konkret gelernt
im Hinblick auf
a) meine Person,
b) die Organisation,
c) meine Leiterrolle innerhalb der Organisation?

3. Wie habe ich gelernt?
a) in der Kursgruppe
b) in der Supervisionsgruppe?

4. Wie vertrete ich meine Entwicklung?
a) Visionen
b) Wege

Entwicklungsphasen von Organisationen

Pionierphase:

Ein–Mann–Unternehmen
(Einer ist verantwortlich,
z.B.: OHG, KG, Familien-AG…)

Autokratie

Flache Organisation, Improvisation

Der Pionier steht im Mittelpunkt; er hat Charisma, Ideen, Instinkt

autokratische Führung, schelle Entscheidung

kommerzielles, gefühlsbetontes Denken

Lumma, Teamfibel / Windmühle GmbH Hamburg

Entwicklungsphasen von Organisationen

Differenzierungsphase

Aktiengesellschaft,
(societé anonyme)
(Verantwortlichkeiten sind verteilt)

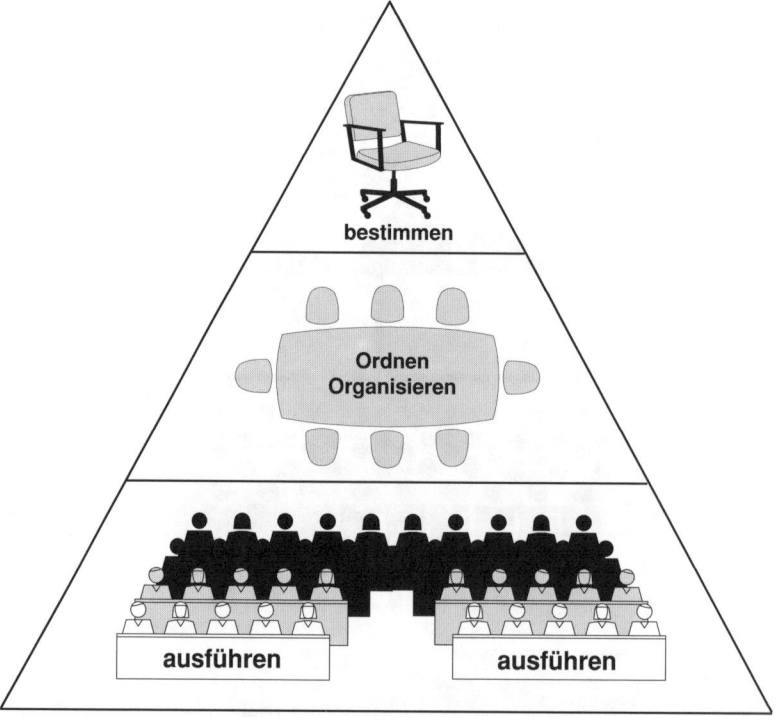

Bürokratie

Hierarchie, Ordnung, Stab / Linie

Im Mittelpunkt steht die Aufgabe

Organisationsschema,

Schubladendenken,

bürokratische Verzögerungen

technisches Denken

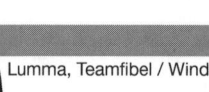

Lumma, Teamfibel / Windmühle GmbH Hamburg

Entwicklungsphasen von Organisationen

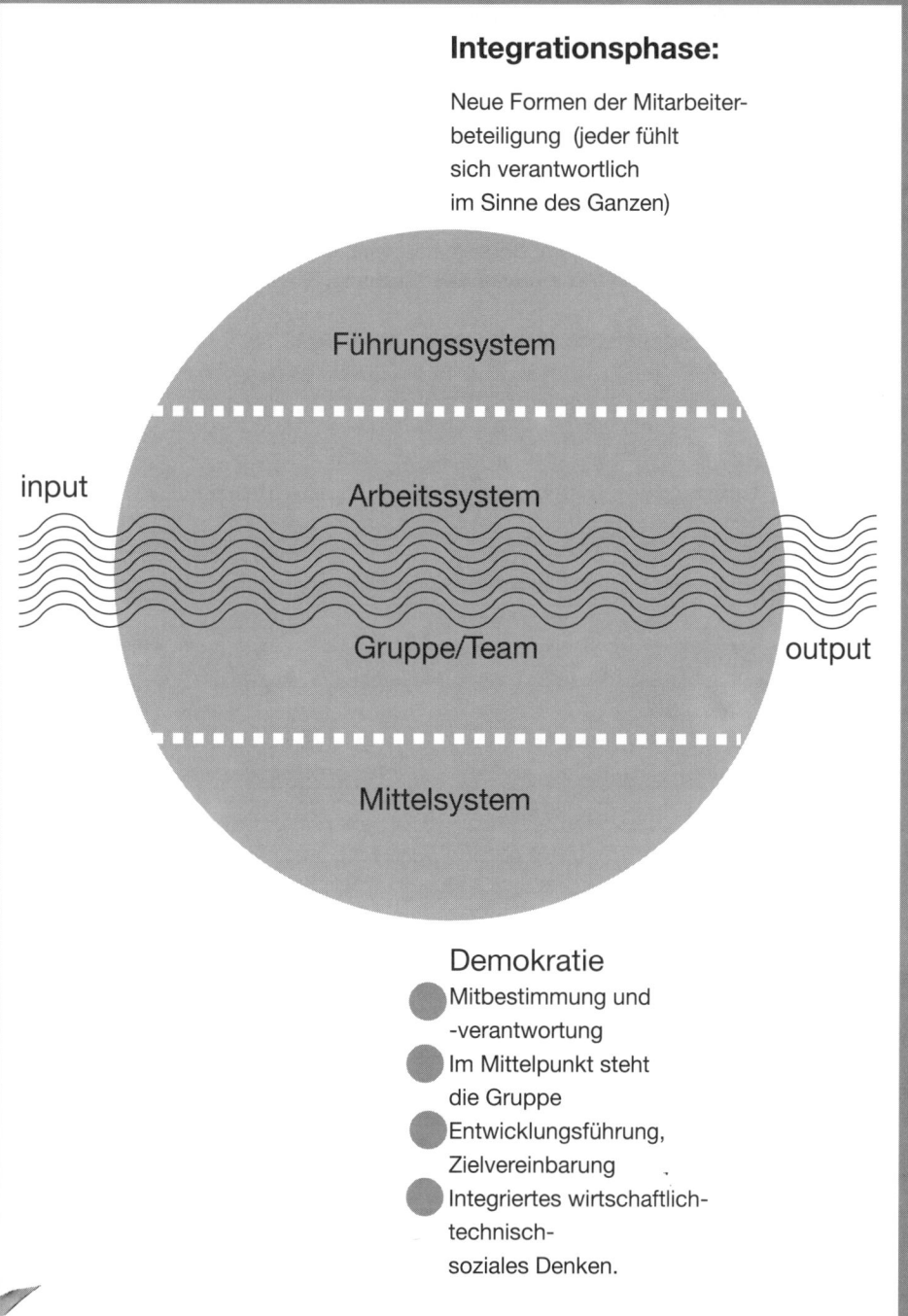

Integrationsphase:

Neue Formen der Mitarbeiter-
beteiligung (jeder fühlt
sich verantwortlich
im Sinne des Ganzen)

Führungssystem

input

Arbeitssystem

Gruppe/Team

output

Mittelsystem

Demokratie

Mitbestimmung und
-verantwortung

Im Mittelpunkt steht
die Gruppe

Entwicklungsführung,
Zielvereinbarung

Integriertes wirtschaftlich-
technisch-
soziales Denken.

Lumma, Teamfibel / Windmühle GmbH Hamburg

Entwicklungsphasen

Diese Übung ist als Einzelreflexion mit anschließendem Kleingruppengespräch gedacht.

1. Ordnen Sie sich gemäß Ihrem Alter in der Tabelle "Lebenszyklus - Entwicklungsphasen im menschlichen Leben" den der Phase entsprechenden Entwicklungsaufgaben zu.

2. Notieren Sie sich auf einem Begleitzettel, mit welcher Ihrer altersbedingten Entwicklungsaufgaben Sie in Ihrem Team bislang "kein Ohr" gefunden haben.

3. Anschließend erörtern Sie als Kleingruppengespäch Ihre Überlegungen im Kollegenkreis.

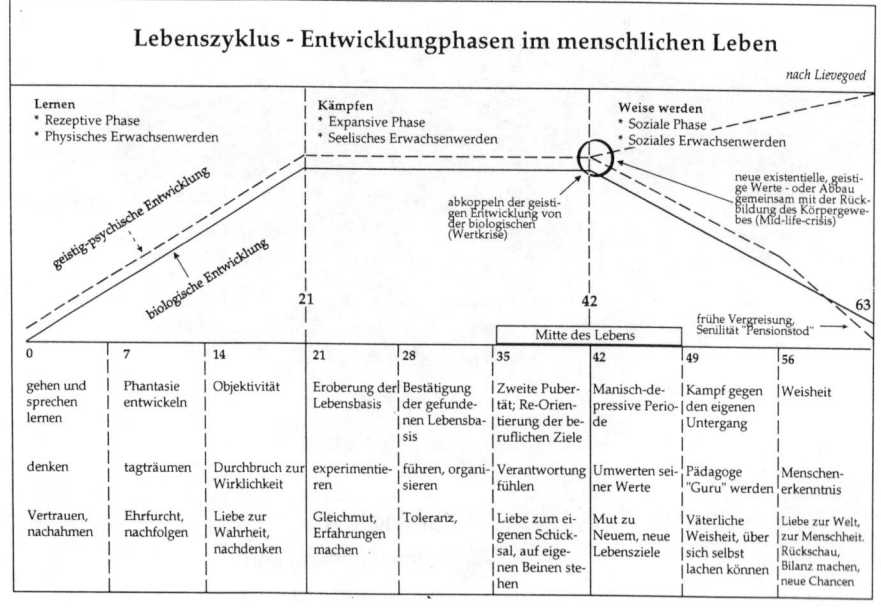

Lebenszyklus - Entwicklungphasen im menschlichen Leben

nach Lievegoed

Lernen * Rezeptive Phase * Physisches Erwachsenwerden			Kämpfen * Expansive Phase * Seelisches Erwachsenwerden			Weise werden * Soziale Phase * Soziales Erwachsenwerden			
0	7	14	21	28	35	42	49	56	
gehen und sprechen lernen	Phantasie entwickeln	Objektivität	Eroberung der Lebensbasis	Bestätigung der gefundenen Lebensbasis	Zweite Pubertät; Re-Orientierung der beruflichen Ziele	Manisch-depressive Periode	Kampf gegen den eigenen Untergang	Weisheit	
denken	tagträumen	Durchbruch zur Wirklichkeit	experimentieren	führen, organisieren	Verantwortung fühlen	Umwerten seiner Werte	Pädagoge "Guru" werden	Menschenerkenntnis	
Vertrauen, nachahmen	Ehrfurcht, nachfolgen	Liebe zur Wahrheit, nachdenken	Gleichmut, Erfahrungen machen	Toleranz,	Liebe zum eigenen Schicksal, auf eigenen Beinen stehen	Mut zu Neuem, neue Lebensziele	Väterliche Weisheit, über sich selbst lachen können	Liebe zur Welt, zur Menschheit. Rückschau, Bilanz machen, neue Chancen	

(im Diagramm: geistig-psychische Entwicklung; biologische Entwicklung; abkoppeln der geistigen Entwicklung von der biologischen (Wertkrise); 21; 42; 63; neue existentielle, geistige Werte - oder Abbau gemeinsam mit der Rückbildung des Körpergewebes (Mid-life-crisis); Mitte des Lebens; frühe Vergreisung, Senilität "Pensionstod")

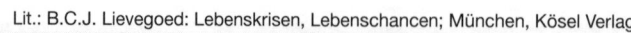

Lit.: B.C.J. Lievegoed: Lebenskrisen, Lebenschancen; München, Kösel Verlag

7.3.1. Leittext im Altenheim-Management

Sr. Ludgera Brinckmann

Wo stehe ich jetzt? (Orientierung)

Bevor ich mich zu dieser Weiterbildung anmeldete, war mir klar, ich wollte etwas für mich tun. Vom Beginn meiner Leitungstätigkeit in unserem ordenseigenen Alten- und Pflegeheim vor 10 Jahren bis jetzt war ich als Heimleiterin alles in einem. Das war sehr schön. "Leiten ist nicht nur Frust, sondern auch Lust", war meine Devise.
Dank meiner Stellung und Entscheidungsfreudigkeit habe ich viele wichtige Dinge in Bewegung gebracht und auch umgesetzt. Ich nenne nur einige, wie z.B.:

- Bewohnerbezogene, ganzheitliche Pflege einführen,
- Kompetentes Personal einstellen,
- Inkompetentes Personal oft unter schweren Bedingungen kündigen (Schlichtungsstelle Caritas Verband Aachen),
- Neue Dienstzeiten einführen,
- Mitarbeiter durch Forbildung kompetent machen,
- Regeln zur Heimaufnahme ausarbeiten,
- Öffentlichkeitsarbeit gestalten.

Mit diesen wachsenden Aufgaben weitete sich mein Leitungsbereich. Er wurde vielschichtiger und differenzierter. Nach und nach spürte ich darin die größer werdende Belastung. Am 1. 7. 1990 wurde in unserem Hause der gruppenübergreifende soziale Dienst eingerichtet. Mit meinem neuen Mitarbeiter besprach ich die Aufteilung meiner bisherigen Aufgaben. Schwierigkeiten ergaben sich nachher in der Praxis dadurch, daß meine Oberin (Träger) meinen neuen Mitarbeiter auch gleichzeitig zu meinem Stellvertreter ernannte. In dieser Situation wuchs in mir Unsicherheit. Mehr und mehr tauchten Fragen auf, wie z.B.:

- Was ist meine Leitungsfunktion?
- Welche Kompetenzen muß ich abgeben und welche will ich behalten?
- Wo muß ich Entscheidungen treffen, auch wenn sie entgegen der Meinung der Mitarbeiter sind?

Mit diesen Fragen begann für mich eine neue Lernphase, in deren Verlauf ich den Wunsch verspürte, mir Hilfe durch Weiterbildung zu holen. Inzwischen hat sich meine Situation in folgender Weise verändert:

- Der Mitarbeiter im Sozialen Dienst ist aus dem Arbeitsverhältnis ausgeschieden.
- Mit der Bewilligung des gerontopsychiatrischen Zuschlages für unser Haus vom Landschaftsverband konnten wir eine zusätzliche Altenpflegerin einstellen. Dadurch wurde es möglich, in unserem Hause eine Pflegebereichsleitung einzurichten. Die neue Mitarbeiterin übernahm diese Leitung und wurde auch meine Stellvertreterin.
- Die freigewordene Stelle im Sozialen Dienst wurde am 1. 9. 1993 von einer Mitschwester besetzt.

- Wir drei Frauen sind nun das Leitungsteam.
- Die Unsicherheit bezüglich meines Oberinnenamtes wurde durch Wiederernennung behoben.

Die allgemeine Klärung meiner verunsichernden Situation brachte mir ein neues Wohlgefühl. Sowohl die Arbeit als auch das Leben in der Kommunität macht mir wieder Freude. Ich kann auch eher Dinge abgeben, liegenlassen und mir etwas gönnen. Mängel, die ich wahrnehme an mir, kann ich anschauen und akzeptieren, ohne mich in meinem Selbstwertgefühl als minder zu erleben. Ich empfinde es als wohltuend, mich im Team beraten zu können und erst dann Entscheidungen zu treffen. Im Augenblick beschäftigt mich die Frage, wie ich meine Freizeit gestalte.

Was habe ich im Hinblick auf meine Person konkret gelernt?

Konkret habe ich gelernt, mich an Vereinbarungen und Termine zu halten. Dazu hilft mir ein strukturierter Tagesablauf und ein Terminkalender für das ganze Jahr (der offen auf meinem Schreibtisch liegt). Meine Schwierigkeit in diesem nicht unwichtigen Bereich meines Lebens wurde mir bewußt während der 2. Kurswoche, da mir aufgetragen wurde, meinen Fehltag einzuholen, um die Vertragsbedingungen zu erfüllen. Die Aufarbeitung dieses Themas in der Supervision war schmerzlich, aber heilsam. Inzwischen spüre ich durch die Einhaltung von Terminen etc. eine Erleichterung in meinem beruflichen und privaten Leben. Jetzt ärgert es mich sogar, wenn andere es nicht tun.

Ich kann jetzt angemessener mit Erfolg und Mißerfolg umgehen, bin hier ein Stück gelassener geworden und nicht mehr persönlich gekränkt. Bei Erfolgen fällt es mir jetzt leichter, mich daran zu freuen und Lob anzunehmen.

Ein weiterer Lernaspekt ist, konkret Wünsche, Bedürfnisse und Gefühle ansprechen und ausdrücken zu können. Heute kann ich auch über Verletzungen und Empfindlichkeiten sprechen. Wenn ich von Mitarbeitern auf Mißstände aufmerksam gemacht werde, laste ich mir diese nicht mehr als eine persönliche Schuld an; statt dessen suchen wir gemeinsam nach einer Lösung.

Was habe ich im Hinblick auf die Organisation konkret gelernt?

Durch mein neues Verhältnis im Umgang mit der Zeit konnte ich auch innerhalb der Organisation einiges verbessern, z.B.:

- Anwendung des Leittext-Systems in unseren Kommunitätsgesprächen: Wir befinden uns augenblicklich in einem Lernprozeß, um den Umgang mit dem Leittext-System einzuüben; später wollen wir das System auf andere Konferenzformen übertragen.

- Durchführung der Abteilungsleiterkonferenz und der Dienstbesprechungen in den einzelnen Abteilungen in Anlehnung an das Leitsystem. Wir üben schwerpunktmäßig den Rahmenvertrag durch:
  - Eingabe von Besprechungspunkten von seiten der Heimleitung wie von seiten der Abteilungsleiter vor der Konferenz
  - Schriftliche Mitteilung aller Eingabepunkte an jeden Konferenzteilnehmer vor dem Besprechungstermin
  - Festlegung des zeitlichen Rahmens vor Konferenzbeginn: Uhrzeit von... bis....
  - Durchführung der Konferenz in offener Diskussion
  - Aushändigung eines Ergebnisprotokolls an jeden Teilnehmer der Konferenz

- Zeitgewinn durch Verteilung der Aufgaben innerhalb des Leitungsteams. Es geht mir gut damit, jetzt mehr Zeit zu haben für andere wichtige Aufgaben, wie z.B. persönliche Gespräche führen mit HeimbewohnerInnen, MitarbeiterInnen und den Schwestern.

Im Hinblick auf die Rolle innerhalb der Organisation:
Ich habe meine Rolle als Heimleiterin so verstehen gelernt, daß sie sowohl das Amt umfaßt mit Führungs- und Entscheidungskompetenz, als auch meine Person, d.h. meine innere Autorität, so wie sie gewachsen ist, in meiner persönlichen Biographie. Konkret heißt das, daß ich das Amt mit meiner ganzen Person fülle. Diese Einheit ist mir wichtig, um mich nicht in verschiedene Rollen drängen zu lassen und dadurch von einem Dilemma ins andere zu geraten.

Mehr und mehr gelingt es mir, die beiden Pole meines Amtes als Heimleiterin miteinander zu verbinden: Die Interessen des Trägers zu vertreten und durchzuführen und die Bedürfnisse und Wünsche der Heimbewohner und des Personals dem Träger zu vermitteln.

Im ganzen Organisationsgeschehen bin ich als Heimleiterin in der Weise beteiligt, daß ich bei Schwierigkeiten/Störungen nach Lösungen suchen helfe und Entscheidungen treffe, und daß ich informiere, koordiniere, integriere, ermutige...

Insgesamt ist mir wichtig, daß das Personal durch meinen Leitungsstil Klarheit und Sicherheit für das eigene Arbeiten bekommt. Bei diesem Stil berücksichtige ich sowohl die Kompetenzen meiner erwachsenen MitarbeiterInnen wie auch meine eigenen Ziele als Heimleitung. Konkret sieht das z.B. so aus: Entscheidungen treffe ich nach gemeinsamer Überlegung klar und unmißverständlich.

Wie habe ich gelernt?

- **in der Kleingruppe**
  - durch die Ernsthaftigkeit, mit der in der Gruppe gearbeitet wurde
  - durch die Offenheit und den Respekt im Umgang miteinander
  - dadurch, einander Kompetenzen zuzusprechen und Ermutigung zu geben und zu bekommen

- durch die Feststellung und Erkenntnis, daß Störungen tatsächlich Vorrang haben
- durch die frohe und unbeschwerte Atmosphäre. Die wichtigste Erfahrung beim Lernen in der Kleingruppe war für mich die Mischung von: mich selber einbringen können (ohne Druck!), aber auch mich mal zurücknehmen, mich fallenlassen zu können. Wichtig war mir auch, daß ich im Gruppenprozeß mein eigener Beobachter sein konnte.

- **in der Supervisionsgruppe**
  - durch die persönliche Reflexion.
    Hilfreich waren mir da die Nachfragen und Anmerkungen von seiten der Supervisorin und der Gruppenteilnehmer zu bestimmten Äußerungen bzw. Mitteilungen. Sie lenkten meine Aufmerksamkeit darauf, Dinge aus einem anderen Blickwinkel zu sehen.
  - durch das Sprechen über meine Gefühle, Ängste und Probleme in diesem angstfreien Raum (Dampf ablassen!).
    Ich lernte dabei, daß schwierige Dinge, wenn sie angesprochen werden, nur halb so bedrohlich sind, als wie sie zuvor erscheinen,
  - durch das gewonnene Verständnis, nicht alle Probleme allein lösen zu müssen, sondern sich rechtzeitig Rat und Hilfe zu holen,
  - durch die Überzeugung des Leitungsteams, das uns für stark genug hielt, Störungen selber beseitigen zu können.

Wie vertiefe ich meine Entwicklung?

- **Visionen**
  Meine Vision ist die, ein Mensch zu sein mit der Bereitschaft, sich immer neu auf Lebensprozesse einzulassen, um so immer weiter zu wachsen und zu reifen. Als Heimleiterin verstehe ich mich so, daß ich den Lebensabend der HeimbewohnerInnen so gestalte, daß er als eine Chance zum Reifen erfahren werden kann, und daß meine Mitarbeiter und Mitarbeiterinnen ihre Aufgabe als Raum des Wachsens und der Entfaltung erleben.
  In Anbetracht der Überalterung unserer Schwesterngemeinschaft ist es mir wichtig, christliche Werte und das Anliegen unserer Stifterin in meinem Hause so zu verankern, daß, wenn wir unsere Trägerschaft abgeben müssen, doch noch (wenigstens für einige Zeit!) weiterhin in unserem Geiste gelebt und gearbeitet wird.

- **Wege**
  - Feedback erbitten von Mitarbeitern und Mitschwestern
  - Weiterbildung in Form von Fortbildung, Supervision.
    Eine Fortbildung für das Leitungsteam ist konkret verabredet. Diese wird weitergeführt.
  - Eine Fortbildung mit dem Träger zu dem Thema: "Wie sieht unser Altenheim aus im Jahre 2005?" ist verabredet. Das Ziel ist eine gute Vorbereitung auf den Wechsel unserer Trägerschaft.

7.3.2. Leittext im Pfarrgemeinde-Management

Pfr. Henry Schwirten

Wo stehe ich jetzt? (Orientierung)

Zur Zeit der Erstellung meiner Lernprozeßwertung befinde ich mich zur Kur auf Borkum. Das hat insofern mit meiner Arbeit als Leiter/Pfarrer zu tun, da ich einem weiteren Gehörsturz oder sonst einer "Überforderungsreaktion" meines Körpers vorgreifen möchte und mir innerhalb der Arbeit auch ganz bewußt Zeiträume für mich gönnen möchte. Hier auf Borkum schalte ich nicht ganz ab, sondern denke viel nach und lese. Ich möchte es in einem Bild zu fassen versuchen: Wie Batman schwebe ich nun gleichsam über meiner Arbeit, kann sie aus sicherer Distanz betrachten und habe in einzelnen Punkten schon mehr Klarheit darüber gewonnen, was ich in Zukunft tun möchte:

1. In unseren drei Pfarrgemeinden haben wir als Team über eine selbst erarbeitete Matrix für fast alle Arbeitsbereiche gemeinsame Lösungen gefunden. Diese Lösungen wurden in der Entwicklungszeit (2 Wochen Klausur) abends den Mitarbeitern des Pfarrgemeinderates (PGR) vorgestellt, bzw. darüber mit ihnen diskutiert. Dabei zeigten sich allerdings Stolpersteine:

   - Die Kürzung der Gottesdienste hat bei den Gemeindemitgliedern, vor allem bei der zuletzt dazu gekommenen Gemeinde sehr viel Kritik ausgelöst.
   - Einer der Subsidiare, der zum Team gehören will, konnte oder wollte zu einigen Veranstaltungen des Teams nicht kommen (er hatte eine andere berufliche Disposition). Er ist zudem 20 Jahre in der Gemeinde tätig und hat viele Gemeindemitglieder als persönliche Freunde. Sie haben ihm die Kritik über die Gottesdienste vorgetragen. Er stand an dieser Stelle jedoch nicht hinter dem Team, sondern sagte, daß er ja noch mehr gemacht hätte, das Team dies aber nicht wolle.
   - Darüber hinaus gibt es zwischen zwei weiteren Teammitgliedern einen offenen Konflikt. Die Team-Entwicklungs-Uhr nach Francis & Young half mir zu verstehen, warum dieser Konflikt notwendig war: Nach der ersten Phase der Orientierung als neues Team befinden wir uns danach in der zweiten Phase, nämlich der des Kampfes. Neben anderen Punkten nennen die Autoren hier den Kampf um Territorien und Status.

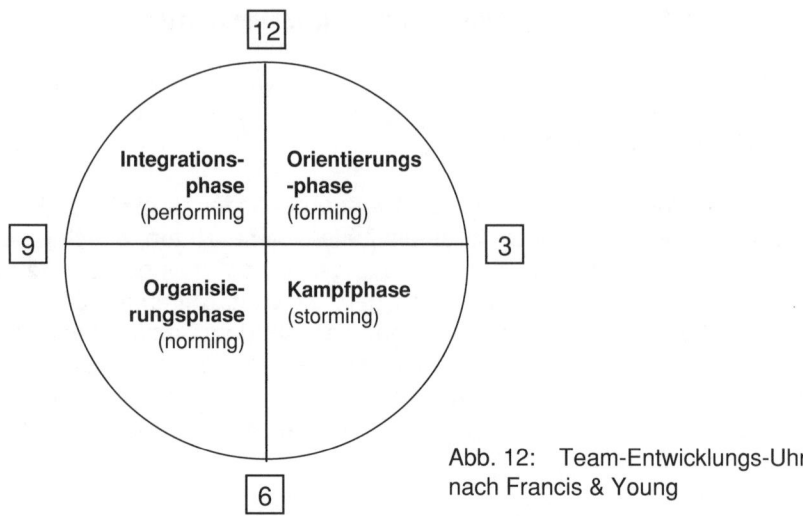

Abb. 12: Team-Entwicklungs-Uhr
nach Francis & Young

2. Auf der nächsthöheren Ebene tun sich für mich auch neue Felder auf:

- Ende Februar leite ich mit drei weiteren hauptamtlichen Mitarbeitern des Bistums eine Werkwoche für neu zusammengesetzte Seelsorgeteams im Haus Venusberg, Bonn.
- Nach Ostern werde ich mit unserem Herrn Kardinal ein Gespräch vereinbaren zwecks Berichterstattung zur Arbeit und den Problemfeldern in einem Seelsorgenahbereich. Wichtigstes Anliegen meinerseits ist eine Umstrukturierung in der Verwaltung. Vor Ort benötigen wir als Priester wieder viel mehr Zeit für die Seelsorge.

Was habe ich konkret im Hinblick auf meine Person gelernt?

An dem obigen Punkt "Wo stehe ich jetzt?" kann ich bereits einige Lernfelder auf meine Person hin festmachen. Als erstes ist da die persönliche Ruhezeit anzuführen. In der zweiten Kurswoche stellten wir fest, wie eine ganze Reihe von unseren Kursteilnehmern aufgrund von Arbeitsüberlastung krank geworden war. Im letzten Kurs bekam für mich das Modell der drei Triebe von Fanita English (s. Kap. 6.2.2) eine große Bedeutung. Überlebenstrieb und Ausdruckstrieb sind bei mir gut ausgeprägt; jedoch läßt der Ruhetrieb zu wünschen übrig. Hier ist mir wieder deutlich geworden, wie wichtig diese Ruhephasen sind, um einfach abzuschalten und mit neuer Kraft und neuen Ideen festgefahrene Gleise verlassen zu können.

Wichtig geworden ist für mich der Leitspruch: Raus aus dem Drama-Dreieck! Einige Beispiele im Kurs zeigten mir deutlich, wie notwendig diese Erkenntnis ist, und wie ich mich im Kreise drehe, wenn ich weiter im Drama-Dreieck verweile (s. Kap. 6.1.7.).

Ähnlich wichtig ist das Klavier der Teilpersönlichkeiten (s. Abb. 9/10). Oft habe ich krampfhaft versucht, den anderen mit dem gleichen Sender zu erreichen; doch ohne Erfolg. Ein „Senderwechsel" kann hier wirkliche Wunder bewirken, um Mieslinge nicht zu übermächtig werden zu lassen.

Noch einen letzten Punkt sehe ich für mich als wichtig an: Schon die Supervisoren-Ausbildung hatte mich dazu ermutigt, mich von meinem „trotzigen" Kind-Ich zu verabschieden: Wenn ich heute als Kurstrainer in einer Werkwoche des Bistums mitmache oder als Leiter/Pfarrer meinen obersten Chef aufsuche, um ihm wichtige Erkenntnisse meinerseits mitzuteilen, dann sehe ich darin für mich ein Erwachsenwerden. Ich "kühme" und lamentiere nicht mehr in irgendwelchen Pseudokreisen, sondern gehe konstruktiv auf die Mächtigen zu, bzw. arbeite mit ihnen und suche mit ihnen zusammen nach Lösungen, die unserer Organisation, in diesem Falle der Kirche, hilfreich sein können.

Was habe ich konkret im Hinblick auf die Organisation gelernt?

Damit bin ich auch schon bei dem Thema der Organisation, welche mich zuerst an das Vertrags-Dreieck (s. Kap. 6.1.2.) erinnert. Wenn es in meiner Organisation laufen soll, ist es wichtig, die Mächtigen mit einzubeziehen und zu informieren, bzw. Verträge mit ihnen zu schließen, um lästigen Auseinandersetzungen aus dem Weg zu gehen.

Leitung ist gut, ist notwendig! Dies ist eine wichtige Erkenntnis. Nehme ich Leitung nicht wahr, obwohl ich sie habe, dann entsteht ein Vakuum, das sehr schnell von anderen gefüllt werden kann, auf die ich dann sauer bin, weil sie, wie ich dann meine, mir die Leitung wegnehmen. Bert Voigt weist in seinem Artikel „Team und Teamentwicklung" (Zeitschrift „Organisationsentwicklung"; 3/93) ganz besonders darauf hin: Nehme ich als Teamleiter Leitung nicht wahr, kann dies sehr schnell zur Passivität im Team führen. Konflikte und Differenzen im Team brauchen den Leiter gleichsam als Garant für faire Entscheidungen, nicht autoritäre Kontrolle ist angesagt, sondern Führung, die eindämmt, die Konflikte und Ängste nimmt, die die produktive Arbeit stören.

Jede Organisation braucht Unterstützung. Klaus Lumma wies uns des öfteren darauf hin: Holt euch Unterstützung! und da ist etwas Wahres dran... Ich spüre: Für mein Team ist die Supervision unerläßlich; aber darüber hinaus habe ich beschlossen, noch einmal einen Organisationsberater zu engagieren, um die gesamte Arbeit, Team und Pfarreien inhaltlich noch weiter voranzubringen, Team und Pfarrgemeinderäte besser zu vernetzen.

Eine Zeitlang meinte ich, dies selber schaffen zu können, aber unsere Organisation (drei Gemeinden + Pfarrgemeinderäte + Kirchenvorstände + Kindertagesstätten + Offene Türen + Teams) ist einfach zu komplex. Ich habe hier gelernt: Ich stecke zu sehr drin, bin selber zu sehr Betroffener, als mit Abstand die Entwicklungen neutraler zu sehen. Bert Voigt nennt es so: Ohne Hilfe zur Selbsthilfe von außen gelingt es kaum, neue Impulse für die weitere Entwicklung zu mobilisieren.

Eine gute Unterstützung bietet das Leittext-System (s. Tafel 5). Ich habe es mir vergrößert und auf die Innenseite der Türe meines Supervisionsraumes geklebt. Mit meiner Gruppe von Studenten der Katholischen Fachhochschule KFH Köln benutze ich es in der Supervision regelmäßig; doch im Team "schlabbere" ich es oft während der Dienstbesprechungen. Mir ist heute klar, daß ich das Leittext-System im Team nicht mehr missen möchte und vor allem damit nicht eher beginne, bis auch unser Subsidiar zugegen ist und diesen Prozeß nachvollziehen kann.

Was habe ich konkret im Hinblick auf meine Rolle in der Organisation gelernt?

Einen wichtigen Teil habe ich bereits eben beschrieben, nämlich meine Rolle als Leiter ernst zu nehmen, und zwar in einem positiven, konstruktiven Sinn. Für mich als Leiter heißt das: nach oben, zu den Mächtigen, den Kontakt und vertragliche Absprachen nicht zu vergessen!

Die Rolle der Mitarbeiter ist ein weiterer wichtiger Punkt. Viele Probleme entstehen durch unklare Arbeitsabsprachen sowie unklare Definitionen der jeweiligen Rolle. Sehr deutlich wird dies im Verhalten des Subsidiars in unserem Team. Seine Rolle ist nicht klar: Wenn er zum Team gehören will, dann ist auch die Teilnahme an allen Dienstbesprechungen und Teamsupervisionen unerläßlich. Alle Prozesse des Teams muß er nachvollziehen, oder er gehört nicht zum Team! Hier ist eine Klärung seiner Rolle durch den Leiter notwendig.

In unserem Kurs hatten wir für solche Situationen konkrete Stellenplatzbeschreibungen erarbeitet, bzw. durchgesprochen. Sie sind im Einzelfall bestimmt hilfreich, da sie Klarheit schaffen, bzw. auch eine Überprüfung und ggf. eine Korrektur ermöglichen.

Wie habe ich in der Kursgruppe gelernt?

In der Kursgruppe fand ich das "prozeßorientierte" Arbeiten recht hilfreich. Es ist für mich persönlich einfach effektiver, wenn ich konkrete Beispiele und Problemfälle einbringen kann, statt seitenweise Literatur zu wälzen. So sammelten wir in der Gruppe viele Beispiele, an denen wir arbeiten und persönliche Erfahrungen machen konnten, sozusagen „learning by doing". Viele Dinge ließen sich im Gruppenprozeß dabei ganz praktisch feststellen, z.B. die Frage, wer die Leitung hat. Oft schauten wir auf unseren "Ober-Trainer" und erhofften als Gruppe von ihm jetzt ein Wort, wie es weitergehe... Keiner aus der Gruppe wollte sich profilieren oder hervortun. Und dies war öfters für uns ein Problem. An dieser Schnittstelle wurde deutlich, wie wichtig die konstruktive Leitung ist. Mehrfach waren es die Männer, die dann das Leitungsvakuum füllten, aber warum eigentlich? Oft zeigte sich im konkreten Erarbeiten von Themen, wie wichtig die Übernahme von Leitung ist und wie schwammig die Situation des Vakuums wird, wenn die Leitung fehlt.

Wie habe ich in der Supervisionsgruppe gelernt?

Die Supervision in der Kleingruppe habe ich als sehr hilfreich erlebt. Dies lag zum einen an der Supervisorin, die sehr einfühlsam auch auf spontane Anliegen und Probleme von uns einging, aber auch an der Möglichkeit für jeden von uns, seine Fragen einzubringen (klare Struktur). Eine neue Methode, zwar schon davon gehört, aber sie nicht selbst ausprobiert, war die Balintmethode: Einer aus der Gruppe trägt sein Problem oder Anliegen vor und alle anderen hören nur zu, sie dürfen nichts dazu sagen. Dann muß der Vortragende schweigen und sich erst alle Kommentare und Eindrücke der anderen anhören, bevor er Stellung beziehen darf. Es ist eine sehr gute Methode, die ich in der eigenen supervisorischen Tätigkeit nun schon einige Male erfolgreich eingesetzt habe (s. Kap. 6.1.10). Sehr hilfreich war die Möglichkeit, unsere Erfahrungen mit dem "Leiten" in der Supervision auch in kürzeren Abständen zu überprüfen und uns "Hilfen" sozusagen von außen zu holen.

Wie vertiefe ich meine Entwicklung?

Visionen
Meine konkrete Vision ist es, mit der Zusammenarbeit in drei Gemeinden durch klare Leitung und Organisation zu zeigen, daß es geht und dabei die Verwaltung mehr und mehr zu delegieren oder auf anderen Wegen zu dezimieren, damit der Priester wieder mehr Zeit für die Seelsorge hat.

Ich bin davon überzeugt, daß dies machbar ist und möchte auf Wegen über die Organisationsberatung, Unternehmensphilosophie und Umsetzung des "Lean Management" auch in der Kirche zeigen, daß viele Probleme ein Strukturproblem sind, bzw. eingefahrene Gleise verlassen werden müssen. Jedenfalls bis zur Findung von anderen seelsorglichen Lösungen halte ich die obigen Hilfen für unumgänglich, um die Arbeit weiter froh und positiv zu tun. Wichtig ist, daß bei allem die Freude an der Arbeit nicht verloren geht!

Wege
Um insbesondere die letzte Vision zu verwirklichen, möchte ich aktiv im Bistum mitarbeiten und mögliche Wege aufzeigen, gestützt durch eigene Erfahrungen. Dazu gehören die bereits angesprochene Leitung und Begleitung von entsprechenden Kursen, sowie die notwendigen Gespräche mit der "Oberleitung", den Mächtigen.

Des weiteren möchte ich eine Zusatzqualifizierung als Organisationsberater erlangen. Diese dann erworbene Professionalität möchte ich besonders in der Beratung im Bistum dienstbar machen. Nach einigen Jahren Arbeit im Seelsorgenahbereich kann ich mir dann eine Freistellung nur für die Organisationsberatung im Bistum vorstellen.

Wie spät ist es?

Die **Team-Entwicklungs-Uhr** nach Dave Francis und Don Young bietet die Gelegenheit, eine Standortanalyse Ihres Teams bzw. Ihrer Gruppe vorzunehmen. Sie sollten dazu die Uhrzeit eintragen, die dem derzeitigen Zustand Ihres Teams / Ihrer Gruppe entspricht.

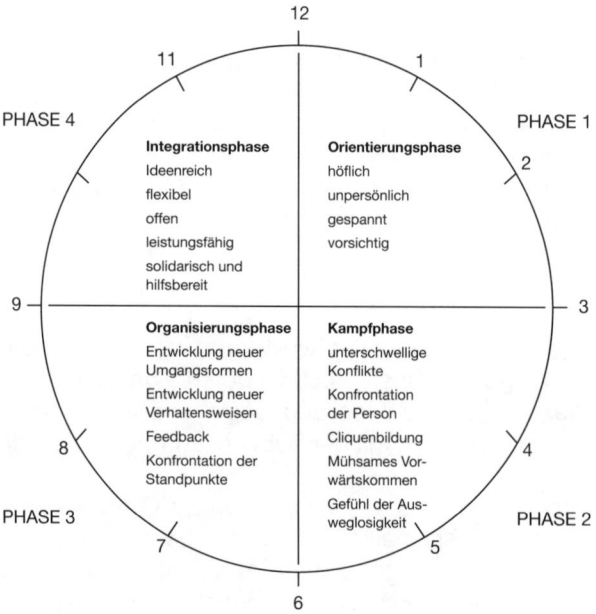

Nach dieser spontanen Bestimmung der "Teamzeit" kann es günstig sein, sich Notizen darüber zu machen, welche konkreten Ergebnisse Sie zu dieser Einschätzung kommen lassen. Diese Einschätzung läßt sich auch gut kollegial diskutieren.

In einem weiteren Arbeitsgang kann man sich Gedanken darüber machen, welche Phase das Team anstreben könnte und wie die einzelnen Schritte dorthin aussehen würden. Dabei kann durchaus in Erwägung gezogen werden, auch zurückliegende Phasen der Teamentwicklung nochmals zu reflektieren und kollegial zu diskutieren. Es kann zum Beispiel sein, daß in der Organisationsphase die konstruktive Konfrontation deshalb schwierig ist, weil immer noch unterschwellige Konflikte wirksam sind und die Weiterentwicklung der Gruppe bremsen bzw. gar unmöglich machen.

Lit.: Francis, Young, Mehr Erfolg im Team, Hamburg, Windmühle, 1982

Lumma, Teamfibel / Windmühle GmbH Hamburg

7.3.3. Leittext in der Soldatenbetreuung

Martin Oster

Wo stehe ich jetzt? (Orientierung)

Persönlich

Vor Entscheidungen: Ich empfinde meine augenblickliche Situation als ambivalent. Bezogen auf die Ausgangsfrage kann ich sagen, daß ich in mir selbst recht fest stehe (abgesehen von den witterungsbedingten Einflüssen des Grau in Grau, und ich merke, daß mir der momentane klare, kalte und sonnenerfüllte Himmel gut tut). Was mein berufliches Umfeld angeht, ist eher alles im Fluß, doch ich kann damit gut umgehen.

Rückblickend stelle ich mit Zufriedenheit fest, daß ich mit der Entscheidung für die Weiterbildung gut für mich gesorgt habe. Sie hat wichtige Erfahrungen früherer Tage wieder ans Tageslicht geholt, sie hat mir die Möglichkeit eröffnet, anders mit meiner Lebensgeschichte (Lebensskript; s. Kap. 5.3.) umzugehen, und sie hat mich in die Lage versetzt, wesentlich stärker für mich selbst einzustehen - Verantwortung für mich zu übernehmen. Ich habe schließlich Mut und Phantasie für die Zukunft und neue Zugänge zu meinem Glauben gewonnen. Ich bin in Aufbruchstimmung - Ziel: derzeit noch unbekannt:

Beruflich

Das Unternehmen steht auf den unterschiedlichsten Ebenen vor Entscheidungssituationen, die durch den politischen und gesellschaftlichen Umbruch bedingt sind. Zur Bewerkstelligung der bevorstehenden Aufgaben und der Entwicklung möglicher Zukunftsperspektiven ist der hohe persönliche Arbeitseinsatz aller Mitarbeiter gefordert. Hierbei ist mir vor allen Dingen das tragfähige, kooperative und wertschätzende Betriebsklima (Beziehungsebene) und die Identifikation mit den Aufgaben und Zielen des Verbandes (Sachebene) von besonderer Wichtigkeit (s. Tafel 8).

Umbruch- und Veränderungssituationen sind Gott sei Dank auch immer Entscheidungssituationen. Ob ich das früher auch so locker und sachlich hätte sehen können? Ich wage es zu bezweifeln. Ich empfinde meine momentane Situation nicht als bedrohlich, sondern vielmehr als eine Chance, aus der wieder etwas Neues, Spannendes wachsen kann.

Was habe ich konkret gelernt? Im Hinblick auf meine Person?

Macht ist nichts von vornherein Negatives oder Bedrohliches. Ich erinnere mich dabei an das Märchen von der Kristallkugel (Grimm) aus unserer ersten Kurswoche. Macht ist eben nicht nur die Macht des anderen, sondern immer auch meine eigene Macht, Vollmacht, Vermögen, Phantasie, Kraft, Durchhaltewillen, Einfühlsamkeit, Wertschätzung usw. Und eben mich in einem positiven Sinne mit meiner Macht auseinanderzusetzen, ist mir in diesen dreieinhalb Jahren gelungen. Damals hatte ich noch eher das Gefühl, daß das Wegnehmen der Kristallkugel, der Machtbeweis des imaginär Übermächtigen, eine persönliche Katastrophe sei. Heute sehe ich das anders. Flapsig ausgedrückt, warum soll ich mich ausgerechnet ausschließlich um diese blöde Kugel kümmern, soll der Adler sie doch holen. Wir werden ja sehen, was passiert. Die Krise als Chance, als ein plötzliches Deutlichwerden von Entscheidungsmöglichkeiten und als Geburtsstätte neuer persönlicher Entwicklungen zu sehen, ist das erste, was mir bei der oben aufgeworfenen Frage in den Sinn kommt. Ich habe wieder Vertrauen in das Unbekannte, oder besser gesagt, Gottvertrauen gewonnen.

Falls hierbei der Eindruck einer gewissen Schicksalsergebenheit entstanden sein sollte, so möchte ich dem etwas weiteres Erlerntes entgegenhalten: Ich habe gelernt, Verantwortung für mich und meine Entscheidungen zu übernehmen. D.h., ich konzentriere mich wesentlich stärker auf das, was ich selbst zu leisten imstande bin, und daß das einiges ist, hat mir die Zusammenarbeit im Kurs anschaulich vor Augen geführt. Klare Ich-Botschaften, weniger Erwartungen an..., ein deutliches Ja und Nein, eben Verantwortung für das zu übernehmen, was ich denke und tue, ist ein weiteres wesentliches Lernergebnis.

Ich habe ferner - in der logischen Fortführung des oben Gesagten - gelernt, für mich zu sorgen (Überlebenstrieb; s. Tafel 37). Ich darf mich an Erfolgen freuen. Ich darf das, was mir Spaß und Freude bereitet, in mein jeweiliges Umfeld einbringen (Ausdruckstrieb) - dort sind ja ebenfalls Erwachsene, die Verantwortung für sich haben und, die selbst in der Lage sind, mitzuteilen, was ihnen paßt und was nicht. Das Kind-Ich in meiner Erwachsenenwelt kommt zu seinem Recht. Ich habe auf der anderen Seite auch gelernt, meine Lebensgeschichte an einigen Stellen nochmals neu zu lesen und das eine oder andere Kapitel, in Form von neuen Erlaubnissen, aufzuschreiben.

Auch habe ich wieder gelernt, zuzuhören und hinzuschauen. Freunde sagen, daß sie eben diese Charaktereigenschaften an mir schätzen. Doch wie alles, was man (ich) nicht pflegt, gehen auch diese Dinge oft in der übergroßen Wichtigkeit des Alltags verloren. In diesem Zusammenhang hat der Begriff der Wertschätzung, unter dem ich Zuhören, Hinschauen, Achtung, Einfühlsamkeit subsumiere, eine herausragende Bedeutung bekommen.

Schließlich habe ich wertvolle theoretische Hilfsmittel an die Hand bekommen, mittels derer ich außer den oben erwähnten noch viele andere Lebenssituationen aufdröseln konnte, z.B:

- Den Leittext, der mir wie auf den Leib geschnitten ist.
- Ich-Zustände, die mich meine eigenen Reaktionen und die von anderen besser verstehen lassen.
- Ein Wertschätzungsmodell, das mir die Achtung vor jedem bewahren hilft und mich anhält, auf dem Klavier der Teilpersönlichkeiten eine gute Melodie zum Klingen zu bringen.
- Das Vier-Ohren-Modell, mit dem ich versuche, Botschaften auch einmal auf anderen Frequenzen zu hören (gelingt mir frei nach „Clausthaler" nicht immer, aber immer öfter).
- Das Drama-Dreieck, das mich (den klassischen Retter) schon sehr oft vor jeder Menge Ärger bewahrt hat.

- Das Vertrags-Dreieck, mit dem ich mir darüber klar werde, wo meine Verantwortung aufhört (s. Retter) und die des anderen beginnt - und umgekehrt.
- Eine Supervision, gleichsam eine Jungfernfahrt, die mir nochmals deutlich vor Augen führte, daß es wohl unendlich schwer sein muß, sich wie Münchhausen selbst an den Haaren aus dem Sumpf zu ziehen.

Ich habe letztlich gelernt, daß ich weiter lernen will.

Was habe ich konkret im Hinblick auf die Organisation gelernt?

Eine Erkenntnis, die mir erst in den letzten Wochen sehr deutlich wurde, ist, daß Organisationsentwicklung eine vorrangige Aufgabe des Managements ist. Sicherlich habe ich durch das mit der Weiterbildung verbundene Projekt viele wertvolle Anstöße auf den unterschiedlichsten Ebenen geben können, doch bestätigen meine Bemühungen letzten Endes nur die Theorie des Vertrags- bzw. Machtdreiecks (s. Kap. 6.1.2.). Es ist daher wichtig, die eingeleiteten Veränderungsprozesse in die Gesamtheit des Unternehmens einzubetten. Ich erhoffe mir in diesem Bereich noch mehr Klarheit. Soviel zu den grundsätzlichen Dingen.

Innerhalb meines Projektes kann ich mit Zufriedenheit feststellen, daß ich einiges bewegen konnte. Das Leittext-System und die Moderationsmethode (s. Klebert u.a.; Windmühle Verlag; 1987) haben auch bei meinen Mitarbeitern Umdenkungsprozesse in Gang gesetzt. Der Wille, sich persönlich weiterzubilden, scheint mir ein Ergebnis dieser Entwicklung zu sein. Derzeit überarbeiten wir unsere Stellenbeschreibungen. Wir sind bestrebt, Klarheit über unsere Verantwortlich- und Zuständigkeiten sowie systemisches und prozeßorientiertes Denken in diese Arbeit einfließen zu lassen. Dabei stoßen wir jedoch sehr schnell auch wieder an unsere, die Abteilung übergreifenden, Grenzen. Denn die Vernetzung von Zuständigkeiten und Verantwortlichkeiten berührt sofort den Zuständigkeitsbereich der Geschäftsführung. Da diese von vornherein über unser Vorgehen informiert war, ist die Einbettung in das Gesamtunternehmen sichergestellt.

Ich habe gelernt, mit dem erarbeiteten Wissen komplexe Systeme und Abläufe zu analysieren und geeignete Strategien zu entwickeln bzw. zu erkennen, wo die Grenzen meines Einflußbereiches liegen.

Ich habe gelernt, vor diesem Hintergrund meine Leitungsfunktion wahrzunehmen und mich aus dem Dilemma „wir sind alle gleich, alle höflich und keiner tut dem anderen weh" zu verabschieden. Aus den Rückmeldungen meiner Mitarbeiter weiß ich, daß auch sie mit meinem veränderten Leitungsverhalten besser zurechtkommen, und sie wiederum ihrerseits ihr Leitungsverhalten neu überdenken und verändern wollen. Und hiermit möchte ich zu meiner Rolle innerhalb der Organisation überleiten.

Was habe ich gelernt? Im Hinblick auf meine Rolle in der Organisation?

Quasi als Mittelinstanz zwischen Vorstand/Geschäftsführung und meinen Mitarbeitern sowie den Heimleitungen laufen bei mir sämtliche inhaltlichen Fäden zusammen. Ich fühle mich vorrangig dafür zuständig, einen Nährboden für die Visionen des Unternehmens zu schaffen - ein Unternehmen, das nämlich Freizeit und Kultur gestaltet und nicht verwaltet. Zur Gestaltung dieses Prozesses möchte ich meine gesamte persönliche wie fachliche Kompetenz in das Unternehmen einbringen.

Hierzu werde ich noch mehr sowohl meine eigene Arbeitsorganisation wie die meiner unmittelbaren Mitarbeiter hinterfragen, damit nicht das Verwalten das Gestalten dominiert. Ich sehe meine Aufgabe als Leiter darin, immer mehr Klarheit zu schaffen. Klarheit bzgl. der inhaltlichen Ausrichtung, der Strukturen, der Zuständigkeiten, der Verantwortlichkeiten usw. Wir haben uns hierbei, wie bereits erwähnt, zunächst zur Überarbeitung unserer Stellenbeschreibungen entschlossen. Die Moderation dieser Entwicklung wird eine der zentralen mittelfristigen Aufgaben sein, die mich als Leiter fordert.

Ich habe gelernt, daß ich, gerade durch die mit der Weiterbildung verbundenen Erfahrungen im Bereich der Krisenintervention, sehr viel Ruhe, Sachlichkeit und analytisches Verständnis in Konfliktsituationen einbringen kann. Dies werde ich sowohl mit Blick auf meine Mitarbeiter als auch auf die Geschäftsführungsebene noch verstärkter üben und einbringen. Ein Manko in diesem Bereich ist meine eigene Impulsivität, die sehr häufig dann, wenn mich ein zwischenmenschlicher Konflikt unmittelbar selbst betrifft, der gebotenen Geduld hinderlich im Wege steht. Das Vertrauen meiner Mitarbeiter, Kollegen und Vorgesetzten ist bezogen auf meine Arbeitswelt für mich von derselben existentiellen Bedeutung, wie in allen anderen Lebensbereichen. Mißtrauen heißt Unsicherheit geben, heißt sein Haus auf Sand zu bauen, heißt für mich, nicht mehr zu leiten, sondern unklug zu herrschen.

Wie habe ich gelernt?

In der Kursgruppe habe ich gelernt,
* indem ich mich öffnen und weit weg von Familie, Arbeit und Alltag ganz ich selber sein konnte,
* indem ich in einer Gruppe von Menschen sein durfte, die lernte und lehrte,
* indem ein wertschätzender und verletzungsfreier Raum geschaffen wurde,
* indem ich viele positive Rückmeldungen erhielt,
* durch praktisches Erleben und reflektorische/theoretische Schritte
* indem wir das Lehren und Lernen sehr angenehm gestalten konnten,
* indem Kritik geübt wurde, auch wenn unser Umgang miteinander höflich, manchmal zu höflich war,
* durch Arbeitseinheiten, die „in die Hose" gegangen sind,
* durch die positive Verstärkungen des Leitungsteams, das mir und uns eine hohe Kompetenz zutraute,
* indem wir gemeinsam lachten, sangen und tranken.

In der Supervisionsgruppe habe ich gelernt,
* indem ich, über das bereits oben Erwähnte hinaus, hier noch mehr das Gefühl empfand, mit dem, was mich beschäftigt, im Mittelpunkt zu stehen,
* indem mir zugehört wurde, über mich diskutiert wurde und ich zuhören durfte (Balintmethode; Kap. 6.1.10.),
* durch den einfühlsam kritischen Umgang von Martina,

- indem ich die Möglichkeit hatte, die eigene Praxis in einem 'neutralen' Raum zu reflektieren,
- indem ich mir kollegiale Hilfe holen konnte,
- indem es mir schlicht und ergreifend Freude gemacht hat.

Wie vertiefe ich meine Entwicklung?

Vision

Neben meinem momentanen beruflichen Feld möchte ich verstärkt in die Organisatonsberatung bzw. Organisationsentwicklung einsteigen, da sie sich irgendwie logischerweise aus meiner Lebensgeschichte ergibt. Ich habe, soweit ich mich zurück entsinnen kann, immer aufgebaut und organisiert. Und immer geschah das vor dem Hintergrund meines Glaubens. Also, was liegt näher, als meine theologischen Ressourcen wieder zu aktivieren und mich als organisationsberatenden, katholischen Diplom-Theologen zu versuchen. Dies könnte sich z.B. im Bereich von Verbänden, Pfarrverbänden oder kirchlichen Projektgruppen abspielen. Handlungsbedarf bei unserer angeschlagenen Kirche scheint mir genug gegeben zu sein.

Wege

Indem ich eine weitere Fortbildung im Bereich Organsationsberatung/Organisationsentwicklung (OE) anstrebe. Ich habe mich hier mit kollegialer Unterstützung auch schon ein wenig umgeschaut. Jedoch komme ich mir vor, wie kürzlich beim Kauf einer neuen Waschmaschine: Wer kann mir sagen, ob es die richtige ist? Ich habe auf die Marke vertraut, doch fehlt mir im Bereich der OE-Anbieter hier noch die Qualitätsübersicht. Ich hoffe, hier mehr Klarheit zu gewinnen. Im theologischen Bereich fühle ich mich da schon sehr viel sicherer. Hier möchte ich meinen Schwerpunkt auf den pastoralen Bereich legen. Dies soll zunächst durch gezielte Literatur geschehen, und zu einem späteren Zeitpunkt ggf. durch Projekte im Nahbereich.

Schließen möchte ich mit dem Gedanken, daß alles zu dem kommt, der zu warten versteht oder wie es der alttestamentliche Beter - in einer Übergangszeit im 3. Jahrhundert vor Christus, in der die herkömmlichen Anschauungen erschüttert, neue Antworten und Gewißheiten aber noch nicht gefunden sind - ausdrückt:

Alles hat seine Stunde, und eine Zeit ist bestimmt für jedes Vorhaben unter dem Himmel:
Eine Zeit fürs Geborenwerden und eine Zeit fürs Sterben; eine Zeit fürs Pflanzen und eine Zeit,
Gepflanztes auszureißen.
Eine Zeit, zu töten und eine Zeit, zu heilen; eine Zeit einzureißen und eine Zeit, aufzubauen.
Eine Zeit, zu weinen und eine Zeit, zu lachen; eine Zeit, zu klagen und eine Zeit, zu tanzen.
Eine Zeit, Steine zu werfen und eine Zeit, Steine zu sammeln. Eine Zeit, zu umarmen und eine
Zeit, der Umarmung sich zu enthalten.
Eine Zeit, zu suchen und eine Zeit, zu verlieren; eine Zeit, aufzubewahren und eine Zeit, wegzuwerfen.
Eine Zeit, zu zerreißen und eine Zeit, zu nähen; eine Zeit, zu schweigen und eine Zeit, zu reden.
Eine Zeit, zu lieben und eine Zeit, zu hassen; eine Zeit für den Krieg und eine Zeit, für den Frieden.

(Kohelet 3, 1-8)

8. Ein Konzept der Teamcoach-Ausbildung

Peter Kriechhammer und Klaus Lumma

Gemäß Abraham Maslows Untersuchungen stellen des Menschen Bedürfnisse den wichtigsten Bestandteil seiner Motivation dar (s. Tafel 12). Maslow definiert Motivation als das Streben nach diesen Bedürfnissen, wobei das nächsthöhere erst aktiviert werde, wenn das darunterliegende erfüllt sei und somit nicht mehr motivierend wirke. Zu den existenziellen Bedürfnissen zählte Maslow z.B. Hunger und Durst. In Ergänzung dazu stellte Piaget fest, daß auf jeden Fall das Bedürfnis nach "Streicheln", nach "Berührtwerden" im wahrsten Sinne des Wortes zu den Existenzbedürfnissen zähle. Während Maslow sich also auf die individuell physiologischen Bedürfnisse konzentrierte, eröffnete Piaget mit seinen Forschungsarbeiten die Möglichkeit einer Erweiterung individualistischer Sichtweise auch bereits im Bereich der fundamental physiologischen Bedürfnisse. "Streicheln" (strokes), "Berührtwerden" zählen wir deshalb zu den Interaktionell-physiologischen Bedürfnissen; ihr Verlust führt beim Baby z.B. zum Tod, beim Kleinkind zu Autismus, beim Jugendlichen zu Deprivation und beim Erwachsenen zu psychosomatischen Beschwerden und Antriebsschwäche, letzteres im persönlichen ebenso wie im beruflichen Lebensfeld.

Bei Alfred Adler, dem Wiener Sozialpsychologen, finden wir ähnliche Erörterungen im Hinblick auf des Menschen Notwendigkeit, Gemeinschaft zu erleben (Gemeinschaftsgefühl), nicht krampfhaft über den in der Gemeinschaft gefundenen Stellenwert "hoch hinaus" zu wollen (Geltungs- und Machtstreben) und Ziele vor Augen zu haben (Finalität). Als Kind können wir diese Rahmenbedingungen innerhalb der Familie geboten bekommen. Das Ausmaß der Qualität ist natürlich abhängig von den betreffenden Fähigkeiten der Eltern.
Für das Erwachsenenalter gibt es unseres Wissens keinen besseren Rahmen als den des Teams; hier ist in unserer ansonsten oft von der Erfüllung menschlicher Bedürfnisse entfremdeten Welt der geeignete Platz für die Sicherung folgender Qualitäten:

- Gemeinschaftsgefühl und Orientierung
- Umsetzung persönlicher und institutioneller Zielsetzungen
- Entwicklung der Ressourcen (persönlich und institutionell)
- Feedback-Schleifen (zum Kanalisieren des Geltungsstrebens)
- Nährboden der Kreativität
- Berufliches Heimatgefühl

Wie das Kind seine Eltern, so braucht das Team seinen Coach, der institutionell mit Verbindung zur Geschäftsleitung für die Sicherung des Qualitätsrahmens sorgt.

Wir stellen hiermit unser Pilotprojekt der Teamcoach-Ausbildung zur Diskussion. Das beschriebene Projekt wird seit Frühjahr 1993 im Rahmen der Fa. EXTERNA praktiziert.

> *"Von manchen Menschen wird gesagt, sie seien 'weitsichtig', sie haben ein 'Gefühl', wie die zukünftige Entwicklung wahrscheinlich weitergehen wird. Menschen, welche im Ruf dieser 'Weitsichtigkeit' stehen, werden vor Entscheidungen gerne um Rat gefragt."*
>
> *(Karl Steinbuch 1968, S.134)*

8.1. Der Rahmen

Eine Vorabinformation für die AusbildungskandidatInnen

Die Ausbildung wird für Gruppen mit je 12-15 Teilnehmern ausgerichtet. Dabei legen wir größten Wert darauf, daß Du mit Teamcoaches aus allen Bereichen und der Tochterunternehmen zusammenkommst. Da sich unser Unternehmen auch auf eine Weiterentwicklung vorbereiten muß, haben wir zudem einige Mitarbeiter zu diesem Lehrgang eingeladen, die jetzt noch keine Führungsaufgaben haben. Jedes Team ist so zusammengesetzt, daß durch einen Mix von unterschiedlich langer Führungserfahrung ein optimaler gegenseitiger Erfahrungsaustausch in Gang kommt.

Für die gesamte Ausbildungsdauer steht Dir ein persönlicher Coach (Dein Geschäftsführer bzw. Bereichsleiter) mit Rat und Tat zur Seite. Seine wichtigste Aufgabe ist es, Dich bei der Umsetzung des Gelernten in der Praxis zu begleiten. Mit ihm wirst Du nach jedem Ausbildungsmodul das Gelernte besprechen und auf Deine spezielle Situation projizieren. Richtschnur dieser Begleitung ist die Leitinformation zur Teamcoach-Supervision.

Zu Beginn des Curriculums wirst Du mit dem Coach ein Thema für eine schriftliche Arbeit vereinbaren, die Du dann am Ende des gesamten Ausbildungsprogrammes vor der Geschäftsleitung und allen Coaches präsentieren wirst.

Zusätzlich zu den theoretischen Inputs, den Gesprächen mit Deinem Coach und der schriftlichen Arbeit wirst Du bei jedem Modul die Gelegenheit haben, in Form von Kamingesprächen mit interessanten Leuten aus Wissenschaft und Praxis über Deine Anliegen als Führungskraft zu diskutieren. Dein persönlicher Coach selbst erhält im Rahmen einer firmeninternen Steuerungsgruppe unter Leitung der Geschäftsführung Supervision für seine Aufgaben durch einen externen Supervisor.

In der Folge sind alle strukturellen Übersichten und Arbeitspapiere des Salzburger Pilotprojektes dokumentiert:

- Gesamtübersicht der Teamcoach-Ausbildung (Führungskräfteentwicklung)
- Leitinformation zur Teamcoach-Supervision (TCS)
- Zielvorstellung für die einzelnen Ausbildungsblöcke
- Vertragsentwurf zur begleitenden Supervision
- Begleitbogen zur Teamcoach-Ausbildung
- Lerndiagnose-Raster zur Teamcoach-Ausbildung

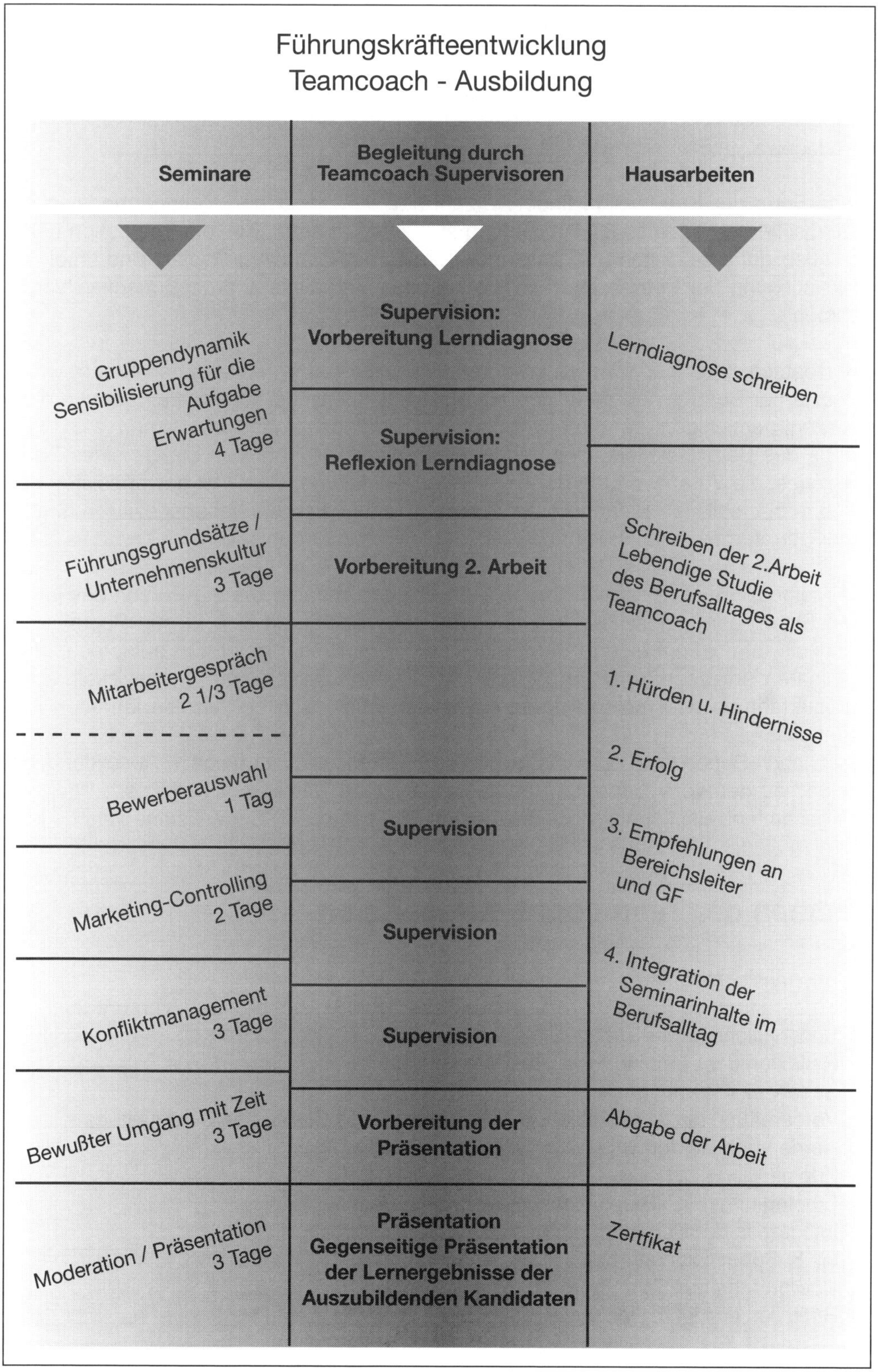

Führungskräfteentwicklung
Teamcoach - Ausbildung

Seminare	Begleitung durch Teamcoach Supervisoren	Hausarbeiten
Gruppendynamik Sensibilisierung für die Aufgabe Erwartungen 4 Tage	Supervision: Vorbereitung Lerndiagnose	Lerndiagnose schreiben
	Supervision: Reflexion Lerndiagnose	
Führungsgrundsätze / Unternehmenskultur 3 Tage	Vorbereitung 2. Arbeit	Schreiben der 2.Arbeit Lebendige Studie des Berufsalltages als Teamcoach
Mitarbeitergespräch 2 1/3 Tage		1. Hürden u. Hindernisse
Bewerberauswahl 1 Tag	Supervision	2. Erfolg 3. Empfehlungen an Bereichsleiter und GF
Marketing-Controlling 2 Tage	Supervision	
Konfliktmanagement 3 Tage	Supervision	4. Integration der Seminarinhalte im Berufsalltag
Bewußter Umgang mit Zeit 3 Tage	Vorbereitung der Präsentation	Abgabe der Arbeit
Moderation / Präsentation 3 Tage	Präsentation Gegenseitige Präsentation der Lernergebnisse der Auszubildenden Kandidaten	Zertifikat

Abb. 13

8.2. Die Supervision

Teamcoach-Supervision ist eine individuell gestaltete Form betriebsinterner Begleitung von Teamcoaches durch ihre direkten Vorgesetzten bzw. deren für diese Aufgabe ausgewählte Stellvertreter.

Diese Form der Supervision findet verzahnt zu verschiedenen Seminarmodulen der betriebsinternen Teamcoach-Ausbildung statt und hat zum Ziel, die Integration der in der Ausbildung gelernten und trainierten Inhalte direkt am Arbeitsplatz und unter Berücksichtigung der betriebsinternen strukturellen Verhältnisse prozeßorientiert vorzunehmen.

Die Teamcoach-Supervision ist also keine Supervision im klassischen Sinne, wobei ein externer Berater das berufliche Handeln reflektiert und kommentiert, sondern sie überträgt demjenigen, der die nächst höhere Führungsaufgabe wahrnimmt, z.B. in die Hände des Bereichsleiters, des Leiters einer Niederlassung, des Leiters eines Fachbereiches, die Verantwortung der beratenden Begleitung. Damit ist gewährleistet, daß die innerbetrieblichen Belange optimal berücksichtigt sind, aufgabenspezifisch für den jeweiligen Vorgesetzten, kostenbewußt für die Gesamtorganisation.

Die Methodik der Teamcoach-Supervision ist so reichhaltig wie die Person des jeweiligen Supervisors selbst. Der Teamcoach-Supervisor beruft sich für die Supervisionstätigkeit auf das ihm eigene Beratungsinventar, entweder gelernt in entsprechenden Seminaren, in prozeßorientierten Trainings, autodidaktisch kreativ entwickelt durch Berufserfahrung oder gelernt durch kollegialen Austausch bei berufserfahrenen KollegInnen.
Teamcoach-Supervision wird als zentrales Element der Teamcoach-Ausbildung begleitend zu den verschiedenen, themenspezifischen Seminaren praktiziert. Während des gesamten Ausbildungsprozesses finden 10 Teamcoach-Supervisionen statt.

Themen der Teamcoach-Supervision

1. Supervisionstermin:
   Vorbereitung der Lerndiagnose (schriftliche Arbeit); Abgabetermin verabreden
2. Supervisionstermin:
   Reflexion der Lerndiagnose; Resümee für die tägliche Berufspraxis
3. Supervisionstermin:
   Vorbereitung der 2. schriftlichen Arbeit: Lebendige Studie des Berufsalltags
   Hürden und Hindernisse
   Erfolge
   Empfehlungen an Bereichsleiter/Geschäftsführer
   Integration der Seminarinhalte in den Berufsalltag
4. bis 8. Supervisionstermin:
   Überprüfung der Schreibprozeß-Entwicklung
   Reflexion der 3. Teamcoach-Supervision

9. Supervisionstermin:
   Reflexionsphase, Abgabe der Arbeit sicherstellen
10. Supervisionstermin:
   Vorbereitung der Präsentation

Präsentation der Lernergebnisse

Nachdem alle Seminare und Supervisionen der Teamcoach-Ausbildung absolviert und die schriftliche Hausarbeit abgegeben wurden, erfolgt eine gegenseitige Präsentation der einzelnen Lernergebnisse. Es ist daran gedacht, für diese Präsentation je AusbildungskandidatIn eine Viertelstunde zur Verfügung zu stellen. Die Präsentation findet im Rahmen der Ausbildungsgruppe statt. Eingeladen sind: Geschäftsführer, Teamcoach-Supervisoren und einzelne Ausbildungsleiter. Nach erfolgreicher Präsentation erhalten die TeilnehmerInnen das Abschlußzertifikat zur Teamcoach-Ausbildung .

8.3. Die Seminare

Gruppendynamik

Seminarziele:

- Erleben und Verstehen von Humansystemen, wie sie sich in Kleingruppen, größeren Abteilungen und komplexen Organisationen stets bilden.
- Erkennen der eigenen Denkstrukturen und Verhaltensmuster als Führungskraft, einschließlich der Wahrnehmungsfilter durch geeignete Feedback-Prozesse.
- Anleitung zur systemorientierten Betrachtung von Arbeitssituationen, so daß eine eigene Umsetzungsstrategie für alle TeilnehmerInnen noch während des Seminars möglich wird.
- Erkennen, Überprüfen und ggf. Korrigieren der eigenen Führungsphilosophie.
- Verringerung der Differenz "Fremdbild" zu "Eigenbild"
- Institutionalisieren von Selbstreflexion im eigenen Team
- Initiieren von kollektiven Lernprozessen

Dauer: 3 Tage

Führungsgrundsätze/Erfolgreiches Arbeiten im Team

Systemisches Denken und Handeln im Management. Mit Outdoor-Aktivitäten.

Seminarziele:

- die EXTERNA-Führungsgrundsätze umzusetzen und zu leben,
- mit "Coaching" als Führungsinstrument richtig umzugehen,

- seinen Mitarbeitern "Sinn" für die Tätigkeit im Unternehmen zu vermitteln,
- als Führungskraft zusammen mit dem Team erfolgreich zu sein,
- die Integration seines Teams in das Gesamtunternehmen zu gewährleisten,
- Systemisches Denken und Handeln im Führen von Mitarbeitern zu praktizieren.

Das bedeutet:
- Ganzheitliche Sicht des Unternehmens und seiner relevanten Umwelten,
- Umstellung im Denken von "entweder/oder" zu "Sowohl/ als auch",
- Einbeziehen der Intuition in Entscheidungsprozesse,
- Kooperation anstatt Konfrontation,
- Selbstorganisation anstatt Organisation,
- gedeihen lassen, Energien freisetzen anstatt Druck ausüben,
- Balance zwischen Verändern und Bewahren,
- Denken in Wechselwirkungen anstatt Ursache-Wirkungs-Denken,
- Führungskraft als EntwicklerIn, GärtnerIn, ImpulsgeberIn anstatt als MacherIn,
- Bewußtheit der subjektiven selektiven Wahrnehmung,
- Verlagerung des Betrachtungsschwerpunktes von Objekten/Personen zu Beziehungen.

Dauer: ca. 4 Tage

Mitarbeitergespräche/Reflexion

Seminarziele:

- Mitarbeitergespräche im Einklang mit dem Unternehmensleitbild und den EXTERNA-Führungsgrundsätzen zu führen,
- das jährliche Zielvereinbarungsgespräch als Planungs- und Orientierungshilfe richtig einzusetzen,
- seinen Mitarbeitern ehrliches Feedback zu geben,
- Einstufungs- und Gehaltsgespräche so zu führen, daß der Mitarbeiter sich verstanden fühlt und Entscheidungen nachvollziehen kann,
- die Kommunikation mit dem Mitarbeiter so zu gestalten, daß Vertrauen entsteht und ausgebaut wird,
- für sich selbst eine kritische Reflexion abgelaufener Gespräche und Situationen durchzuführen.

Dauer: 2 Tage

Bewerberauswahl

Seminarziele:

- wichtige Kriterien aus den Bewerbungsunterlagen zu erkennen,
- diese Erkenntnisse im Rahmen des persönlichen Interviews zu vertiefen,

- Bewerber mit dem Bewußtsein zu beurteilen, daß jede Beurteilung durch seine selektive Wahrnehmung und seine Umfeldbeziehungen und Erfahrungen gefärbt ist,
- Interviews so zu führen, daß die Würde des Menschen dabei nicht verletzt wird,
- das Potential im Bewerber zu erkennen und mit dem Anforderungsprofil abzugleichen,
- Gespräche in einem solchen Klima zu führen, daß sich der Bewerber unabhängig vom Ergebnis gerne an dieses Gespräch erinnert.

Dauer: 1 Tag

Moderation/Präsentation

Seminarziele:

- Meetings und Workshops so zu leiten, daß unter Einbeziehung aller Teilnehmer größtmögliche Effizienz gewährleistet ist,
- Ergebnisse, Aufgabenverteilung und Termine ganz klar zu vereinbaren und zu dokumentieren,
- Kooperation statt Konfrontation zu erreichen,
- das Unternehmen, Arbeitsergebnisse oder Produkte so zu präsentieren, daß es nicht fade Selbstdarstellung ist, sondern Interesse und Aufmerksamkeit hervorruft.

Dauer: 2 Tage

Strategie, Marketing, Controlling

Seminarziele:

- die Grundzüge der Kostenrechnung zu beherrschen,
- mit den "internen" Management-Informationssystemen zu arbeiten, wie BAB, Kennzahlen, Betriebsvergleich, Projektdaten-Erfassung, EXTERNA-Verwaltungssystem
- für seine Kostenstelle ein Budget zu erstellen,
- seinen Mitarbeitern Kostenbewußtsein zu vermitteln,
- seine Teamziele an der strategischen Ausrichtung von EXTERNA zu orientieren,
- Synergiepotentiale mit anderen Bereichen aufzuspüren und zu nutzen,
- das Gesamtangebot des Unternehmens extern und intern präsentieren zu können,
- seinen Mitarbeitern Kundenorientierung zu vermitteln,
- das Dienstleistungs- und Produktspektrum seines Teams nach Kundenbedürfnissen auszurichten.

Dauer: 2 Tage

Persönliche Arbeitsmethodik/Selbstorganisation

Seminarziele:

- die zur Verfügung stehende Zeit besser als bisher zu nutzen,
- mit einer klaren Vorstellung über seine Aufgabe im Unternehmen entsprechende Prioritäten zu setzen,
- bei vollem Engagement im Unternehmen auch noch zu "leben",
- zu beurteilen, was er selber erledigen muß und was er delegieren kann,
- zu gewährleisten, daß seine Mitarbeiter durch ihn "wachsen" und ihm damit auch Aufgaben und Verantwortung abnehmen können,
- abgegebene Verantwortung auch sinnvoll zu kontrollieren.

Dauer: 2 Tage

Konfliktmanagement

Seminarziele:

- Konflikte zu erkennen - Früherkennung! - und mit Konflikten zu leben,
  Konflikte stellen ein Potential für Kreativität und notwendige Änderungen im Unternehmen dar. Es gibt keine konfliktlose Welt.
- mit Polarität umzugehen: statt "entweder/oder" gibt es noch "sowohl/als auch"
- sich in Konflikten richtig zu verhalten,
- die Möglichkeiten der Konfliktlösung und seine Rolle als Vermittler richtig einzusetzen.

Dauer: 3 Tage

Teamcoach-Ausbildung
Spielregeln der begleitenden Supervision

Name KandidatIn _____

AusbildungskandidatIn und Begleiter einigen sich bezüglich der begleitenden Supervision über folgende Spielregeln:
In den ersten beiden Supervisions-Stunden (SV) geht es ausschliefllich um die Lerndiagnose gemäß Raster zur Lerndiagnose. In den SV-Stunden 3 bis 8 geht es um die konkrete Beratung bzw. Begleitung der schriftlichen Hausarbeit. In den letzten beiden SV-Stunden geht es dann um die Vorbereitung der Abschlußpräsentation.

Gesamtübersicht der begleitenden Supervision:
- Vorbereitung der Lerndiagnose   1. Stunde
- Reflexion der Lerndiagnose   2. Stunde
- Vorbereitung der schriftlichen Hausarbeit: Themen-
  setzung, Projektdefinition und Besprechen des
  Rasters für den Schreibprozeß   3. Stunde
- Begleitung des Schreibprozeßes   4.-8. Stunde
- Abgabe der Arbeit sicherstellen   8. Stunde
- Präsentation Schwerpunkt herauspicken   9. Stunde
- Vorbereitung der Präsentation   10. Stunde

Raster der Hausarbeit
Die Hausarbeit und die diesbezügliche Supervision (3. bis 8. SV-Stunde) orientieren sich an folgendem Raster:
1. Formulierung eines konkreten Leitungsprojektes:
2. Hürden und Hindernisse
3. Erfolge
4. Empfehlungen an Bereichsleiter und Geschäftsführer
5. Integration der Inhalte aus den einzelnen Kursblöcken

Als Thema der schriftlichen Arbeit wurde verabredet:

_____

_____

_____   _____
Unterschriften   Datum

_____   _____
AusbildungskandidatIn   Teamoach-Begleiter

Diese Spielregeln werden zweifach ausgestellt und unterschrieben. Ein Exemplar für die AusbildungskandidatIn, ein Exemplar für den Begleiter.

Lumma, Teamfibel / Windmühle GmbH Hamburg

Teamcoach-Ausbildung
Begleitbogen

Name KandidatIn_____

Seminar Thema (Tage)	Termin	Unterschrift (Seminarleiter)
Gruppendynamik Sensibilisieren für die Aufgabe(4)		
Führungsgrundsätze / Unternehmenskultur Erfolgreiches Arbeiten im Team / Outdoor (3)		
Das Mitarbeitergespräch (2)		
Bewerberauswahl (1)		
Moderation & Präsentation (2)		
Strategie - Controlling - Marketing (3)		
Arbeitsmethodik / Selbstorganisation (2)		
Konfliktmanagement (3)		

Begleitende Supervision	Termin	Unterschrift (des Begleiters)
1. Lerndiagnose Vorbereitung		
2. Reflexion der Lerndiagnose		
3. Schriftliche Arbeit vorbereiten Themensetzung		
4. Schreibprozeß Beratung		
5. Schreibprozeß Beratung		
6. Schreibprozeß Beratung		
7. Schreibprozeß Beratung		
8. Schreibprozeß Beratung Abgabe der Arbeit sicherstellen		
9. Feedback zur Arbeit Präsentationsschwerpunkt herauspicken		
10.Vorbereitung der Präsentation		
Abschlußpräsentation (20') Thema der schriftl. Arbeit	**Termin**	**Unterschrift** (GF u.a.)

Teamcoach-Ausbildung
Lerndiagnose-Raster

_____   _____   _____

Name   Vorname   Titel

_____

Dienststellung / Aufgabenbereich

_____

Name des Begleiters / Dienststellung

1. Stationen meines bisherigen beruflichen Werdeganges.

2. Persönliches: Hobbys, Sprachkenntnisse, Lebensform, Literatur.

3. Darstellung meines Teams (Aufgabengebiete & Mitarbeiterfunktionen).

4. Skizzenartige Darstellung der bisherigen berufsbegleitenden Weiterbildung:
   Workshops, Seminare (betriebsintern & extern), Weiterbildungsinhalte, die in
   die tägliche Berufspraxis integriert wurden.

5. Persönliche Einschätzung der eigenen Qualität als Führungskraft.

6. Was ich konkret im Rahmen der Teamcoach-Ausbildung lernen möchte.

Bitte die Fragen auf einem Extrablatt der Reihe nach beantworten. Dieses
Deckblatt freundlicherweise dazugeben. Eine Kopie erhält der Teamcoach-
Begleiter 7 Tage vor Beginn der 2. Supervisionsstunde.

Lumma, Teamfibel / Windmühle GmbH Hamburg

Biographisches

Dr. Klaus Lumma

A.C.P. Lehrbeauftragten-Diplom des College of Preceptors London; M.A. Erziehungswissenschaftler-Diplom & Dr. paed. der RWTH-Aachen, Supervisor (DGSv), Pädagogischer Psychotherapeut (BVPPT) und Jazzmusiker (UDJ); Jahrgang 1944 (Gerolstein Lissingen); Gründer und wissenschaftlicher Leiter des IHP Institut für Humanistische Psychologie; Begründer der Orientierungsanalyse; Fachbuchautor und Herausgeber der Halbjahrbücher Humanistische Psychologie; Arbeitsgebiete: Weiterbildung, Personal- und Organisationsentwicklung, Consulting, Lehrtraining in Methoden der Humanistischen Psychologie; Seminare und Vorlesungen in U.S.A., England, Schweiz und Österreich; Trompeter der Sun Lane LTD New Orleans Jazzband.

Dr. Margit Bergmair-Ambach

Dr. jur.; geb. 1959 in Hallstadt; Studium der Rechtswissenschaften in Linz und Salzburg; tätig in der Personalabteilung der Porsche Holding Österreich, Salzburg; zuständig für Personalarbeit und Personalentwicklung der Firma EXTERNA Informationstechnik und Unternehmensberatung GmbH.

Johannes Böhmer

Dipl.-Ing., geb. 1958, Studium der Elektrotechnik an der RWTH Aachen, arbeitet am Fraunhofer-Institut für Produktionstechnologie Aachen; Arbeitsschwerpunkt: Einführung rechnergestützter Qualitätsmanagementsysteme in mittelständischen Unternehmen.

Stefan Böhmer

Dipl.-Ing., geb. 1964, Studium der Elektrotechnik an der RWTH Aachen; seit 1991 am Lehrstuhl Kommunikationsnetze der RWTH tätig; Arbeitsschwerpunkte: betriebliche und überbetriebliche Vernetzung von Arbeitsplätzen, Dienste integrierende Mobilfunknetze und drahtgebundene Telekommunikationsnetze, Software engineering.

Sr. Ludgera Brinckmann

Ordensschwester in der Kongregation der Schwestern der Liebe vom Kostbaren Blut; Einzelhandelskauffrau; Küchenmeisterin für das Hotel- und Gaststättengewerbe; Jahrgang 1938; Konventoberin und Heimleiterin des ordenseigenen Alten- und Pflegeheim Haus Serafine in Würselen-Broichweiden.

Fanita English

M.A., M.S.W., gebürtige Rumänin, aufgewachsen in der Türkei; Studium der Entwicklungs-Psychologie an der Sorbonne, Paris; Studium der Sozialarbeit in den USA; Psychoanalyse-Ausbildung in Chicago; Gruppendynamik im Tavistock Institut GB, Gestalttherapie bei Fritz Perls; Transaktionsanalyse bei Eric Berne; Teaching Member ITAA San Francisco im klinischen und organisatorischen Bereich; Begründerin des Eastern Institute for Transactional Analysis and Gestalt in Philadelphia (1970); Begründerin der Existenziellen Verhaltensmuster Analyse; Fellow der American Association for Group Psychotherapy; Eric Berne Scientific Award (1988); Seminare und Vorlesungen in vilen Ländern; Fachbuchautorin zur Transaktionsanalyse.

Fritz Gairing

Dipl.-Paed., geb. 1955, Studium der Erziehungswissenchaften, Psychologie, Soziologie und Philosophie an der TU Berlin; Weiterbildung in Transaktionsanalyse, Systemischer Beratung und Organisationsentwicklung; Leiter des Fachgebietes Trainer- und Beraterqualifizierung bei der Mercedes-Benz AG, Stuttgart.

Peter Kriechhammer

Geb. 1948 in Mattsee bei Salzburg; Ausbildung in Systemischer Beratung durch die Beratergruppe Neuwaldegg/Wien; Geschäftsführer der Unternehmensgruppe EXTERNA Informationstechnik und Unternehmensberatung GmbH in Salzburg; Arbeitsschwerpunkte: Strategieentwicklung, Organisationsentwicklung, Personalentwicklung.

Dagmar Lumma

Geb. 1951 in Eschweiler; Mitbegründerin und organisatorische Leiterin des IHP Institut für Humanistische Psychologie; Pädagogische Psychotherapeutin (BVPPT); Vorsitzende des Berufsverbandes Pädagogischer Psychotherapeuten; In ihrer orientierungsanalytischen Arbeit mit Einzelnen und Gruppen verbindet sie Aspekte der Transaktionsanalyse und Gestalttherapie mit organismisch-ganzheitlich orientierten Strategien; lebt mit Klaus Lumma und ihren fünf Kindern in Eschweiler/ Aachen.

Prof. Dr. Fred Massarik

Gebürtiger Wiener; Lehrstuhl an der University of California, UCLA Anderson Graduate School of Management, Consultant in freier Praxis; beschäftigt sich insbesondere mit den Gebieten Organisationsentwicklung und Lebensplanung; Fred Massarik ist ehemaliger Vorsitzender der Association for Humanistic Psychology, AHP San Francisco; in Deutschland war er gemeinsam mit Klaus Lumma an der Organisationsentwicklung der Humanistischen Psychologie beteiligt. Fachbuchautor zur Organisationsentwicklung.

Martin Oster

Dipl.-Theol., geb. 1956; Studium der katholischen Theologie in Bonn; Trainer in der Jugend- und Erwachsenenbildung; Entwicklung von Konzepten im Bereich Jugendarbeitslosigkeit; Referent der Katholischen Arbeitsgemeinschaft für Soldatenbetreuung e.V., Bonn.

Pfr. Franz-Heiner Schwirten

Dipl.-Theol., geb. 1951 in Bergisch Gladbach; Pfarrer in drei Pfarrgemeinden in Köln Ehrenfeld, Zusatzausbildung als Supervisor mit den Schwerpunkten: Leiten in Institutionen und Organisationsberatung.

Interwriting

"Die Zukunft wird uns auf hoher See finden, und alles hängt davon ab, ob wir navigieren können.
Fahren auf Sicht - das geht nur bei der Küstenschiffahrt."

(Karl Steinbuch 1968, S.146.)

Ein themenzentrierter-interaktioneller Schreibprozeß zwischen verschiedenen KollegInnen, die an der Teamfibel mitgewirkt haben. Eine Motivation zur Persönlichkeitsentwicklung und zur seelischen Gesunderhaltung.

Klaus Lumma

Ich denke mir, daß es für uns alle, Schreiber wie Leser, eine interessante Erfahrung sein könnte, in direkten Kontakt zueinander zu treten über das "Feder- und Fax Medium" und diesen Kontakt als themenzentriert interaktionelle Nachworte zu dokumentieren. Das Zitat von Karl Steinbuch könnte dabei als Leitschnur dienen, an der wir von verschiedenen Stellen der Welt ziehen, um den Kontakt zu spüren.

Heute ist Vollmond, und ich stelle mir vor, daß die erste Verbindung von meinem Büro über den Mond gespannt nach Los Angeles zu Fred Massarik geht. Diese Verbindungslinie gibt es nun schon 20 Jahre. Über sie gehen zahlreiche Impulse zur sorgfältigen Konsolidierung eines brauchbaren Navigationssystems hin und her. Gelegentlich fahren wir auch auf Sicht, manchmal in der nordrhein-westfälischen Binnenschiffahrt um Eschweiler/Aachen, manchmal an der kalifornischen Küste von Los Angeles/Santa Monica.

Wenn ich bei Fred Massarik an Land gehe, so ist das immer wieder ganz stark mit dem verbunden, was ich das Cedarhurst-Schloß-Gefühl nenne. Mit diesem Gefühl lassen sich Navigationsvorlesungen (orientierungsanalytische Lehrveranstaltungen), Offiziers- und Mannschaftsausbildungen (Leittext-System Trainings LST) ziemlich effektiv gestalten.

Manchmal stoße ich dabei jedoch auch auf Phänomene der Meuterei. Wenn dies geschieht, dann werde ich an das erinnert, was unser Kollege Paul MacLean in seinen Hirnforschungen neu entdeckt hat. Ich will es mit meinen eigenen Worten ausdrücken: Zum Segeln im stürmischen Gewässer brauchen wir die Kraft eines Seewolfes; doch beim Verhandeln der Segelroute kommt es auf Gefühl *und* Intellekt an. Unser Seewolf muß dann so lange im Käfig sitzen. Doch wir dürfen nicht vergessen, ihm Ausgang zu gewähren und ihn zu zähmen.

Fred Massarik

... Ja, wir segeln.... Die Metapher der See finde auch ich schön.

... Und es freut mich, daß Klaus Lumma noch daran denkt, wie unsere Zusammenarbeit vor vielen Jahren angefangen hat.

... Auch in den damaligen Seminaren zur Lebensplanung haben wir schon über die See des Lebens gesprochen.

... Nie war die See nur flach und ruhig. Alles ist turbulent und ungewiß.

Die richtige, klare Linie ist aber doch immer das Zwischenmenschliche: ... Genau die Verbindung von Personen, besonders von KollegInnen und Freunden in Harmonie mit Ideen.

Das Cedarhurst Schloß, das Klaus Lumma erwähnt, ist eigentlich Bibliothek und Treffpunkt, obwohl es in Stil und Bauart den Zwanziger Jahren der Kinoepoche entsprungen ist.

... Und das heißt für mich *Ideen* und *Menschen*.

... Die See unserer Zeit ist ein kompliziertes Gebilde.

... Das Miteinander-Wirken, vor allem in *Teams* ist in dieser Welt des Wandels und der Veränderung ein wichtiger Denk- und Handlungsansatz geworden.

... Zusammen auf dem Meer der Zukunft schlagen die Ideen und die Menschen mit Vertrauen neue und sinnreiche Richtungen ein.

Fritz Gairing

... die Zukunft wird uns auf hoher See finden ... eine schöne Metapher ... schon deshalb, weil mich als Segler dabei sehnsüchtige Erinnerungen an tiefgreifende Erfahrungen beschleichen: damals im Sturm zwischen Calvi und Cannes hatte ich - soweit ich mich erinnere - zum ersten Mal richtige Todesängste ... Und trotzdem, oder vielleicht deshalb: ich liebe die See. Bei uns in Süddeutschland sagt man dazu allerdings eher "das Meer", und mit meinen italophilen Worten und Gefühlen ist es "il mare".

Und wenn ich diese Metapher vom Fahren auf hoher See in meinem Kopf und Bauch schwingen lasse, dann spüre ich archaische Faszination und Gewalt, den beständigen Rhythmus zwischen Werden und Vergehen; beides: Leben und Tod. Panta Rhei: Alles ist in Bewegung.

Das Bild stimmt: Wir Menschen, als Individuen, in Gruppen, in Organisationen und Gesellschaften, sind in eine Situation geraten, die die bekannten Schiffahrtswege verlassen hat. Die alten Seekarten taugen nicht mehr. Wir bewegen uns - wie einst Vasco da Gama auf den Rand der Erdscheibe - auf die Grenzen unserer bisherigen Landkarten zu.

Oder ist die Welt doch eine Kugel? Um das rauszukriegen werden wir die alten Denkschablonen überwinden müssen, um neue Ufer zu erreichen, die jenseits der sozionautischen Denktraditionen liegen.

Dabei wird Mut, Kreativität, Vision und Kraft gefragt sein, die Wellen, Brecher, Hurrikans und Haie auf dieser Reise zu überstehen, einer Reise, von der keiner genau weiß, wohin sie führt.

In der selbstbewußten, Menschen achtenden und zielorientierten Arbeit in Gruppen könnte sich ein nautisches Grundprinzip etablieren, das dieser Seereise eine Orientierung geben könnte.

Peter Kriechhammer

Es ist für mich ein eigenartiges Gefühl, meinem Lehrer "etwas ins Buch zu schreiben", damit gleichsam in Kontakt zu treten mit den anderen Autoren und mit dem ganzen Netzwerk, welches Klaus Lumma durch seine berufliche und wissenschaftliche Tätigkeit aufgebaut hat.

Mit Klaus Lumma ist eine völlig neue Dimension in unser Unternehmen gekommen. Als Berater im Bereich Informationstechnologie sind wir 1988 auf die Idee gekommen, daß wir auch einmal etwas für unser Verhalten als Berater tun sollten. Über zwei Trainingsinstitute, die uns wegen Überlastung abwiesen, sind wir an Klaus Lumma "geraten". So hatte ich ein ziemlich flaues Gefühl im Magen, als ich ihn zum ersten Training am Salzburger Flughafen abholte, ohne ihn vorher je gesehen zu haben. Als Erkennungsmerkmal war ein Schal mit einem Drachen vereinbart.

Es hat uns gleich beim ersten gemeinsamen Arbeiten richtig durchgeschüttelt. Anstatt Beraterverhalten war Konfliktbewältigung zum Thema geworden. Wir lernten "anders" miteinander umzugehen, und wir lernten neue Formen der Teamarbeit. Es war irgendwie der erste Schritt zu einer "lernenden Organisation". Auch für mich persönlich war die Berührung mit der Humanistischen Psychologie ein Wendepunkt. Ich befaßte mich in der Folge intensiv mit diesem Gedankengut und mit dem damit verbundenen Weltbild. Es ist wie ein Virus, das man nicht mehr los wird.

Aus den vielen gemeinsamen Arbeitssituationen und Gesprächen ist für mich eine Freundschaft entstanden. Es ist eine Freundschaft mit vielen Gesichtern: Gesprächspartner, Supervisor, Zuhörer in persönlichen und beruflichen Dingen und gemeinsame Freude am New Orleans Jazz. In dieser Verbundenheit freue ich mich, einen ganz persönlichen Beitrag zu leisten.

Margit Bergmair-Ambach

"... Die richtige, klare Linie ist aber doch immer das Zwischenmenschliche." An diesen Satz von Fred Massarik möchte ich gerne anknüpfen. Die Verbindung von Klaus Lumma und mir besteht nun seit fünf Jahren. Seine Leitung ist nie eine rein fachliche gewesen. Ich habe von Anbeginn neben dem Fachlichen auch persönliche Verbundenheit empfunden: Obzwar geographisch weit voneinander entfernt, so ist der "Draht" immer da. Er braucht nur aktiviert zu werden. Leider sind die Zusammentreffen immer weniger geworden. Ich freue mich immer auf den Gedanken- und Informationsaustausch, die Diskussion über viele Seiten und Dinge des Lebens. Unsere Gespräche sind für mich wie die Sonne für die Pflanzen. Sie geben mir Energie und Wärme.

Die Erkenntnis des Zusammenhangs von Sach- und Beziehungsebene klingt so banal, und doch ist sie für mich eine der wichtigsten Grundlagen für ein wirkliches und ehrliches Miteinander. Darauf stoße ich immer wieder. An der Beziehung muß immer wieder neu gearbeitet werden, vor allem im beruflichen Feld. Im Beruflichen vergessen wie sie oft, weil die "Sache" so sehr im Vordergrund steht und immer zu wenig

Zeit dafür da zu sein scheint. Wenn dieser Denkansatz bei Führungskräften und Mitarbeitern verinnerlicht ist und er das Miteinander auch im beruflichen Umfeld bestimmt, so bedeutet dies einen weiteren Wandel im menschlichen Zusammenleben, der sich vor allem auch positiv auf den Erfolg auswirkt.

... Die See des Miteinander ist unberechenbar, wenn man nicht ständig feinfühlig ist und auf sie hört.

Schwester Ludgera

Zum x-tenmal sagt heute einer unserer Heimbewohner: "Ich gehe noch ein mal um die grüne Insel." Gemeint ist die Außenanlage des Haus Serafine. Gegen Abend höre ich immer noch: grüne Insel, grüne Insel, grüne Insel. ... Ich setze mich in meinen Schaukelstuhl. Das ist meine grüne Insel.

Ich schließe die Augen und bin auf meiner grünen Insel,
sehe die Wolken - lasse meine Gedanken mit ihnen ziehen,
spüre den Wind - lege meine Sehnsüchte in ihn hinein,
höre die Wellen - gebe ihnen meine Botschaft mit.
Gedanken, Sehnsucht, Botschaft,
Reichtum meiner inneren Insel
entfaltet sich in Verbindung mit dem Festland,
in den Beziehungen mit den Menschen.

Ich öffne die Augen:
grüne Insel ist Leben,
ist Kommen und Gehen,
ist Schweigen und Sprechen,
ist Ich und Du.

Franz-Heiner Schwirten

Wasser mag ich sehr; es fasziniert mich. Der Segelschein fehlt mir noch um es selbst auszuprobieren, wie das Schiff im Wind liegt. Oft fühle ich mich auf hoher See, ohne eine Ahnung, wo ich mich befinde, wie es weitergehen soll. Doch dann gibt es Freunde, denen ich erzähle, wie ich im Augenblick rudere und kein Land sehe. Martin Oster ist so einer; bei Klaus Lumma haben wir gemeinsam Navigation gelernt und Wege ausprobiert, die wir noch nicht kannten. Es war schön auf dem Meer, mit einem guten Steuermann an Bord. ...

Martin Oster

Mein Herz hängt mehr an den Bergen als an der See. Was für mich von existentieller Bedeutung ist, findet im Bergsteigen oft eine bildhafte Verdichtung. Auch entdecke ich einiges aus der Umgebung mit dem Leittext-System darin wieder:

... die verschiedenen in der Seilschaft vorhandenen Talente zu fördern und individuelle Grenzen zu berücksichtigen.
... Gespür für Befindlichkeiten zu entwickeln, denn Fehler gerade im Bereich von persönlichen Spannungen sind in extremen Situationen unverzeihlich.

... durch ein Seil in ständiger, verantwortlicher Verbindung zu stehen. Neben der Sicherung des anderen auch an die Selbstsicherung zu denken.

... bei der Festlegung der Route und der Bewertung objektiver Gefahren Kreativität und Kompetenz einzubringen.

... Versteiger einzugestehen, abzusteigen, sich erneut zu orientieren und nochmals von neuem aufzusteigen.

... mit dem Erreichen eines Kamms, Jochs oder Gipfels über den Horizont und über trennende Grenzen hinwegsehen zu können.

... am Abend auf der Berghütte den Tag Revue passieren zu lassen und aus den gesammelten Erfahrungen Mut und Phantasie für den kommenden Tag, für die Zukunft zu schöpfen.

... die Erfahrung, daß letztendlich der Weg das Ziel ist.

Johannes & Stefan Böhmer

Die Faszination der Fortbewegung auf dem Medium Wasser ist auch heute noch für uns einzigartig. Bei jedem Segeltörn erleben wir aufs Neue, daß nach dem Auslaufen aus dem sicheren Hafen die strengen Grenzen des festen Landes sich in der Unendlichkeit des Meeres auflösen.

Den Urgewalten von Wind und Wasser versuchen wir zu trotzen, indem wir uns Systeme schaffen, die uns von allen naturgegebenen Widrigkeiten unabhängig machen sollen. Bis vor ein paar Jahren haben wir auf hoher See noch mit Besteckbrett und Sextant navigiert; heute können wir mit Hilfe von Satelliten das Global Positioning System (GPS) für unsere Orientierung nutzen.

Doch je weiter wir segeln, um so mehr erweisen sich die strengen Grenzen des uns eigenen Technikvertrauens als Hindernis. Wir alle müssen unsere Grenzen sprengen, denn um unser Ziel zu erreichen, dürfen wir unseren Horizont nicht einschränken sondern müssen ihn erweitern. Je mehr sich unsere Horizonte dann überschneiden, desto eher können wir eine Crew bilden, die ein gemeinsames Ziel verfolgt, die aber auch jeden einzelnen seinem Ziel näher bringt. Eine solche interdisziplinäre Arbeitsweise versteht sich als fundamentales Element eines ganzheitlich methodischen Denk- und Handlungsansatzes, als Schiff, das uns schützt und weiterbringt.

Gemeinsam sind wir stark. Gerade beim Segeln wird uns dies deutlich, denn nur die Crew als Ganzes, das Team an Bord, kann ein Boot sicher führen.

Dagmar Lumma

Angeregt durch die vorangegangenen Beiträge schließe ich mich den Bildern *Meer, Wasser, Segeln und Navigieren* an. Diese Begriffe lösen in mir Erinnerungen an eine Lebensphase, in der ich mich persönlich und auch beruflich mit Geburtsvorbereitung beschäftigte.

Damals verglich ich in einem Artikel die Kontraktionen während der Geburt mit Meereswellen. Die Mutter (das Meer) hilft dem Kind beim Schwimmen ins Leben hinaus am besten, indem sie mit den Wellen geht, nicht dagegen angeht - und sich auch nicht von ihnen überrollen läßt. Weitere Aspekte im Zusammenhang mit dem Geburtsprozeß halte ich für sehr wichtig: z.B. *Abschiednehmen, Boden unter die Füße bekommen, eigenständig werden ...*

Ich finde es sehr spannend, alle diese Bilder, die mir zum Thema Geburt jetzt einfallen, auf den Themenschwerpunkt dieses Buches zu übertragen. Ich habe den Eindruck - es geht!

Rita Bolte

Holt die Segel ein - das Schiff ist im sicheren Hafen. Der Hafen heißt Hamburg, der Quai ist die Windmühle. Die Mannschaft geht von Bord. Nur der Käpt'n muß bleiben. Jetzt beginnt ein eifriges Treiben. Der nächste Schritt steht an - ein Buch wird gemacht. Ein Buch, das uns allen gefällt. Es wird vielen helfen, manchem nutzen. Wir freuen uns darauf.

Literaturhinweise

*Uns überfüllts. Wir ordnens. Es zerfällt. Wir
ordnen wieder und zerfallen selbst.*

(Rainer Maria Rilke)

Präambel

BMG, Bundesministerium für Gesundheit: Zukunftsaufgabe Gesundheitsvorsorge. Informationsvorsorge, Hamburg (G. Conrad) 1993. ISBN 3-929798-02-6

BREUER, Reinhard (Hsg.): Der Flügelschlag des Schmetterlings. Ein neues Weltbild durch die Chaosforschung, Stuttgart (Deutsche Verlags-Anstalt) 1993. ISBN 3-421-0268-4

DALIN, Per und ROLFF, Hans-Günter: ISP, Institutionelles Schuleentwicklungs-Programm. Eine neue Perspektive für Schulleiter, Kollegium und Schulaufsicht, Soest (LSW) 1990. ISBN 3-8165-2208-4

KRYSTAL, Phyllis: Die internen Fesseln sprengen. Befreiung von falschen Sicherheiten, Olten (Walter) 1989. ISBN 3-530-49050-4

LSW, Landesinstitut für Schule und Weiterbildung: Schulaufsicht als Managementaufgabe. Von der Wirtschaft lernen?, Soest (LSW) 1993.

MASSARIK, Fred: The science of perceiving. Foundations for an empirical phenomenology, Working paper, Graduate School of Management Los Angeles, University of California 1977.

MATURANA, Humberto : Erkennen: Die Organisation und Verkörperung von Wirklichkeit, Ausgewählte Kapitel zur biologischen Epistemologie, Braunschweig, Wiesbaden (Vieweg) 1982, Wissenschaftstheorie und Philosophie, Bd.19.

MATURANA, Humberto /Varela, Francisco: Autopoiesis and Cognition, Boston Studies in the Philosophiy of Science, Boston (Reidel) 1979.

PECHTL, Waldefried: Zwischen Organismus und Organisation, Wegweiser und Modelle für Berater und Führungskräfte, Linz (Veritas) 1989. ISBN 3-85329-716-1

SHAPIRO, Stewart: „Confluent Education – Ein verlorenes Paradigma?", in: FATZER, Gerhard: Ganzheitliches Lernen. Humanistische Pädagogik und Organisationsentwicklung, Paderborn (Junfermann) 1987, Seite 287–296. ISBN 3-87387-269-2

STEINBUCH, Karl: Falsch programmiert. Über das Versagen unserer Gesellschaft in der Gegenwart und in der Zukunft und was eigentlich geschehen müßte, Stuttgart (Deutsche Verlags-Anstalt) 1968.

VON FOERSTER, Heinz: Observing Systems, Seaside (Intersystems Publications) 1981.

ZHP, Zeitschrift für Humanistische Psychologie: Philosophisch – Systemisch – Praktisches, Jahrbuch 14. Jg. 1991.

1. Zur Philosophie der Team- und Gruppenqualifizierung

BATESON, Gregory: Ökologie des Geistes, Frankfurt 1981; Originaltitel: Steps to an Ecology of Mind, New York (Ballantine) 1972.

BATESON, Gregory: Geist und Natur. Eine notwendige Einheit, Frankfurt 1982; Originaltitel: Mind and Nature. A Necessary Unity, Toronto, New York, London 1980.

BÖCKENHOFF, Josef: Die Begegnungsphilosophie. Ihre Geschichte – Ihre Aspekte, Freiburg (Karl Alber) 1970. Verlagsbestellnummer 47 167

DAVIS, Brian / LOWELL, W. Hellervik / SHEARD, James L. (Eds.): Successful manager›s handbook, Minneapolis (Personnel dicisions) 1989. ISBN 0 - 93852900 - 5

GOTTHARD, Günther: Idee und Grundriß einer nicht-Aristotelischen Logik, Hamburg (Felix Meiner) 1991. ISBN 3-7873-1033-9

KATZENBACH, Jon R. / SMITH, Douglas K.: Teams – Der Schlüssel zur Hochleistungsorganisation, Wien (Ueberreuter) 1993. ISBN 3-901 260-36-6

KNAUR Universal Lexikon, München (Knaur) 1992.

KÜPPERS, Bernd-Olaf: „Chaos und Geschichte – Läßt sich das Weltgeschehen in Formeln fassen?", in: BREUER, Reinhard (Hsg.): Der Flügelschlag des Schmetterlings. Ein neues Weltbild durch die Chaosforschung, Stuttgart (Deutsche Verlags-Anstalt) 1993, Seite 69 - 98. ISBN 3-421-0268-4

PORSCHE, Ferry / MOLTER, Günther: Ferry Porsche. Ein Leben für das Auto, Stuttgart (Motorbuch Verlag) 1989.

RICHARDS, John / VON GLASERFELD, Ernst: „Die Kontrolle von Wahrnehmung und die Konstruktion von Realität. Erkenntnistheoretische Aspekte des Rückkoppelungs-Kontroll-Systems", in: Dialectica, Vol.33, No.1, 1979: Seite 47 – 58.

SCHMID, Bernd: Wo ist der Wind, wenn er nicht weht? Professionalität & Transaktionsanalyse aus systemischer Sicht, Paderborn (Junfermann) 1994. ISBN 3-87387-010-X

SCHMITZ, Christof / GESTER, Peter-W. / HEITGER, Barbara: Managerie – 1. Jahrbuch – Systemisches Denken und Handeln im Management, Heidelberg (Auer) 1992. ISBN 3-927809-17-9

STAPLES, Walter Doyle: Think Like a Winner! Der Weg zu Spitzenleistungen, Paderborn (Junfermann) 1993. ISBN 3-87387-109-2

VAIHINGER, Hans: Die Philosophie des Als-Ob, Berlin (Reuther & Reichard) 1911, Leipzig 1927, Neuausgabe: Aalen (Scientia) 1986.

WYSS, Dieter: Beziehung und Gestalt, Entwurf einer anthropologischen Psychologie und Psychopathologie, Göttingen (Vanderhoeck & Ruprecht) 1973. ISBN 3-525-45622-0

2. Das Team: mit oder ohne Leiter

BENNIS, Warren & NANUS, Burt: Leaders, The strategies for taking charge, New York (Harper & Row) 1985. ISBN 0-06-015246-X

COHN, Ruth C.: Von der Psychoanalyse zur themenzentrierten Interaktion, Stuttgart (Klett-Cotta) 1975.

MASSARIK, Fred / TANNENBAUM, Bob / WESCHLER, Irving: Leadership and Organization. A Behavioral Science Approach, New York (McGraw-Hill) 1961.

MEININGER, Jut: Transaktionsanalyse, Die neue Methode erfolgreicher Menschenführung, Landsberg (moderne industrie mvg) 1987. ISBN 3-478-54202-2

SAAMANN, Wolfgang: Effizient führen, Mitarbeiter erfolgreich machen, Wiesbaden (Gabler) 1990. ISBN 3-409-18707-3

TANNENBAUM, Robert / SCHMIDT, Warren: „Führungsstil: demokratisch oder autoritär", in: Führung und Organisation, Harvard Manager Band 1, Hamburg (manager magazin) o.Jg., Seite 77 – 87.

VON FOERSTER, Heinz: „Entdecken oder Erfinden. Wie läßt sich Verstehen verstehen?" in: GUMIN H. & MEIER H. (Hsg): Einführung in den Konstruktivismus, München (Piper) 1992. ISBN 3-492-11165-3

WAGNER, Abe: Besser führen mit Transaktionsanalyse, Wiesbaden (Gabler) 1987. ISBN 3-409-13323-2

WUNDERER / GRUNWALD: Führungslehre, Berlin (Walter de Gruyter) 1980. ISBN 3-11-007885-6

3. Das Leittext-System
Selbstgesteuertes Lernen und Arbeiten in Gruppen

COVEY, Stephen R.: Principle-Centred Leadership, New York (Fireside) 1990. ISBN 0-671-79280-6

FATZER, Gerhard / ECK, Claus D. (Hsg.): Supervision und Beratung, Köln (EHP) 1990. ISBN 3-926176-27-X

STAPLES, Walter Doyle: Think like a winner – Der Weg zu Spitzenleistungen, Paderborn (Junfermann) 1993. ISBN 3-87387-109-2

ULRICH, H. / PROBST, G.J.B. (Hsg.): Self-Organization and Management of Social Systems, Insights, Promises, Doubts, and Questions, Berlin (Springer) 1984.

4. Leitfragen als Leitfaden

FATZER, Gerhard: Ganzheitliches Lernen. Humanistische Pädagogik und Organisationsentwicklung, Paderborn (Junfermann) 1987. ISBN 3-87387-269-2

KANTER, R.M.: The Change Masters, New York (Basic) 1983.

PETERS Thomas J. WATERMAN, Robert H. Jr.: In search of excellence – Lessons from America›s best-run companies, New York (Harper & Row) 1982. ISBN 0-06-015042-4; Deutsche Fassung: Auf der Suche nach Spitzenleistungen – Was man von den bestgeführten US-Unternehmen lernen kann, München/Landsberg (moderne industrie mvg) 1993. ISBN 3-478-81101-5

STEINER, Claude: Macht ohne Ausbeutung – Zur Ökologie zwischenmenschlicher Beziehungen, Paderborn (Junfermann) 1985. ISBN 3-87387-241-2

VAIHINGER, Hans: Die Philosophie des Als-Ob, Berlin (Reuther & Reichard) 1911, Leipzig 1927, Neuausgabe: Aalen (Scientia) 1986.

5. Teamziele

ADLER, Alfred: Menschenkenntnis, Frankfurt (Fischer) 1927. Fischer Taschenbuch 6080

DAHLKE, Rüdiger: Krankheit als Sprache der Seele – Be-Deutung und Chance der Krankheitsbilder, München (Bertelsmann) 1992. ISBN 3-570-01471-1

FRANCIS, Dave / YOUNG, Don: Mehr Erfolg im Team. Ein Trainingsprogramm mit 46 Übungen zur Verbesserung der Leistungsfähigkeit in Arbeitsgruppen, Hamburg (Windmühle) 1986. ISBN 3-922789-04-8

FENGLER, Jörg: „Lernziel, Design und Evaluation", in: Gruppendynamik 18, 1987, Seite 5–18.

HARRIS, Amy Bjork & Thomas: Einmal o.k. immer o.k., Transaktionsanalyse für den Alltag, Hamburg (Rowohlt) 1985. ISBN 3-498-02868-5

KAISER, Gert u. a. (Hsg.): Kultur und Technik im 21. Jahrhundert, Frankfurt (Campus) 1993. ISBN 3 - 593-34805 - 5

VON FOERSTER, Heinz: Sicht und Einsicht, Versuche zu einer operativen Erkenntnistheorie, Braunschweig (Vieweg) 1985.

WYSS, Dieter: Mitteilung und Antwort, Untersuchungen zur Biologie, Psychologie und Psychopathologie von Kommunikation, Göttingen (Vanderhoeck & Ruprecht) 1976. ISBN 3 - 525-45643 - 3

5.1. Funktionstüchtigkeit im Sinne der Unternehmensphilosophie

ENGLISH, Fanita: Transaktionsanalyse – Gefühle und Ersatzgefühle in Beziehungen, Hamburg (ISKO) 1981, ISBN 3 - 921648-29 - 7

MAC GAUGH, James L. / WEINBERGER, Norman M. / WHALEN, Richard E.: Psychobiology, The Biological Bases of Behavior, San Francisco, London (W.H. Freeman Scientific American) 1967.

MEADOWS, Dennis: Die Grenzen des Wachstums. Bericht des Club of Rome zur Lage der Menschheit, Stuttgart (Deutsche Verlags Anstalt) o.J.

NIERENBERG, Gerd I.: Negotiating. The Big Sale. Super Strategies for Smart Dealmakers, New York (Berkeley) 1993. ISBN 0 - 425-13805 - 4

RIEDL, Rupert: Biologische Grundlagen des Erklärens und Verstehens, Berlin/Hamburg (Paul Parey) 1985. ISBN 3 - 489-62234 - 0

5.2. Beachtung gruppendynamischer Notwendigkeiten

BENNE, Kenneth D.: „Geschichte der Trainingsgruppe im Laboratorium", in BRADFORD/ GIBB/ BENNE: Gruppentrainings, Stuttgart (Klett) 1975.

BION, Winfried R.: Erfahrungen in Gruppen und andere Schriften, Stuttgart (Klett) 1971. ISBN 3 - 596-42322 - 8

PROBST, Gilbert J.B.: Selbstorganisation, Ordnungsprozesse in sozialen Systemen aus ganzheitlicher Sicht, Berlin/Hamburg (Paul Parey) 1987. ISBN 3 - 489-63334 - 2

LUFT, Joseph: Einführung in die Gruppendynamik, Stuttgart (Klett) 1973. ISBN 3-12-905420-0

LUMMA, Klaus: Strategien der Konfliktlösung, Hamburg (Windmühle) 1992. ISBN 3 - 922789-27 - 7

PESCHANEL, Frank D.: Phänomen Konflikt. Die Kunst erfolgreicher Lösungsstrategien, Paderborn (Junfermann) 1993. ISBN 3 - 87387-123 - 8

SCHINDLER, R.: „Grundprinzipien der Psychodynamik in der Gruppe", in: Psyche 1957, Seite 308 - 314.

TUCKMAN, B.W.: „Development sequence in small groups", in: Psychological Bulletin 63, 1965, Seite 384 - 389.

VOPEL, Klaus: Handbuch für Gruppenleiter – Zur Theorie und Praxis der Interaktionsspiele, Hamburg (ISKO) 1975.

5.3. Respekt vor Individuellem

BÜHLER, Charlotte / MASSARIK, Fred: Lebenslauf und Lebensziele * Studien in humanistisch-psychologischer Sicht, Stuttgart (Gustav Fischer) 1969; Originaltitel: The Course of Human Life * A Study of Goals in the Humanistic Perspective, New York (Springer) 1968.

GÜHRS, Manfred / NOWAK, Claus: Das konstruktive Gespräch. Ein Leitfaden für Beratung, Unterricht und Mitarbeiterführung mit Konzepten der Transaktionsanalyse, Meezen (Christa Limmer) 1991. ISBN 3 - 92892200 - 9

LEVIN, Pamela: Cycles of power: A guidebook for the seven stages of life, San Francisco (Trans Pubs) 1980.

LUMMA, Klaus: Von der Individualpsychologie zur Orientierungsanalyse, Humanistische Psychologie Halbjahrbuch 2/1993, Eschweiler (IHP Bücherdienst) 1993. ISBN 3-923636-17-2; ISSN 0943-8971

MASLOW, Abraham: Psychologie des Seins. Ein Entwurf, München (Kindler) 1973. ISBN 3-463-02195-1

MASLOW, Abraham: Motivation und Persönlichkeit, Olten (Walter) 1977. ISBN 3-530-54440-X. Originaltitel: Motivation and Personality, New York (Harper & Row) 1954.

NEUBERGER, O.: Theorien der Arbeitsunzufriedenheit, Stuttgart 1974.

NICK, F.R.: Management durch Motivation, Stuttgart 1974.

PIAGET, J.: La construction du eel chez L>enfant, Neuchatel (Delachaux et Niestle) 1937.

PORTELE, Gerhard Heik: Der Mensch ist kein Wägelchen; Gestaltpsychologie – Gestalttherapie – Selbstorganisation – Konstruktivismus, Köln (Edition Humanistische Psychologie) 1992. ISBN 3-926176-46-6

RITZERT, Barbara:" Gesundheit und Krankheit – wieviel Chaos braucht der Mensch?", in: BREUER, Reinhard (Hsg.): Der Flügelschlag des Schmetterlings. Ein neues Weltbild durch die Chaosforschung, Stuttgart (Deutsche Verlags-Anstalt) 1993, 119-136. ISBN 3-421-0268-4

TITZE, Michael: Lebensziel und Lebensstil. Grundzüge der Teleoanalyse. München (Pfeiffer) 1979.

WATZLAWICK, Paul / KRIEG, Peter (Hsg.): Das Auge des Betrachters. Beiträge zum Konstruktivismus. Festschrift für Heinz von Foerster, München (Piper) 1991.

5.4. Schulung zum ganzheitlichen Denken * Ein Seminarkonzept

BREUER, Reinhard (Hsg.): Der Flügelschlag des Schmetterlings. Ein neues Weltbild durch die Chaosforschung, Stuttgart (Deutsche Verlags-Anstalt) 1993. ISBN 3-421-0268-4

CIOMPI, Luc: Außenwelt, Innenwelt. Die Entstehung von Zeit, Raum und psychischen Strukturen, Göttingen 1988.

LAY, Rupert: Die Macht der Wörter. Sprachsystematik für Manager, Frankfurt (Ullstein) 1992. ISBN 3-548-34871-8

LUFT, Joseph: Einführung in die Gruppendynamik, Stuttgart (Klett) 1973. ISBN 3-12-905420-0

MATURANA, Humberto R. & VARELA, Francisco: Der Baum der Erkenntnis: Die biologischen Wurzeln des menschlichen Erkennens, München (Goldmann-Verlag) 1987.

SATIR, Virginia: Selbstwert und Kommunikation, München (Pfeiffer) 1973.

SCHMID, Bernd: Wo ist der Wind, wenn er nicht weht? – Professionalität & Transaktionsanalyse aus systemischer Sicht, Paderborn (Junfermann) 1994. ISBN 3-87387-010-X

SPEKTRUM VIDEOTHEK: Chaos, Ordnung und assoziatives Gedächtnis, Nichtlineare Dynamik in rückgekoppelten Bildern, VHS Video 34 Minuten. ISBN 3-86025-755-2

VARELA, Francisco: Der kreative Zirkel. Skizzen zur Naturgeschichte der Rückbezüglichkeit, in: WATZLAWIK, Paul (Hsg.): Die erfundene Wirklichkeit. München, Zürich 1981.

6. Leittexte Teamentwicklung

LIPPIT, G.u.R.: Beratung als Prozeß, Goch (Bratt) 1984.

PETERS, Tom: Jenseits der Hierarchien * Liberation Management, Düsseldorf (Econ) 1993. ISBN 3-430-17465-1

RIEDL, Rupert / WUKETIS, Franz M. (Hrsg.): Die Evolutionäre Erkenntnistheorie * Bedingungen, Lösungen, Kontroversen, Berlin & Hamburg (Paul Parey) 1987. ISBN 3-489-62934-5

VESTER, F.: Neuland des Denkens, München, Zürich (Piper) 1980

WATERMAN, Robert: Die neue Suche nach Spitzenleistungen * Erfolgsunternehmen im 21. Jahrhundert, Düsseldorf (Econ) 1994. ISBN 3-430-19499-7

WITTGENSTEIN, Ludwig: Über Gewißheit, Oxford (Basil Blackwell) 1969.

6.1. Basismodule

RIEDL Rupert: Biologie der Erkenntnis * Die stammesgeschichtlichen Grundlagen der Vernunft, Berlin & Hamburg (Paul Parey) 1981.

VESTER, F.: Unsere Welt – ein vernetztes System, Stuttgart (DVA) 1978.

WATZLAWICK, Paul (Hrsg.): Die erfundene Wirklichkeit. München (Piper) 1981.

CAPRA, Fritjof: Der kosmische Reigen. Physik und östliche Mystik – ein zeitgemäßes Weltbild, München (Scherz) 1975.

6.1.1. Die Orchestertheorie

ASSAGIOLI, Roberto: Die Schulung des Willens, Paderborn (Junfermann) 1986.

ASSAGIOLI, Roberto: Handbuch der Psychosynthesis, Freiburg (Aurum) 1978.

LUMMA, Klaus: „Assagiolis Ei-Modell der Gesamtpsyche", in: ZfHP 2/3 1978, Seite 36-39.

MEININGER, Jut: Transaktionsanalyse * Die neue Methode erfolgreicher Menschenführung, Landsberg (moderne industrie mvg) 1987. ISBN 3-478-54202-2

VON VARGA, Gabor: „Das Psychosynthese-Modell der Psyche", in: ZfHP 2/3 1978, Seite 34-36.

6.1.2. Der Dreiecks-Vertrag

ENGLISH, Fanita: „Der Dreiecks-Vertrag", in: Transaktionsanalyse. Gefühle und Ersatzgefühle in Beziehungen, Hamburg (ISKO) 1982, Seite 208 f.

GÜHRS, Manfred / NOVAK, Claus: „Verträge", in: Das konstruktive Gespräch, Meezen (Christa Limmer) 1991, 34-39.

LUMMA, Klaus: „Kontakt durch Kontrakt", in: „Orientierungsanalytische Aspekte aus der Verbindung von gestalttherapeutischen und individualpsychologischen Arbeitshypothesen", in: BRINLEY, Freunde und Schüler: Wege der Gestalt-Therapie, Eschweiler (DGHP) 7. Jg., 1984, Seite 68/69.

MEININGER, Jut: Die geheimen Verträge, die wir unbewußt mit Leuten schließen, in: Transaktionsanalyse. Die neue Methode erfolgreicher Menschenführung, Landsberg (moderne industrie mvg) 1987, Seite 87–90.

SAAMAN, Wolfgang: Der Psychologische Vertrag, in: Effizient Führen. Mitarbeiter erfolgreich machen, Wiesbaden (Gabler) 1990.

STEWART, Ian / JOINES, Vann: „Änderungsverträge", in ders.: Die Transaktionsanalyse. Eine neue Einführung in die TA, Freiburg (Herder) 1990, Seite 371-385.

STEWART, Ian: Verträge über Veränderung, in ders.: Transaktionsanalyse in der Beratung. Grundlagen und Praxis transaktionsanalytischer Beratungsarbeit, Paderborn (Junfermann) 1991, Seite 155-178.

WAGNER, Abe: Besser führen mit Transaktionsanalyse, Wiesbaden (Gabler) 1987. (Darin speziell: Welche Rolle fällt dem Chef bei Unstimmigkeiten zwischen seinen Mitarbeitern zu?, Seite 182.)

6.1.3. Das menschliche Gehirn als Wirkungsauslöser

BAMBECK, Jan: Soft Power. Gewinnen statt Siegen, München (Langen Müller/Herbig) 1989.

DONALD, Merlin: Origins of the modern mind – Three stages in the evolution of culture and cognition, Cambridge, Mass. 1991. ISBN 0 - 647-64484 - 0

GAZZANIGA, M.S.: Das erkennende Gehirn – Entdeckungen in den Netzwerken des Geistes, Paderborn (Junfermann) 1989. (amerik.: The Social Brain – Discovering the Networks of the Mind, New York (Basic Books) 1985.)

HERMANN, Ned: Kreativität und Kompetenz, Fulda (Paidia) 1991. (amerik: The Creative Brain, Lake Lure (Brain Books) 1989.)

LUMMA, Klaus: Some Aspects of the Brain Functions in Relation to Personal Growth, Eschweiler (IHP Manuskripte) Nr.[SGV]23 F / 1993.

MAC LEAN, Paul D.: The Triune Brain in Evolution, Role in Paleocerabral Functions, New York/London (Plenum Press) 1990. ISBN 0 - 306-43168 - 8

PESCHANEL, Frank D.: „Zusammenhänge zwischen Konfliktverhalten und einigen grundlegenden Ergebnissen der Hirnforschung", in ders.: Phänomen Konflikt. Die Kunst erfolgreicher Lösungsstrategien, Paderborn (Junfermann) 1993, 76 - 88. ISBN 3 - 87387-123 - 8

SCHIRM, R.W. / SCHOEMAN, J. / WAGNER, H: Führungserfolg durch Selbsterkenntnis. (keine weiteren Angaben bekannt)

ZEIER, Hans: „Gehirn und Geist", in: Der Mensch. Kindlers Enzyklopädie Band IV, Zürich 1981.

VROON, Piet: Tranen van de krokodil; Deutsche Fassung: Drei Hirne im Kopf – Warum wir nicht können, wie wir wollen, Zürich (Kreuz) 1993. ISBN 3 - 268-00136-X

6.1.4. Die Hemisphärentheorie als Motivator für kreatives Lernen

ECCLES, Sir John Carew: Das Gehirn des Menschen, Sechs Vorlesungen für Hörer aller Fakultäten, München (Piper) 1979. ISBN 3 - 492-02354 - 8

ECCLES, Sir John Carew: Die Evolution des Gehirns, die Erschaffung des Selbst, München (Piper) 1989, 1993. ISBN 3 - 492-11699-X

PORTELE, Gerhard: „Gestalttheorie und Wissenschaftstheorie", in ders.: Der Mensch ist kein Wägelchen. Gestaltpsychologie – Gestalttherapie – Selbstorganisation – Konstruktivismus, Köln (EHP) 1992, Seite 55 - 72.

POPPER, K.R. & ECCLES, J.C.: Das Ich und sein Gehirn, München (Piper) 1982.

ROEHRIG, Catherine: Spaß mit Hieroglyphen, New York (The Metropolitan Museum of Art) 1990, Deutsche Fassung von Dieter KURTH, Nürnberg (Tessloff) 1991. ISBN 3 - 7886-0128 - 0

SPEKTRUM VIDEOTHEK: Gehirn und Nervensystem, VHS Video 31 Minuten, ISBN 3 - 89330-966 - 7

STAPLES, Walter Doyle: Think like a Winner. Der Weg zu Spitzenleistungen, Paderborn (Junfermann) 1983. ISBN 3 - 87387-109 - 2

STEVENS, John O.: Die Kunst der Wahrnehmung, Übungen der Gestalttherapie, München (Kaiser) 1975.

WOLFF, Siegfried: Klinische Maltherapie, Berlin, Heidelberg (Springer) 1986. ISBN 3 - 540-15849 - 9

VANNINI, Vanio & POGLIANI, Giuliano: Bildatlas des menschlichen Körpers, Niedernhausen (Falken) 1991.

6.1.5. Unser Gehirn: ein PC der Ich-Zustände?

ENGLISH, Fanita & WONNEBERGER, Klaus-Dieter: Wenn Verzweiflung zu Gewalt wird, Gewalttaten und ihre verborgenen Ursachen, Paderborn (Junfermann) 1992. ISBN 3-87387-002-9

HARRIS, Thomas: Ich bin o.k. Du bist o.k. * Wie man über seinen Schatten springen lernt, Reinbek (Rowohlt) 1973. ISBN 3-498-02820-0

HARRIS, Amy Bjork & Thomas A.: Einmal o.k. immer o.k., Transaktionsanalyse für den Alltag, Reinbek (Rowohlt) 1985. ISBN 3-498-02868-5

LUNGWITZ, Hans: Die Entdeckung der Seele, Allgemeine Psychobiologie, Berlin (De-Gruyter) 1947. Archiv Nr. 514547 (zu beziehen über Hans-Lungwitz-Stiftung, Waldstr.20, D-32105 Bad Salzuflen)

SCHMIDT, Siegfried J. (Hsg.): Gedächtnis. Probleme und Perspektiven der interdisziplinären Gedächtnisforschung, Frankfurt (Suhrkamp) 1991.

WATZLAWICK, Paul: „Wirklichkeitsanpassung oder angepaßte ‚Wirklichkeit'? Konstruktivismus und Psychotherapie, in: GUMIN, H & MEIER, H: Einführung in den Konstruktivismus, München (Piper) 1992, Seite 98/99. ISBN 3-492-11165-3

6.1.6. Abwertungsmechanismen

BROWN, WOOLLAMS und HUIGE: Abriß der Transaktionsanalyse, Frankfurt (Fachbuchhandlung Psychologie) 1984. ISBN 3-88074-127-1

GERL, Herbert: „Personenzentriertes Lehren und Lernen. Grundlinien einer Didaktik der Weiterbildung", in: Jahrbuch Humanistische Psychologie, 13.Jg., 1990, Seite 3-19. ISBN 3-924923-06-X

HARRIS, Amy & Thomas: Einmal o.k. – immer o.k. – Transaktionsanalyse für den Alltag, Reinbek (Rowohlt) 1985. ISBN 3-498-02868-5

KICKELBICK-SCHWERTFIRM, Martina: „Abwertungen auf der Spur. Teamsupervision im Kinderheim", in: Halbjahrbuch Humanistische Psychologie 15.Jg., 1/1992, Wertschätzungskonzepte. ISSN 0176-8948

STEWART, Ian / JOINES, Vann: Die Transaktionsanalyse, Freiburg (Herder) 1990, darin insbesondere „Das Discounten" Seite 251 ff. und „Die Discount Tabelle" Seite 262 ff.. ISBN 3-451-21808-9

6.1.7. Das Drama-Dreieck

ENGLISH, Fanita: Es ging doch gut. Was ging denn schief? Beziehungen in Partnerschaft, Familie und Beruf, München (Kaiser) 1982. ISBN 3-459-01338-9

FENGLER, Jörg: Helfen macht müde. Zur Analyse und Bewältigung von Burnout und beruflicher Deformation, München (Pfeiffer) 1991.

LUHMANN, Niklas: „Konfliktpotentiale in sozialen Systemen", in: Landeszentrale für politische Bildung NW (Hsg.): Der Mensch in den Konfliktfeldern der Gegenwart, Köln 1975, Seite 67-73.

KARPMAN, Steven: „Fairy Tale and Script Drama Analysis", in: Transactional Analysis Bulletin 7, Seite 39 ff.,

KARPMAN, Steven: „Options", in Transactional Analysis Journal 1, Seite 79-87.

SCHLEGEL, Leonhard: „Lieblingsüberzeugungen oder Scriptüberzeugungen", in ders.: Die Transaktionale Analyse, Tübingen (Francke) 1979, Seite 145-150. ISBN 3-7720-1715-0

6.1.8. Das Lehr-Lern-Dreieck

COVEY, Stephen R.: Principle Centred Leadership, New York (Simon & Schuster) 1992. ISBN 0-671-79280-6

DAVIS, Brian L./ HELLERVIK, Lowell W.:/ SHEARD, James L.: Successful Manager›s Handbook, Minneapolis (Personnel Decisions), 1989. ISBN 0 - 93852900 - 5

DRUCKER, P.F.: Neue Realitäten, Düsseldorf (Econ) 1990.

DRUCKER, P.F.: „So funktioniert die Fabrik von morgen", in: Harvard Manager 1/1991, 8.

LSW, Landesinstitut für Schule und Weiterbildung: Im Netz der Organisation. Ein Handbuch für Menschen in Kultur- und Weiterbildungseinrichtungen, Soest (LSW) 1991. ISBN 3 - 8165-2353 - 6

6.1.9. Aspekte vom Senden und Hören – Vier statt zwei Ohren

FITTKAU, Bernd / MÜLLER-WOLF, Hans-Martin / SCHULZ VON THUN, Friedemann: Kommunizieren lernen (und umlernen). Trainingskonzeptionen und Erfahrungen, Braunschweig (Westermann) 1977.

SCHULZ VON THUN, Friedemann: Miteinander reden. Störungen und Klärungen, Reinbek (Rowohlt) 1987:

6.1.10. Projektentwicklung mit der Balint-Methode

HARVARD MANAGER: Strategie und Planung, 2 Bände, verschiedene Autoren, Hamburg (manager magazin) o.J.

HARVARD MANAGER: Führung und Organisation, 3 Bände, verschiedene Autoren, Hamburg (manager magazin) o.J.

LUBAN-PLOZZA, Boris (Hsg.): Praxis der Balint-Gruppen, München 1974.

6.1.11. Konfliktbearbeitung

BOOS, F.: „Strategien des Wandels in Krisenzeiten", in NAGEL, R.: Consulting, Wien (Falter) 1993.

GORDON, Thomas: Managerkonferenz, (Hoffmann & Campe) Hamburg 1978.

GLASL, F.: Konfliktmanagement, Diagnose und Behandlung von Konflikten in Organisationen, Bern / Stuttgart (Paul Haupt) 1980. ISBN 3 - 258-02971 - 7

GRUNWALD, Wolfgang / LILGE, Hans-Georg (Hsg.): Kooperation und Konkurrenz in Organisationen, Bern/Stuttgart (Paul Haupt) 1981.

LUMMA, Klaus: Strategien der Konfliktlösung, Betriebliches Verhaltenstraining in Theorie und Praxis. Mit 4 Seminarbeispielen, Hamburg (Windmühle) 1992. ISBN 3 - 922789-27 - 7

PESCHANEL, Frank D.: Phänomen Konflikt. Die Kunst erfolgreicher Lösungsstrategien, Paderborn (Junfermann) 1993. ISBN 3 - 87 387 - 123-8

SEIBT, Nikolaus: „Konflikte, Macht und Mut – Bericht über ein Management-Trainingsprogramm", in: Organisationsentwicklung 4/93, Seite 46 - 53.

ZELGE, Josef: Konflikte und Ziele. Zur Entscheidungsfindung in einer Gruppe, Spardorf (Wilfer) 1986. Schriften zu Macht, Konflikt, technischem und sozialem Wandel in Organisationen, Bd.7.

6.2. Aufbaumodule

CAPRA, Fritjof: Das neue Denken. Die Entstehung eines ganzheitlichen Weltbildes im Spannungsfeld zwischen Naturwissenschaft und Mystik. Begegnungen und Gespräche mit führenden Geistes- und Naturwissenschaftlern der Wendezeit, München (Scherz) 1990.

DESER, F.: Die Rolle des Chaos im Evolutionsprozeß von Organisationen und Anwendungsmöglichkeiten am Beispiel des Gruppenarbeitskonzeptes der Mercedes-Benz AG, Mannheim (Diplomarbeit) 30.6.1992. Lehrstuhl Psychologie I.

FERGUSON, Marylin: Die sanfte Verschwörung. Persönliche und gesellschaftliche Transformation im Zeitalter des Wassermanns, Basel (Sphinx) 1982. ISBN 3-85914-204-6.

KISS, Gábor: Paradigmenwechsel in der Kritischen Theorie: Jürgen Habermas› intersubjektiver Ansatz, Stuttgart (Ferdinand Enke) 1987.

6.2.1. Hunger nach Zuwendung, Zeitstruktur und Erlaubnis

ENGLISH, Fanita: Transaktionsanalyse, Gefühle und Ersatzgefühle in Beziehungen, Hamburg (ISKO) 1981, Seite 53-62.

JAMES, Muriel / JONGEWARD, Dorothy: Spontan leben, Reinbek (Rowohlt) 1974.

SCHLEGEL, Leonhard: Die Transaktionsanalyse. Ein kritisches Lehrbuch und Nachschlagewerk, Tübingen (Francke) 1988, Seite 184-190 (Einschärfungen), Seite 190-195 (Antreiber), Seite 298-303 (Erlaubnis)

SPIELBERG, Steven: Hook – Unglaublich, undenkbar, unfaßbar. Peter Pan war erwachsen geworden, Columbia Tristar Home Video 1993.

STEINER, Claude: Wie man Lebenspläne verändert, Paderborn (Junfermann) 1981, Seite 50-67.

6.2.2. Zur Wiederbelebung der Triebtheorie

CIOMPI, Luc: Affektlogik, Stuttgart (Klett-Cotta) 1992. ISBN 3-608-95037-0

ENGLISH, Fanita & WONNEBERGER, Klaus-Dieter: Wenn Verzweiflung zu Gewalt wird, Gewalttaten und ihre verborgenen Ursachen, Paderborn (Junfermann) 1992. ISBN 3-87387-002-9

6.2.3. Das Klavier der Teilpersönlichkeiten

GOTTHARD, Günther: Idee und Grundriß einer nicht-aristotelischen Logik, Hamburg (Felix Meiner) 1991. ISBN 3-7873-1033-9

GUMIN, Heinz & MEIER, Heinrich (Hsg.): Einführung in den Konstruktivismus – Mit Beiträgen von Heinz von Foerster, Ernst von Glaserfeld, Peter M. Hejl, Siegfried J. Schmidt und Paul Watzlawick, München (Piper) 1992. ISBN 3-492-11165-3

STAHL, Thies: Triffst du ‹nen Frosch unterwegs ... NLP für die Praxis, Paderborn (Junfermann) 1991, Reihe Pragmatismus & Tradition Band 1. ISBN 3-87387-284-6

6.2.4. Das Zielvereinbarungs-Gespräch

KIESER, Alfred/ REBER, Gerhard/ WUNDERER, Rolf (Hsg.): Handwörterbuch Führung, Stuttgart (Poeschel) 1987. ISBN 3-7910-8028-8

KÜPPERS, B.-O.: Wohin führen die Wissenschaften?, Jahrbuch 1991 des Wissenschaftszentrums NW, Düsseldorf 1992.

LUMMA, Klaus: „Zur orientierungsanalytischen Vertiefung des Gestaltansatzes", in Jahrbuch Humanistische Psychologie, 13. Jg., 1990, Seite 105-109. ISBN 3-924923-06-X

6.2.5. Der erfundene Organismus

BUCKLEY, Walter (Ed.): Modern Systems Theory for the Behavioral Scientist, Chicago Ill. (Aldine) 1968; für biologische Modelle insbesondere Kapitel 5,6 & 7.

BYRNE, John A.: „The Horizontal Corporation", in: Business Week, 20.12.93.

CIAMPA, Dan: Total Quality, Reading, MA. (Addison-Wesley) 1992.

CROCKER, Olga L.; CHARNEY, Syril; SIK LEUNG CHIU, Johnny: Quality Circles, New York (American Library) 1984.

FATZER, Gerhard / ECK, Klaus (Hsg.): Supervision und Beratung, Köln (EHP) 1990.

FROST, Peter u. a.: Organizational Culture, Beverly Hills (Sage) 1985.

GOLDSTEIN, Kurt: The Organism, New York (American Book Co.) 1939.

HAIRE, Mason (Ed.): Organization Theory and Industrial Practice, New York (Wiley) 1962.

HAIRE, Mason (Ed.): Modern Organization Theory, New York (Wiley) 1959.

HAIRE, Mason: „Biological Models and Empirical Histories in the Growth of Organization", in ders.: Modern Organization Theory, New York (Wiley) 1962, Ch.10.

JAHRMANN, W.M. / WILLINGHAM, B.H.: „The Decentralized Organization of a Diversified Manufacturer and Retailer-Genesco", in: HAIRE, Mason (Ed.): Organization Theory and Industrial Practice, New York (Wiley) 1962.

KREIKEBAUM, Hartmut: Die Anpassung der Betriebsorganisation, Wiesbaden (Gabler) 1976.

LUTHANS, Fred / HODGETTS, Richard M. and LEE, Sung M.: „New Paradigm Organizations ...", in: AMA, American Management Association: Organizational Dynamics, Winter 1994.

MASSARIK, Fred: „The Theory and Pracitice of Functional Ambiguity and the Cushioning of Organizational Stress", in. KRAUS, Herbert / KAILER, Norbert and SANDNER, Karl: Management Development im Wandel, Wien (Manz) 1990.

MASSARIK, Fred: Advances in Organization Development, Vol. 3, Norwood, NJ (Ablex) 1995; enthält die amerikanische Fassung von „Der erfundene Organismus", in: LUMMA, Klaus: Die Teamfibel, Kapitel 6.2.5., Hamburg (Windmühle) 1994.

MEYER, Alan D.C. et al: „Configurational Approaches to Organizational Analysis", in: THE ACADEMY OF MANAGEMENT JOURNAL, December 1993.

MILLER, James Grier: Living Systems, New York (McGraw Hill) 1978.

NELTON, Sharon: „Flex Management", in: Nations Business, December 1993.

PETERS, Thomas J. and WATERMAN, Robert H.: Auf der Suche nach Spitzenleistungen – Was man von den bestgeführten US-Unternehmen lernen kann, Landsberg (moderne industrie mvg) 1993. ISBN 3 - 478-81101 - 5. Originalfassung: In Search of Excellence. Lessons form America›s Best-Run Companies, New York (Harper & Row) 1982. ISBN 0 - 06-015042 - 4

RAY, Michael / RINZLER, Alan (Eds.): The New Paradigm in Management, New York (Jeremy P. Tarcher / Perigee / Putnam) 1993.

SCHMIDT, Warren H. / FINNIGAN, Jerome P.: The race without a finish line, San Francisco CA. (Jossex-Bass) 1992.

TANNENBAUM / WESCHLER / MASSARIK: Leadership and Organization: Behavioral Science Approach, New York (McGraw-Hill) 1961. Library of Congress Nr. 789 10 11 12-MP-98

VON BERTALANFFY: „General Systems Theory – A Critical Review", in: General Systems VII, 1962.

VON ROSENSTIEL, Lutz: Grundlagen der Organisationspsychologie, Stuttgart (Sammlung Poeschel) 1980.

7. Fallbeispiele

AGYRIS, Chris: Strategy, change and defensive routines, Boston 1985

BENNIS, Warren: The planning of change, New York 1985.

CAPRA, Fridjof: Wendezeit, Bausteine für ein neues Weltbild, München (Scherz) 1982.

FATZER, Gerhard (Hsg.): Organisationsentwicklung für die Zukunft, Köln (EHP) 1993.

FERGUSON, Die sanfte Verschwörung, Persönliche und gesellschaftliche Transformation im Zeitalter des Wassermanns, Basel (Sphinx) 1982.

FORD, Henry: Mein Leben und Werk, Leipzig (Paul List) 1923.

GEHRKE, Manfred / GÖTTGENS, Hans Peter / IRMEN, Paul F. (Red.): Leben formt Leben – Festschrift zum 75jährigen Bestehen des Hermann-Josef-Hauses, Urft (Hermann-Josef-Haus) 1992.

LUHMANN, Niklas: Ökologische Kommunikation, Opladen (Westdeutscher Verlag) 1986.

MASSON, Irmalotte/ VON WIESE, Ursula: Die Levis Strauss Sage – Die märchenhafte Geschichte des Mannes, der die Jeans erfand, München (Kindler) 1978. ISBN 3-463-00726-6

PETERS, Thomas: Jenseits der Hierarchien – Liberation Management, Düsseldorf (Econ) 1992. ISBN 3-430-17465-1

PORSCHE, Ferry / MOLTER, Günther: Ferry Porsche. Ein Leben für das Auto, Stuttgart (Motorbuch Verlag) 1989.

SCHEIN, Edwin C.: Organizational Culture and Leadership, San Francisco 1985.

SATTELBERGER, Th.: Innovative Personalentwicklung, Wiesbaden 1989.

WATERMAN, Robert: Die neue Suche nach Spitzenleistungen – Erfolgsunternehmen im 21. Jahrhundert, Düsseldorf (Econ) 1994. ISBN 3-430-19499-7 (Original: What America does right)

WOMACK, J.P. / JONES, D.T. / ROOS, D.: Die zweite Revolution in der Automobilindustrie, Frankfurt (Campus) 1991.

7.1. Leittext bei Mercedes-Benz Stuttgart

BOCKELBRINK, Karl-Heinz; JUNGNICKEL, Helmut; KOCH, Johannes: „Neue Berufe fordern Neue Methoden – Leittexte in der Metall- und Elektroausbildung, bibb-Infomarkt, Bonn (IFA-Verlag) 1990.

BUTSCH, Werner; GAIRING, Fritz; PETERSZEN, Wilhelm H.; RIEDL, Armin: Ausbildung im Wandel: Konsequenzen für Selbstverständnis und Aufgabe des Ausbilders, Weinheim (Deutscher Studien Verlag) 1991.

IHK, Industrie- und Handelskammer: Ausbildungsverordnungen für die industriellen Metall- und Elektroberufe vom 15.01.1987.

WILLKE, Helmut: „Beobachtung, Beratung und Steuerung von Organisationen in systemtheoretischer Sicht", in: WIMMER, Rudolf (Hsg.): Organisationsberatung – Neue Wege und Konzepte, Wiesbaden (Gabler) 1992.

7.2. Leittext bei Porsche Holding Österreich

ACKERL, Agnes / STEINEGGER, Günter: „Die Entwicklung der internen und externen Beraterrollen in einem unternehmensweiten Informatik-Projekt", in: Organisationsentwicklung 4/93, Seite 4-17.

FREIMUTH, Joachim / ELFERS, Claudia: „Warum sollte man zusammenarbeiten? Zur Logik und Ethik von Kooperation", in Organisationsentwicklung 2/92, Seite 34-43.

LAUTERBURG, Christoph: „Der falsche Mann: Das Drama des überforderten Managers", in: Organisationsentwicklung 1/92, Seite 4-15.

LIEVEGOED, B.C.J.: Organisationen im Wandel, Bern / Stuttgart 1974.

SATTELBERGER, Th.: „Kulturarbeit und Personalentwicklung. Versuch einer integrativen Verknüpfung", in ders. (Hsg.): Innovative Personalentwicklung Wiesbaden 1989.

7.3. Leiten in Organisationen

BENNIS, Warren & NANUS, Burt: Leaders – The Strategies for Taking Charge – Managers do things right. Leaders do the right thing – The Four Keys of Effective Leadership, New York (Harper & Row) 1985. ISBN 0-06-015246-X

HAKEN, Hermann / HAKEN-KRELL, Maria: Erfolgsgeheimnisse der Wahrnehmnung – Synergetik als Schlüssel zum Gehirn, Stuttgart (DVA) o.J.

HEINTEL, P./ KRAINZ, E.: „Die Rückseite der Vernunft; Das Unbewußte und Irrationale im Unternehmen", in: Hernsteiner Heft 1, 1989, Seite 4 - 7.

HEITGER, Barbara: „Chaos – Management. Zur Karriere eines Begriffs", in: BREUER, Reinhard (Hsg.): Der Flügelschlag des Schmetterlings. Ein neues Weltbild durch die Chaosforschung, Stuttgart (Deutsche Verlags-Anstalt) 1993, 137 - 154. ISBN 3 - 421- 0268 - 4

KIESER, REBER, WUNDERER (Hsg.): Handwörterbuch der Führung, Stuttgart (Poeschel) 1987. ISBN 3 - 7910-8028 - 8

KÜPPER, W./ ORTMANN, G. (Hsg.): Mikropolitik. Macht und Spiele in Organisationen, Opladen 1988.

LIEVEGOED, B.C.J.: Lebenskrisen, Lebenschancen * Die Entwicklung des Menschen zwischen Kindheit und Alter, München (Kösel) 1979. ISBN 3 - 466-34015 - 2; Originaltitel: De levensloop van de mens, Rotterdam (Lemniscaat) 1976.

NEVIS, Edwin C.: Organisationsberatung. Ein Gestalttherapeutischer Ansatz, Köln (EHP) 1988. ISBN 3 - 926176-18 - 0

SAAMAN, Wolfgang: Effizient führen – Mitarbeiter erfolgreich machen, Wiesbaden (Gabler) 1990. ISBN 3 - 409-18707 - 3

SCHEIN, Ed H.: Organizational Culture and Leadership, San Francisco 1985.

WUNDERER, Rolf / GRUNWALD, Wolfgang: Führungslehre, Berlin (Walter de Gruyter) 1980. ISBN 3 - 11-007885 - 6

7.3.1. Leittext im Altenheim-Management

LOWY, Louis: Adult Education and Group Work, New York (William Morrow) 1955.

LUTZ, Christian: Was sagen uns die Weltmodelle und -szenarien der letzten 15 Jahre? Suche nach Handlungsspielraum in einer interdependenten Welt, Rüschlikon (Gottlieb Dudweiler Institut) 1983.

7.3.2. Leittext im Pfarrgemeinde-Management

JAMES, Muriel / SAVARY, Louis M.: Befreites Leben. Transaktionsanalyse und religiöse Erfahrung. Mit einem Leitfaden für die Gruppenarbeit, München (Kaiser) 1977.

JONGEWARD, Dorothy: Everybody Wins: Transactional Analysis Applied to Organizations, London (Addison-Wesley) 1973.

VOIGT, Bert: „Team und Teamentwicklung", in: Organisationsentwicklung 3/93.

7.3.3. Leittext in der Soldatenbetreuung

BOSS, Jürgen S.: „Lernende oder lernunwillige Organisation – ein progressiver Anspruch und die konservative Wirklichkeit", in: Organisationsentwicklung 4/1993.

FATZER, Gerhard (Hsg.): Organisationsentwicklung für die Zukunft, Köln (EHP) 1993.

KLEBERT / SCHRADER / STRAUB: KurzModeration, Hamburg (Windmühle) 1987. ISBN 3 - 922789-23 - 4

METZGER, Wolfgang: Schöpferische Freiheit, Frankfurt (Waldemar Kramer) 1962.

8. Ein Konzept der Teamcoach-Ausbildung

ADLER, Alfred: Menschenkenntnis, Zürich (Rascher) 1947.

ANTONOFF, Roman: Die Identität des Unternehmens. Ein Wegbegleiter zur Corporate Identity, Frankfurt (FAZ) 1987. ISBN 3 - 924875-18 - 9

BIRKENBIEHL, Vera F.: Stroh im Kopf, München (mvg) 1994. ISBN 3 - 478-03670 - 4

CAPRA, Fritjof: Wendezeit. Bausteine für ein neues Weltbild, München (Scherz) 1982.

DIETZEL, Hans-Ulrich / SEITSCHECK, Viktor (Hsg.): Schlüsselfaktor Qualität. Total Quality Management erfolgreich einführen und praktizieren, Wien (Manzsche Verlagsbuchhandlung) 1993. ISBN 3 - 214-08225 - 6

HARNIK, Marie-Louise / LAUTERBURG, Christoph: „Team-Coaching. Führungsentwicklung an der Basis", in: Organisationsentwicklung 1/94, Seite 42 - 51.

KÖNIGSWINTER, Roswitha / LUTZ, Christian (Hsg.): Das systemisch evolutionäre Management. Gelassenheit. Zukunftsarbeit. Problemdiagnose. Projektmanagement. Unternehmenskultur, Wien (Orax) 1992. ISBN 3 - 700-0262 - 0

LASKE, S.: „Führung zwischen Ordnung und Chaos", in PIEPER, R./ RICHTER, K.: Management – Bedingungen, Erfahrungen, Perspektiven, Wiesbaden (Gabler) 1990.

LOOS, Wolfgang: Coaching für Manager. Problembewältigung unter 4 Augen, Landsberg (moderne industrie mvg) 1991. ISBN 3 - 478-31363 - 5

MEADOWS, Donella / MEADOWS, Dennis L./ RANDERS, Jorgen: Die neuen Grenzen des Wachstums. Die Lage der Menschheit: Bedrohung und Zukunftschancen, Stuttgart (Deutsche Verlags-Anstalt) o.J.

MECHSNER, Franz: „Das Chaos im Kopf – Auf den Spuren der Kreativität", in: BREUER, Reinhard (Hsg.): Der Flügelschlag des Schmetterlings. Ein neues Weltbild durch die Chaosforschung, Stuttgart (Deutsche Verlags-Anstalt) 1993, Seite 97 - 118. ISBN 3 - 421-02768 - 4

SATTELBERGER, Thomas: Die lernende Organisation. Konzepte für eine neue Qualität der Unternehmensentwicklung, Wiesbaden (Gabler) 1991. ISBN 3 - 409-19144 - 5

SCHULZ VON THUN, Friedemann: Miteinander reden – Störungen und Klärungen, Reinbek (Rowohlt) 1989.

SCHNELLE-CÖLLN, Telse: Optische Rhetorik für Vortrag und Präsentation. Ein Leitfaden, Qickborn (Metaplan) 1988.

TOMM, Karl: Die Fragen des Beobachters. Schritte zu einer Kybernetik zweiter Ordnung in der systemischen Therapie, Heidelberg (Carl-Auer-Systeme) 1994.

WATZLAWICK, Paul: Vom Schlechten des Guten, oder Hekates Lösungen, München / Zürich (Piper) 1986. ISBN 3 - 492-03085 - 8

Biographisches

Interwriting

BÜHLER, Charlotte: Einführung in die humanistische Psychologie, Stuttgart (Klett-Cotta) 1973

CECCHIN, Gianfranco / LANE, Gerry / RAY, Wenel A.: Respektlosigkeit. Eine Überlebensstrategie für Therapeuten, Heidelberg (Carl-Auer-Systeme) 1993.

COHN, Ruth C.: „Living Learning Encounters: The Theme-Centred Interactional Method", in: BLANK, Leonhard / GOTTSEGEN, Monroe (Eds.): Confrontation: Encounters in Self- and Personal Awareness, New York 1971, 245 - 271.

HEISENBERG, Werner: Der Teil und das Ganze, München 1973.

LÖHMER, Cornelia / STANDHARDT, Rüdiger (Hsg.): TZI. Pädagogisch-therapeutische Gruppenarbeit nach Ruth C. Cohn, Stuttgart (Klett-Cotta) 1992.

„Nothing can compare to reading something through another person's eyes."
Paul MacLean 1994

Sonderverzeichnisse

Verzeichnis der Tafeln

Verzeichnis der Übungen

Verzeichnis der Abbildungen

Verzeichnis der Checklisten und Arbeitspapiere

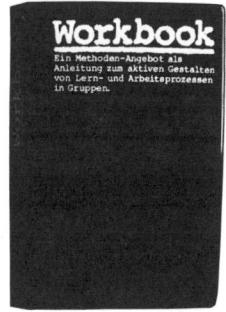